国家社会科学基金
博士论文
出版项目

新时代制度防腐机制创新研究
—— 基于"利益冲突防治"的视域

Research on the Innovative System of
Institutional Anti-corruption Mechanism in the New Era:
From the Perspective of Conflict of Interest Prevention and Control

张存达　著

中国社会科学出版社

图书在版编目(CIP)数据

新时代制度防腐机制创新研究：基于"利益冲突防治"的视域／张存达著．—北京：中国社会科学出版社，2021.9
ISBN 978-7-5203-8244-1

Ⅰ.①新… Ⅱ.①张… Ⅲ.①廉政建设—研究—中国 Ⅳ.①D630.9

中国版本图书馆 CIP 数据核字(2021)第 062759 号

出 版 人	赵剑英
责任编辑	田　文
责任校对	郝阳洋
责任印制	王　超

出　版	中国社会科学出版社
社　址	北京鼓楼西大街甲 158 号
邮　编	100720
网　址	http://www.csspw.cn
发 行 部	010-84083685
门 市 部	010-84029450
经　销	新华书店及其他书店
印　刷	北京君升印刷有限公司
装　订	廊坊市广阳区广增装订厂
版　次	2021 年 9 月第 1 版
印　次	2021 年 9 月第 1 次印刷
开　本	710×1000　1/16
印　张	19.5
字　数	272 千字
定　价	109.00 元

凡购买中国社会科学出版社图书，如有质量问题请与本社营销中心联系调换
电话：010-84083683
版权所有　侵权必究

出版说明

为进一步加大对哲学社会科学领域青年人才扶持力度，促进优秀青年学者更快更好成长，国家社科基金设立博士论文出版项目，重点资助学术基础扎实、具有创新意识和发展潜力的青年学者。2019年经组织申报、专家评审、社会公示，评选出首批博士论文项目。按照"统一标识、统一封面、统一版式、统一标准"的总体要求，现予出版，以飨读者。

全国哲学社会科学工作办公室

2020年7月

序　　言

　　在利益博弈与价值多元的社会转型期，领导干部权力行使过程中私人利益与公共利益之间相冲突对立的"情境"或"行为"难以规避。进入新时代，这种潜在或实际的利益冲突若得不到及时制约，就会成为引发腐败、信任危机和政治分裂的一颗毒瘤。因此，建立有效防范和阻断领导干部利益冲突风险的制度藩篱，成为深入推进反腐败斗争，以及推进全面从严治党向纵深发展的必然要求。

　　我国自2009年党的十七届四中全会上首次提出"建立健全防止利益冲突制度"任务后，一直十分注重利益冲突防治，目前已有200多项相关法规制度出台。尤其进入新时代，以习近平同志为核心的党中央以强烈的政治担当和刀刃向内的自我革命勇气，坚持反腐败无禁区、全覆盖、零容忍，经过全党的共同努力，腐败蔓延势头得到有效遏制，反腐败斗争压倒性态势已经形成并巩固发展。随着党的十九届四中全会作出的《中共中央关于坚持和完善中国特色社会主义制度、推进国家治理体系和治理能力现代化若干重大问题的决定》中进一步提出要一体推进"不敢腐、不能腐、不想腐"体制机制建设，这就要求新时代必须对腐败根源做进一步的研究，为推进"三不"防腐目标的实现提供有力武器。而本书防治领导干部利益冲突的制度研究对于构筑起"不敢腐、不能腐、不想腐"的有效机制，深化标本兼治，巩固反腐败斗争压倒性胜利正逢其时。

　　张存达博士所著的《新时代制度防腐机制创新研究——基于"利益冲突防治"的视域》，是在本人指导其博士学位论文基础上补充完善而成的。尽管探讨的是一个相对陈旧的反腐话题，但作者引入利益冲突这一概念与视角，使得立论别有洞天。文章选题新颖，紧扣时代主题，将理论与实践很好地结合在一起，具有较高的时代价值和理论价值。从全书结构来看，逻辑结构严密，论证充分，内容充实，行文中表现出对学科前沿理论掌握清晰，采用的实证分析设计合理，具备扎实的理论功底和文字水平，具有较强的科研理论功底。具体而言，我认为本书有以下三个方面的特点。

一是研究思路的开放性。这个特点主要体现在内容方面将理论、制度、实践三者关联起来进行研究，虽然在理论与实证研究之间的有机结合方面，作者还欠功力，但可以看出对这一问题做全方位思考的意图，这种尝试是值得赞扬的。本书在梳理我国领导干部利益冲突表现及诱发因素等内容时，运用实证研究和理论研究相结合的方法，通过在大连、长沙和无锡等城市对相关领导干部的深度访谈，梳理并总结出新时代我国领导干部利益冲突识别要素及类型、现实表现及危害、内部主观及外部环境诱发因素，进而提炼出利益冲突行为选择过程及其制约因素模型。

二是研究方法的多样性。在本书研究过程中，使用研究方法具有多样性，除了运用文献研究法、历史分析法等常用的社会科学方法，如不限于马克思主义理论学科的文献理论研究等传统方法，采用包括社会调查、实地访谈、实证分析等研究方法，使得研究结果更加科学合理及具备一定可操作性。尤其在非正式制度研究中独立建立模型，使用概念框架对相关因子及逻辑关系进行阐述，使读者产生不一样的阅读感受。

三是研究内容的广泛性。该书不仅挖掘马克思主义经典作家以及中国共产党历代领导人的反腐倡廉思想，还进行实际调研，实现理论与实践相结合，在实际问题中充分发挥指导作用；不仅将研究视点放在国内，也对国外防治利益冲突的有益做法进行合理借鉴；不仅研究正式制度的构建，还研究非正式制度如何支持正式制度运行，提出了非正式制度与正式制度有机结合的领导干部利益冲突防治优化路径。

本书的亮点体现在立足新时代制度反腐新要求,深刻揭示和阐明了柔性非正式制度防腐是与刚性正式制度反腐同等重要的腐败治理理论工具与技术手段,有助于丰富和拓展廉政研究视野。并基于利益冲突正式制度供给不均衡矛盾及执行约束乏力的双重瓶颈性问题、关键性障碍,从前置性源头的制度设计思路出发,既构建了科学有效的利益限制、利益公开、利益回避及利益处理等正式制度框架体系;还构建了提供观念接受、文化认同、道德支持及习惯遵循等匹配支持的非正式制度防治体系,深化制度防腐规律认识。为贯彻落实习近平新时代中国特色社会主义思想对"坚定不移全面从严治党,不断提高党的执政能力和领导水平"的战略要求,强化"不敢腐、不能腐、不想腐"的反腐机制,增强中国"廉实力"国际话语权提供了理论支持与决策参考。

由于领导干部利益冲突的边界模糊性和行为隐蔽性,行为普遍性与形式多样性,加之研究对象和问题的敏感性,因而,廉政建设领域的领导干部利益冲突防治研究本身就具有挑战性和复杂性,在新时代做更加全面细致的研究,势在必行且任重而道远。因此,希望张存达博士再接再厉,将此研究继续坚持深入下去,为推进全面从严治党和反腐败斗争的纵向深入发展贡献一份力量,为实现国家腐败治理体系和治理能力现代化贡献青年学者的应有力量!

蔡小慎

2020 年 5 月 28 日

于大连市宏基书香园

摘　　要

新时代在习近平总书记关于反腐倡廉建设重要论述指导下，利益冲突防治取得积极成效。但缘何防治利益冲突的正式制度不断出台且力度仍在加大，领导干部权力行使过程中私人利益干扰和侵蚀公共利益的利益冲突现象仍易发高发，制度防治何以失效？为解决这一现实困境和悖论，本书遵循"问题导向—理论寻绎—国外参考—制度构建—实践探索—实施策略"逻辑主线，运用文献研究、历史分析、社会调查和系统分析等方法，以马克思主义经典作家廉政理论、中国共产党领导人防治腐败思想和新制度主义相关理论为依据；合理参考和批判借鉴国际防治利益冲突的先进做法及有益经验；构建了防治领导干部利益冲突的正式制度与非正式制度框架体系；并梳理了我国领导干部利益冲突制度防治实践现状，及非正式制度作用于领导干部利益冲突防治的实证检验；最后提出具体实施策略，从根源重点探讨防治领导干部利益冲突的制度协同耦合路径，深化标本兼治，构筑起不敢腐、不能腐和不想腐的有效机制，推进全面从严治党向纵深发展，巩固反腐败斗争压倒性胜利。具体而言，本书的主要观点和特色体现在以下三方面。

第一，剖析了新时代领导干部利益冲突防治困境的深层次原因，深化了制度防腐规律认识。当前不少领导干部很难自觉剥离"官本位"思维模式，出现制度出台切入时机不准、实施后续动力不强等问题。以关系人情为基础的"潜规则"等腐朽文化依然盛行，廉政生态文化也未适时成长起来，形成了以权谋私思维方式和行为习惯。

由此导致现行正式制度缺乏价值观念接受、文化认同、伦理自觉与习惯遵循等非正式制度内在支持,使得防治利益冲突正式制度的出台或执行处于一种"僵滞"低效率或无效率锁定状态,难以实现预期防治绩效水平。因而,要把握"全面从严治党"战略实施的基本要求,不仅要构建科学有效的正式制度防治体系,还要从前置性源头的制度设计思路出发,构建科学有效且能够为正式制度运行提供观念接受、文化认同、道德支持及习惯遵循等匹配支持的非正式制度防治体系。

第二,阐明了柔性非正式制度防腐是与刚性正式制度反腐同等重要的腐败治理理论工具与技术手段,丰富和拓展了廉政研究视野。在"把制度建设贯穿其中,深入推进反腐败斗争"的新时代制度反腐新要求下,与领导干部利益冲突防治中制度外壳的正式制度相比,作为制度内核的非正式制度是影响领导干部利益冲突防治制度变迁不可忽略的重要内生动力。其价值观念要素是干部制度认同意识形成的思想基础,影响制度建构供给偏好;文化传统要素提供共享观念认可和支持环境,影响正式制度形成和变迁;伦理道德要素会增加违背法规制度道德心理成本并强化自律,可节约制度强制执行成本及监管费用;习惯习俗要素以一系列被自愿遵循和服从的无形内在规则,影响着制度演化效率,深刻揭示了对正式制度供给、变迁、实施及演化的作用机理。

第三,为深化标本兼治,强化"不敢腐、不能腐、不想腐"的反腐机制,为增强中国"廉实力"国际话语权提供了发展理论与决策参考。为贯彻落实习近平新时代中国特色社会主义思想对"坚定不移全面从严治党,不断提高党的执政能力和领导水平"的战略要求,根据非正式制度作用于领导干部利益冲突防治的实证结论,提出非正式制度与正式制度有机结合、高效协作和协同互动的实践路径。也就是领导干部利益冲突防治既要培育各类积极的非正式制度因素,以充分发挥其激励现行制度变革创新的诱致性制度变迁功能,使正式制度创新或移植得到与之相应相容的非正式制度观念接受、文化认同、道德遵循和习惯支持。更要以制度适应性效率为目标，通过渐进式变迁方式，优化非正式制度增量与正式制度存量，形成耦合协同推进的制度约束合力，促进利益冲突防治约束绩效达至"帕累托最优"。

关键词：新时代；防腐机制；利益冲突防治；正式制度创新；非正式制度创新

Abstract

In the new era, under the guidance of general secretary Xi Jinping's important exposition on combating corruption and building a clean government, great progress has been made in the prevention and control of conflict of interest among leading cadres. From the perspective of the prevention and control practice of conflict of interest in China, rules and regulations related to conflict of interest have been gradually introduced and the efforts of it are still increasing. However, the prevention and control of conflict of interest of our leading cadres failed? In view of this practical paradox, this book follows the logical line of "problem orientated—theory seeking—foreign reference—institution construction—practice exploration—implementation strategy", and uses the methods of literature research, historical analysis, social investigation and systematic analysis. Its theoretical bases are classic Marxist writer's theory of clean government, the thought of preventing and controlling corruption of the leaders of the CPC and the related theories of new institutionalism. The formal and informal institutional framework of preventing and controlling the conflict of interest of leading cadres is constructed. It also reviews the current situation of the governance practice of the system of the conflict of interest of the leading cadres in China, and the empirical research on the effect of informal constraints on the governance of the conflict of interest of the leading cadres. At last, it puts forward specific implementation strategies, focu-

tion integration path of preventing and controlling the conflict of interest of leading cadres from the root, reinforcing the treatment of both symptoms and root causes, building an effective mechanism that "dare not corrupt, can not corrupt, do not want to corrupt", promoting the all-round development from strict party governance to in-depth development, and winning the overwhelming victory of the anti-corruption struggle. The main highlights of the book are as follows:

First, it analyzes the deep-seated causes of the dilemma of prevention and control of the conflict of interest of the leading cadres in the new era, and deepens the understanding of the law of anti-corruption through system. At present, many leading cadres find it difficult to consciously seperate themselves from the thinking mode of "official standard", and there are some problems such as the ill-timing of the introduction of the system, and the lack of motivation in follow-up implementation. The "hidden rules" and other decadent cultures based on human relations are still prevalent, and the ecological culture of clean government has not grown up in time, and the thinking pattern and behavior habit of seeking personal gains by power were formed. As a result, the current formal institution lacks the internal support of informal constraints such as value acceptance, cultural identity, ethical consciousness and habit adherence, which makes the introduction or implementation of the formal institution to prevent conflict of interest in a "stagnant" low efficiency or inefficiency locked state, and it is difficult to achieve the expected level of governance performance. Therefore, it is proposed that we should take the important exposition of Xi Jinping's anti-corruption building in the new era as a guide, and grasp the basic requirements of the implementation of the "strict administration of the party" strategy. We should not only build a scientific and effective system of formal institution prevention, but also design the system from the perspective of anticipatory source. And an informal institutional prevention and control system needs to be created as a scientific and effective way to provide support for conceptual acceptance, cultural identification, moral support and habit adherence for the formal institution operation.

Second, it clarifies that the anti-corruption of flexible informal institution is as important as the anti-corruption of rigid formal institution, which enriches and expands the perspective of anti-corruption research. Under the new requirements of anti-corruption system in the new era of "running the system construction through and pushing forward the anti-corruption struggle in depth", compared with the formal institution of the system shell in the governance of the conflict of interest of the leading cadres, the informal institution as the core of the system is an important endogenous power that can not be ignored to affect the change of the governance system of the conflict of interest of the leading cadres. Its value elements are the ideological basis for the formation of cadres' system identity consciousness and it affects the supply preference of system construction. Cultural and traditional elements provide the environment for the recognition and support of shared ideas and affect the formation and change of formal constraints. Ethical and moral elements will increase the cost of violating laws and regulations, strengthen self-discipline, and save the cost of system enforcement and supervision. As a series of invisible internal rules that are voluntarily followed and obeyed, the custom elements affect the efficiency of institutional evolution and profoundly reveal the mechanism of the supply, change, implementation and evolution of formal institutions.

Third, it provides the development theory and decision-making reference for deepening the treatment of both root causes and symptoms of corruption, strengthening the anti-corruption mechanism of "darenot corrupt, can not corrupt, do not want to corrupt", and enhancing China's "integrity power" in international discourse. In order to carry out the strategic requirements of Xi Jinping's new socialist ideology with Chinese characteristics on "unswerving and strict administration of the party, and constant improvement of the party's ability to govern and lead the party", based on the empirical conclusions of informal constraints on the governance of leaders' conflict of interest, the book puts forward the practical path of integration, effective collaboration and coordination between the informal institution and the formal institution. In another word, the governance of the conflict of interest of the leading cadres should cultivate various kinds of positive informal institutional factors, so as to give full play to its induced institutional change function of stimulating the innovation of the current institutional change, so that the formal institutional innovation or transplantation can be supported by the corresponding compatible informal institutional concept acceptance, cultural identity, moral adherence and habits support. More importantly, we should take the efficiency of institutional adaptation as the goal, optimize the increment of informal institutions and the stock of formal institutions through gradual change, make an institutional constraint force of coupling and collaborative promotion, and promote the constraint performance of conflict of interest governance to "Pareto Optimality".

Key Words: The new era; The anti-corruption mechanism; The control of conflict of interest; Formal institutional innovation; Informal institutional innovation;

目　　录

第一章　导　论 ……………………………………………………（1）
　第一节　新时代领导干部利益冲突防治的现实意蕴 …………（1）
　　一　科学防治腐败的时代要求 …………………………………（1）
　　二　领导干部利益冲突防治的现实基点 ………………………（3）
　　三　新时代领导干部利益冲突防治的重要价值 ………………（4）
　第二节　国内外研究现状评述 …………………………………（8）
　　一　国内外文献统计分析 ………………………………………（8）
　　二　国内外相关研究进展 ………………………………………（13）
　　三　国内外现有研究评价 ………………………………………（26）
　第三节　研究内容与方法 ………………………………………（29）
　　一　研究思路与内容 ……………………………………………（29）
　　二　研究方法与技术路线 ………………………………………（31）

第二章　新时代领导干部利益冲突防治的理论基础 …………（34）
　第一节　马克思主义经典作家的廉政理论 ……………………（35）
　　一　马克思、恩格斯防止权力异化的廉政理论 ………………（35）
　　二　列宁防止官僚主义的廉政理论 ……………………………（37）
　第二节　中国共产党领导人的防治腐败思想 …………………（40）
　　一　以整党整风治理党内腐败 …………………………………（40）
　　二　教育法律两手抓推进反腐 …………………………………（42）
　　三　反腐要治标与治本相结合 …………………………………（44）

四　健全权力制约的惩防体系……………………………（46）
　　五　把权力关进制度的笼子…………………………………（47）
　第三节　党的十八大以来关于反腐倡廉的重要部署…………（49）
　　一　强化"不敢腐"的惩戒机制 ……………………………（50）
　　二　筑牢"不能腐"的防范机制 ……………………………（53）
　　三　注重"不想腐"的保障机制 ……………………………（55）

第三章　新时代领导干部利益冲突及其防治的一般概论………（59）
　第一节　新时代领导干部利益冲突现实表现及危害…………（60）
　　一　领导干部利益冲突与腐败的概念厘清…………………（60）
　　二　领导干部利益冲突类型及表现…………………………（63）
　　三　领导干部利益冲突的负面影响…………………………（69）
　第二节　新时代领导干部利益冲突行为的诱因分析…………（72）
　　一　利益冲突行为选择内部主观诱因………………………（72）
　　二　利益冲突行为选择外部环境诱因………………………（75）
　　三　利益冲突诱发腐败过程及其制度因素防治模型………（78）
　第三节　新时代领导干部利益冲突制度防治的理论构建……（81）
　　一　领导干部利益冲突制度防治的理论阐释………………（81）
　　二　正式制度与非正式制度协同防治利益冲突的
　　　　比较优势……………………………………………………（84）

第四章　新时代领导干部利益冲突防治的国外参考……………（89）
　第一节　新制度主义的相关理论借鉴…………………………（89）
　　一　制度结构理论……………………………………………（90）
　　二　制度功能理论……………………………………………（93）
　　三　制度变迁理论……………………………………………（96）
　第二节　美国联邦政府利益冲突防治的实践探索……………（99）
　　一　美国联邦政府利益冲突的正式制度约束………………（100）
　　二　美国联邦政府利益冲突的非正式制度约束……………（104）

三　美国联邦政府利益冲突制度协同的实施机制 …………（108）
第三节　国外公职人员利益冲突防治的实践经验 …………（111）
　　一　以实施道德工程基础战略引导树立核心伦理
　　　　价值 …………………………………………………（112）
　　二　以健全法规制度重要战略阻隔压缩以权谋私
　　　　空间 …………………………………………………（114）
　　三　以严厉监督惩戒关键战略减少利益冲突腐败
　　　　发生机会 ……………………………………………（117）

第五章　新时代领导干部利益冲突防治的正式制度体系构建 …………………………………………（119）

第一节　新时代领导干部利益冲突防治的正式制度体系
　　　　构建思路 ……………………………………………（120）
　　一　设想目标 …………………………………………（120）
　　二　总体框架 …………………………………………（121）
　　三　设计原则 …………………………………………（122）
第二节　新时代领导干部利益冲突防治的正式制度体系
　　　　基本框架 ……………………………………………（124）
　　一　利益限制制度 ……………………………………（124）
　　二　利益公开制度 ……………………………………（127）
　　三　利益回避制度 ……………………………………（129）
　　四　利益处理制度 ……………………………………（131）
第三节　新时代领导干部利益冲突防治的正式制度体系
　　　　制约功能 ……………………………………………（133）
　　一　促进干部"不敢腐"的惩治功能 ………………（133）
　　二　促进干部"不能腐"的约束功能 ………………（135）
　　三　促进干部"不想腐"的预防功能 ………………（136）

第六章 新时代领导干部利益冲突防治的非正式制度体系构建 (138)

第一节 新时代领导干部利益冲突防治的非正式制度体系构建思路 (139)
一 基本方针 (139)
二 重要原则 (144)
三 构建方式 (145)

第二节 新时代领导干部利益冲突防治非正式制度体系构成要素 (147)
一 价值观念要素 (147)
二 文化传统要素 (150)
三 伦理道德要素 (152)
四 习惯习俗要素 (153)

第三节 新时代领导干部利益冲突防治的非正式制度体系作用机理 (155)
一 价值观念影响利益冲突防治制度供给偏好 (156)
二 文化传统影响利益冲突防治制度变迁路径 (157)
三 伦理道德影响利益冲突防治制度实施成本 (159)
四 习惯习俗影响利益冲突防治制度演化效率 (161)

第四节 新时代领导干部利益冲突防治的非正式制度防治体系制约效果 (163)
一 抑制利益冲突中谋取私利行为动机 (163)
二 消减利益冲突中谋取私利行为机会 (165)
三 增加利益冲突中谋取私利行为风险 (166)

第七章 新时代领导干部利益冲突防治的实践成效 (167)

第一节 新时代领导干部利益冲突防治的正式制度实践沿革及成效 (168)
一 新时代领导干部利益冲突防治的正式制度变迁沿革及历程 (168)

二　新时代我国领导干部利益冲突防治的正式制度
　　　　演化成就 …………………………………………（174）
　　三　新时代我国领导干部利益冲突防治的正式制度
　　　　不足及成因 ……………………………………（176）
第二节　新时代领导干部利益冲突防治的非正式制度约束
　　　　实效性分析 ……………………………………（180）
　　一　研究框架的确立 ………………………………（181）
　　二　实证调查设计 …………………………………（187）
　　三　实证数据分析 …………………………………（192）
　　四　实效性结果检验 ………………………………（209）

第八章　新时代领导干部利益冲突防治的优化策略 ………（213）
第一节　新时代领导干部利益冲突防治的优化思路 ………（213）
　　一　立足新时代利益冲突防治新方位新要求 ……（214）
　　二　着眼于提高利益冲突防治制度执行效力 ……（215）
　　三　深化标本兼治形成利益冲突制度防治合力 …（216）
第二节　新时代领导干部利益冲突防治的优化内容 ………（217）
　　一　扎牢新时代利益冲突防治的正式制度约束笼子 ……（217）
　　二　培育新时代利益冲突防治的非正式制度
　　　　制约因素 ………………………………………（220）
　　三　健全新时代利益冲突防治的制度约束实施机制 ……（226）
第三节　新时代领导干部利益冲突防治的优化路径 ………（231）
　　一　通过非正式制度向正式制度变迁强化利益冲突
　　　　防治能力 ………………………………………（231）
　　二　依托正式制度保障非正式制度作用于利益冲突
　　　　防治效应 ………………………………………（233）
　　三　增进非正式制度与正式制度互动提升利益冲突
　　　　防治绩效 ………………………………………（235）

主要参考文献 …………………………………………………（237）

附录A　非正式制度约束影响领导干部利益冲突行为选择
　　　　调查问卷 ……………………………………………（264）

附录B　我国领导干部利益冲突现状访谈提纲 ………………（270）

索　引 ……………………………………………………………（272）

后　记 ……………………………………………………………（277）

Contents

Chapter 1 Introduction ··· (1)

  Section 1 The practical significance of the prevention and control of conflict of interest among leading cadres in the New Era ··· (1)

    1. Requirements of scientific prevention and control of corruption in the New Era ··· (1)

    2. The practical requirements of prevention and control of conflict of interest among leading cadres ··· (3)

    3. The significant value of prevention and control of conflict of interest among leading cadres in the New Era ··· (4)

  Section 2 Review of research status at home and abroad ········ (8)

    1. Statistical analysis of literature at home and abroad ··· (8)

    2. Research progress at home and abroad ························ (13)

    3. Evaluation of research at home and abroad ···················· (26)

  Section 3 Research contents and methods ························ (29)

    1. Research ideas and contents ··· (29)

2. Research methods and technical routes ………… (31)

Chapter 2　The theoretical foundation of the prevention and control of the conflicts of interest among the leading cadres in the New Era ………… (34)

　Section 1　The theory of clean government of Marxism classic writers ………… (35)
　　1. Marx and Engels' theory of clean government to prevent the alienation of power ………… (35)
　　2. Lenin's theory of clean government to prevent bureaucracy ………… (37)
　Section 2　The CCP leaders' thoughts on preventing and controlling corruption ………… (40)
　　1. Preventing and controlling corruption by the rectification movement. ………… (40)
　　2. Preventing and controlling corruption by both education and law ………… (42)
　　3. Fighting against corruption by combining the temporary measures with fundamental measures ………… (44)
　　4. Improve the punishment and prevention system by power restriction ………… (46)
　　5. Anti-corruption thoughts in governing the country ………… (47)
　Section 3　Core thought on the important exposition of preventing and controlling corruption ………… (49)
　　1. Strengthen the punishment mechanism of Dare Not Corrupt ………… (50)
　　2. Build up the prevention mechanism of Can Not Corrupt ………… (53)

3. Pay attention to the guarantee mechanism of
Do Not Want To Corrupt ·· (55)

Chapter 3 General theory introduction of the conflict of interest among leading cadres with its prevention and control in the New Era ································· (59)

Section 1 The realistic manifestation and harm of the conflict of interest among leading cadres in the New Era ······ (60)

  1. Clarify the concept of conflict of interest and corruption ··· (60)
  2. Types and manifestations of conflicts of interest ············ (63)
  3. The negative impact of conflict of interest ················· (69)

Section 2 Analysis of the causes of the conflict of interest behavior among leading cadres in the New Era ······ (72)

  1. Internal subjective inducement of conflict of interest behavior choice ··· (72)
  2. External environment inducement of conflict of interest behavior choice ··································· (75)
  2. The process of corruption induced by conflict of interest and constrction model of the prevention and control ·· (78)

Section 3 Theoretical construction of the prevention and control of conflict of interest among leading cadres in the New Era ·· (81)

  1. Theoretical explanation of the prevention and control of conflict of interest among leading cadres ··············· (81)
  2. The comparative advantage of the cooperation between formal and informal institution in the prevention and control of conflicts of interest ································· (84)

Chapter 4 Foreign experience on the prevention and control of conflict of interest among leading cadres in the New Era ...... (89)

Section 1 The construction of the theory of New Institutionalism ...... (89)

1. Theory of Institutional structure ...... (90)
2. Theory of Institutional function ...... (93)
3. Theory of institutional change ...... (96)

Section 2 Practical exploration in the prevention and control of conflicts of interest of the United States ...... (99)

1. Formal institutional constraints on conflicts of interest in the federal government of the United States ...... (100)
2. Informal institutional constraints on conflicts of interest in the federal government of the United States ...... (104)
3. The institutional implementation mechanism of conflicts of interest of the federal government of the United States ...... (108)

Section 3 Practical experience in prevention and control of conflicts of interest of foreign public officials ...... (111)

1. To establish the core ethical value by implementing moral engineering ...... (112)
2. To block and compress the space for seeking private interest by improving laws and regulations ...... (114)
3. To reduce opportunities for corruption by severely monitoring and punishing ...... (117)

Chapter 5 Construction of formal institution for prevention and control of conflicts of interest among leading cadres in the New Era ...... (119)

  Section 1 Thoughts on the construction of formal institution for the prevention and control of conflicts of interest among leading cadres in the New Era ...... (120)

    1. Vision goal ...... (120)

    2. General framework ...... (121)

    3. Design principles ...... (122)

  Section 2 The basic framework of the formal institution for the prevention and control of conflicts of interest among leading cadres in the New Era ...... (124)

    1. The formal institution of interest restriction ...... (124)

    2. The formal institution of interest disclosure ...... (127)

    3. The formal institution of interest avoidance ...... (129)

    4. The formal institution of interest handling ...... (131)

  Section 3 The restriction function of the formal institution for the prevention and control of conflicts of interest among leading cadres in the New Era ...... (133)

    1. Promoting the punishing function to cadres who Dare Not Corrupt ...... (133)

    2. Promoting the restraining function of cadres who Can Not Corrupt ...... (135)

    3. Promoting the preventive function of cadres who Do Not Want To Corrupt ...... (136)

Chapter 6　The basic framework of the informal institution for the prevention and control of conflicts of interest among leading cadres in the New Era ⋯⋯⋯⋯⋯⋯⋯⋯⋯⋯⋯⋯⋯⋯⋯⋯⋯⋯⋯（138）

　Section 1　Thoughts on the construction of informal institution for the prevention and control of conflicts of interest among leading cadres in the New Era ⋯⋯⋯⋯⋯⋯（139）

　　1. Basic policys ⋯⋯⋯⋯⋯⋯⋯⋯⋯⋯⋯⋯⋯⋯⋯⋯⋯（139）

　　2. Important principles ⋯⋯⋯⋯⋯⋯⋯⋯⋯⋯⋯⋯⋯（144）

　　3. Construction method ⋯⋯⋯⋯⋯⋯⋯⋯⋯⋯⋯⋯⋯（145）

　Section 2　Constituent elements of informal institution for the prevention and control of conflicts of interest among leading cadres in the New Era ⋯⋯⋯⋯⋯⋯⋯⋯⋯（147）

　　1. Elements of values ⋯⋯⋯⋯⋯⋯⋯⋯⋯⋯⋯⋯⋯⋯（147）

　　2. Elements of traditional culture ⋯⋯⋯⋯⋯⋯⋯⋯⋯（150）

　　3. Elements of ethics and morality ⋯⋯⋯⋯⋯⋯⋯⋯⋯（152）

　　4. Elements of custom ⋯⋯⋯⋯⋯⋯⋯⋯⋯⋯⋯⋯⋯⋯（153）

　Section 3　Function mechanism of informal institution for the prevention and control of conflicts of interest among leading cadres in the New Era ⋯⋯⋯⋯⋯⋯⋯⋯⋯（155）

　　1. Value affects the institutional supply preference ⋯⋯⋯（156）

　　2. Traditional culture affects the path of institutional change ⋯⋯⋯⋯⋯⋯⋯⋯⋯⋯⋯⋯⋯⋯⋯⋯⋯⋯⋯⋯（157）

　　3. Ethics and morality affects the institutional implementation cost ⋯⋯⋯⋯⋯⋯⋯⋯⋯⋯⋯⋯⋯⋯（159）

　　4. Customs affects the institutional evolution efficiency ⋯⋯（161）

　Section 4　Restrictive effect of the informal institution for the prevention and control of conflicts of interest among leading cadres in the New Era ⋯⋯⋯⋯⋯⋯⋯⋯⋯（163）

　　1. Restraining the motive of seeking private interests ⋯⋯（163）

  2. Reducing the opportunity of seeking private interests ······ (165)
  3. Increase the risk of seeking private interests ············· (166)

Chapter 7 Practical effects of the prevention and control of conflicts of interest among leading cadres in the New Era ·· (167)

 Section 1 Evolution and effectiveness of the formal institution for prevention and control of conflicts of interest ······ (168)
  1. The formal institutional change course of the prevention and control of the conflict of interest ······················· (168)
  2. Achievements in the formal institutional evolution of the prevention and control of conflicts of interest ············· (174)
  3. Defects and causes of formal institution for preventing and controlling conflicts of interest ························ (176)
 Section 2 Analysis of the effectiveness of informal institutional constraints in the prevention and control of conflicts of interest ·· (180)
  1. Establishment of research framework ······················ (181)
  2. Design of empirical survey ································· (187)
  3. Analysis of empirical data ·································· (192)
  4. Test of effectiveness results ································ (209)

Chapter 8 Optimization strategies for prevention and control of conflicts of interest among leading cadres in the New Era ·· (213)

 Section 1 Optimization ideas for prevention and control of conflicts of interest ·· (213)
  1. The new orientation and new requirements based on the prevention and control of conflicts of interest in the New Era ··· (214)

2. Improving the institutional implementation effectiveness in the prevention and control of conflicts of interest ······ (215)
3. Deepening the treatment policy and forming a joint force in the prevention and control of conflicts of interest ······ (216)

Section 2　Optimized content of prevention and control of conflicts of interest among leading cadres in the New Era ··· (217)

1. Fasten the formal institutional restraint cage for the prevention and control of conflicts of interest ············· (217)
2. Fostering the informal institution system for the prevention and control of conflicts of interest ············· (220)
3. Improving the institutional restraint mechanism for the prevention and control of conflicts of interest ·········· (226)

Section 3　Optimized path of prevention and control of conflicts of interest among leading cadres in the New Era ··· (231)

1. Strengthening the ability to prevent and control conflicts of interest through the transition from informal institution to formal institution ······································ (231)
2. Relying on the formal institution to guarantee the effect of informal institution on the prevention and control of conflicts of interest ·· (233)
3. Enhancing the interaction between informal institution and formal institution to improve the prevention and control of conflicts of interest ····························· (235)

Main references ··· (237)

Appendix A Questionnaire on the influence of informal institutional constraints on the choice of leaders' conflict of interest behavior ············ (264)

Appendix B Interview outline about the current situation of interest of conflict a mong leading cadres in China ·· (270)

Index ·· (272)

Epilogue ·· (277)

第一章

导 论

第一节 新时代领导干部利益冲突防治的现实意蕴

一 科学防治腐败的时代要求

自20世纪70年代"利益冲突"进入国际廉政建设领域以来,引起了国内外社会的广泛关注。国际社会普遍认为利益冲突的出现是政府官员腐败的前奏。反腐败本质上就是防范和控制官员的利益冲突,若能建立健全规范领导干部利益价值观念和行为偏好的制度藩篱和阻隔机制,就能有效预防和阻断腐败,维护政府清廉。反之,若得不到妥善预防和治理,就会成为诱发腐败的重要根源。由此,1973年加拿大联邦议会首次制定并通过了《利益冲突章程》,1985年又出台《公职人员利益冲突与离职后行为准则》,2006年制定实施了《利益冲突法》。美国联邦政府层面也先后制定了《美国法典·刑事利益冲突卷》《政府道德法》和《行政部门雇员道德行为准则》等震慑和防范联邦雇员利益冲突行为的法律法规和行为准则。2003年经济合作与发展组织(OECD)更是通过发布《公共服务中的利益冲突管理:OECD的指导原则与评述》报告,具体介绍和评述了加拿大、美国、法国及澳大利亚等成员国有关利益冲突防治的制度设计和实施情况，尤其倡导各国形成指导政府官员规避利益冲突的伦理工程体系。

我国也在 2009 年 9 月中共十七届四中全会通过的《中共中央关于加强和改进新形势下党的建设若干重大问题的决定》中，首次明确提出"建立和健全防止利益冲突制度"任务，将利益冲突这一概念正式纳入我国廉政建设范畴。当年 10 月，以"廉政准则——防止利益冲突"为主题的亚太经济合作组织反腐败研讨会在北京隆重召开，会议强调我国要吸取各国有益经验，建立健全防治利益冲突机制。随后不久，2010 年中共中央正式发布实施的《中国共产党党员领导干部廉洁从政若干准则》，从八个方面明确党员领导干部从政行为中禁止的利益冲突行为。2012 年 11 月，党的十八大报告再次强调要"健全反腐败法律制度，防控廉政风险，防止利益冲突，更加科学有效地防治腐败"。2014 年 1 月，中共十八届中央纪律检查委员会第三次全体会议进一步重申，要"加强廉政风险防控机制建设，建立健全防治利益冲突制度"。2016 年 1 月，中共十八届中央纪律检查委员会第六次全体会议再次强调，要把从严治党纳入"四个全面"战略布局，坚持以德治党与依规治党相统一，扎紧制度笼子，着力构建不敢腐、不能腐和不想腐的体制机制。2017 年 10 月，党的十九大报告再次强调"强化不敢腐的震慑，扎牢不能腐的笼子，增强不想腐的自觉"[①]。2019 年 1 月，中共十九届中央纪律检查委员会第三次全体会议强调，"要深化标本兼治，夯实治本基础，一体推进不敢腐、不能腐、不想腐"[②]。由此可见，从反腐败源头上建立健全党员领导干部利益冲突防治的制度约束体系，已成为全面落实从严治党，提升反腐倡廉治国理政能力，

---

① 习近平：《决胜全面建成小康社会　夺取新时代中国特色社会主义伟大胜利——在中国共产党第十九次全国代表大会上的报告》，人民出版社 2017 年版，第 67 页。

② 习近平：《取得全面从严治党更大战略性成果巩固发展反腐败斗争压倒性胜利——在中国共产党第十九届中央纪律检查委员会第三次全体会议上的讲话》，《人民日报》2019 年 1 月 12 日第 1 版。

实现国家治理体系和治理能力现代化的客观要求和必然选择。

二 领导干部利益冲突防治的现实基点

针对新时代领导干部利益冲突防治，一方面，要加强对权力运行的监督和制约，建立健全有关防治领导干部利益冲突的如财产申报、重大事项报告等方面的刚性制度，推动廉政建设；另一方面，还要推进廉政廉洁的思想信念培育、道德观念教育以及文化软实力建设，真正促进发挥制度实施的执行力和实践效应。而制度是由形塑人们相互关系的非正式制度（价值观念、文化传统、风俗习惯等）和正式制度（宪法、成文法、合同等）及其执行特征组成。其中，非正式制度是正式制度产生的前提和基础，新建的正式制度也只有与非正式制度有效兼容时，才能有效发挥作用。由此可见，我国利益冲突防治的制度约束体系，不仅应包括成文的、刚性的党规党纪和法律法规等正式制度，以外部强制措施使之不敢和不能侵犯公共利益；还应包括一系列在社会交往中逐步形成、世代相传并得到认可的观念、文化、道德、习俗等非正式制度，以一种无形内在约束促进自觉维护公共利益。两者相辅相成、兼容互补，从治标与治本、惩治与预防两个层面，共同规范和调控领导干部利益冲突中"利他"或"利己"的观念倾向与行为选择。

然而，从我国利益冲突的防治实践来看，虽然过去四十余年内逐步出台了两百多项有关利益冲突的制度规章且力度仍在不断加大，但从党的十八大后中纪委巡视组屡屡晒出的"问题清单"以及实际情况来看，我国利益冲突防治并没有从根本上改变利益冲突的无序状态。大部分地区公职人员的腐败问题，都与其日常工作生活中利用公权影响和公职之便，谋取不正当利益的利益冲突现象未被及时发现与处理息息相关。利益冲突现象滋长蔓延的势头仍需要更加有效遏制，给新时代我国反腐倡廉建设带来新的严峻挑战。那么，我国领导干部利益冲突防治何以失效？探寻原因，一方面是由于正式制度的不完善、缺失，另一方面则是由于这些正式制度没有与观念接受、文化认同、道德觉悟和习惯遵循等非正式制度要素有机结合并优化配合，导致出台并予以实施的大量防治利益冲突的正式法规制度得不到及时认可、有效接受与大力支持，大大降低了制度出台和实施效率，很大程度上成为利益冲突防治制度约束体系软弱乏力、执行失效的深层原因。

另外，当前学界关于利益冲突防治的研究也大多集中于三方面：一是从法学视角，强调由于各项制度的不尽完善为利益冲突现象滋生创造了条件，主张加快防范利益冲突法规制度建设；二是从政治学视角，认为利益冲突影响公共权力的运作，是造成公众对政府和公共机构信任下降的一个关键因素，应加强监督制约及严刑惩罚等；三是从伦理学视角，将利益冲突现象归结为人类自私自利的本性以及贪图个人享受的恶劣品德，强调通过教育增进防范利益冲突的思想观念，等等。可以说，以往的研究大多主要关注法律规范等正式制度对于利益冲突防治的刚性约束作用，或者片面强调非正式制度伦理道德、文化等要素对行为的调控作用，而对于利益冲突防治的整个正式制度与非正式制度体系两者协同互动的作用关系研究还较少涉足。而新制度主义认为制度是由形塑人们相互关系的非正式制度和正式制度构成，且非正式制度是正式制度产生的前提和基础，非正式制度也需要依托刚性正式制度的支撑与保障，两者有效兼容耦合时才能有效发挥作用。因此，本书将以上述现实问题与研究现状为逻辑起点，立足于非正式制度与正式制度的协同视域，围绕领导干部利益冲突防治这个基础性理论问题，主要从领导干部利益冲突防治的正式与非正式制度结构体系，两者的互动优势及其协同治理实践路径等几个方面进行深入系统的探讨，力求从根源寻绎出预防和治理领导干部利益冲突，推进防腐制度机制创新的有效路径和方法。

三　新时代领导干部利益冲突防治的重要价值

1. 理论意义

首先，丰富了马克思主义利益理论的研究内容。马克思认为：

"人们奋斗所争取的一切，都同他们的利益有关。"① "'思想'一旦离开'利益'，就一定会使自己出丑。"② 因此，可以说，利益决定思想，它是思想的基础。事实上，利益问题是历史唯物主义研究的一个重要问题，离开了基础性的利益范畴，就很难明确把握唯物史观的很多原理。本研究以新时代领导干部利益冲突的防治为基本研究内容，既是一个关乎反腐倡廉的重大现实问题，也是一个历史唯物主义利益范畴的理论问题。将马克思主义利益观理论与全面深化廉政建设相结合，通过领导干部现实利益冲突问题的透彻分析，在领导干部利益追求中找准其思想和行为层面的问题根源，形成以维护和实现人民利益、公共利益为最高准绳的价值目标，进一步丰富和发展马克思主义利益理论研究。

其次，充实了新时代领导干部利益冲突防治的制度理论工具。新时代领导干部腐败的表现形式更加隐蔽，在利益冲突领域更为突出，本研究基于新时代领导干部利益冲突的新情况新问题，从理论指导、制度构建、现实践行的视角出发，对新时代领导干部利益冲突的防治进行研究，尝试性地建立一种正式制度和非正式制度之间的有效衔接机制。一方面继续加强、完善利益冲突防治的刚性正式制度约束，对利益冲突过程进行监督防治、发挥严刑惩治的制止和警示作用，最大限度地发挥正式制度体系"不敢腐""不能腐"的制约功能；另一方面更加注重利益冲突防治的柔性非正式制度约束，挖掘出那些无形中被领导干部所认同、静默无声却有效规范他们行为方式的非正式制度关键要素及其具体因子，充分发挥非正式制度体系内部价值引领、文化熏陶、道德品格以及良好习性等要素的积极作用和功能。从而使领导干部在内心深处自觉树立诚信、公正、廉洁等价值理念，实现在利益冲突防治中正式制度供给不足或执行乏力情况下，也能坚定和保持廉洁从

---

① 《马克思恩格斯全集》第1卷，人民出版社1956年版，第82页。
② 《马克思恩格斯全集》第2卷，人民出版社1957年版，第103页。

政的道德人格，作出优先考虑公共利益的理性行为选择，更好发挥"不想腐"的预防功能。

最后，拓宽了新时代领导干部利益冲突防治的理论视野。关于新时代领导干部利益冲突的防治研究，政界与学界大多从法学或政治学等角度出发，探讨领导干部利益冲突发生的机理、途径、原因。此外，还有部分文献涉及从非正式制度的伦理要素和文化要素探讨，但对于非正式制度各要素与正式制度之间有机结合的分析较少或不够深入全面，使得利益冲突防治中，容易忽略非正式制度这个配合正式制度实施的前提与基础要素。因此，本书将立足于马克思主义政治经济学与新制度主义交叉学科视域，着重探讨新时代背景下，防治领导干部利益冲突的正式制度与非正式制度体系构建以及两者的协同机制，进而推动建立系统化、规范化、科学化且适合我国国情的领导干部利益冲突防治机制。

2. 现实意义

首先，从宏观层面上看，优化我国治国理政的社会环境。实际上，利益冲突是领导干部在治国理政过程中一种滥用公共权力、践踏公共秩序的逐利行为，可以说它是在国家治理中的一种腐败病变。新时代领导干部利益冲突防治以促进社会公平正义、维护国家治理活力作为生命线。通过正式制度和非正式制度的积极作用，让领导干部在处理利益冲突时更加明确，令行禁止；让清正廉明等廉洁理念"嵌入"领导干部的整个治国理政过程中，形成自觉接受并服从规则的政治道德品质。以建设法治社会，推动民主发展，保障社会和谐有序；以更新党风政风、净化社风民风，在全社会形成一种崇廉尚法的社会文化氛围。因此，旨在从源头上阻断腐败现象发生的新时代领导干部利益冲突防治，有利于推进制度防腐的法治进程与治理成效，成为当代国家治理的重要组成部分，有利于推动国家治理体系与治理能力现代化目标的实现，对于全面深化改革具有前瞻性和战略性意义。

其次，从中观层面上看，推进廉洁政府和诚信政府的建设。领导干部利益冲突问题实质是自身私人利益与其职责所代表的公共利益之间的对抗、抵触和背离。可以说其类型及表现多种多样、形态各异，几乎贯穿领导干部整个职业生涯。又因其具有边界模糊性和行为隐蔽性特征，使之常常处在法律法规制裁的边缘，即使被发现，也大多只是党纪和政纪处分，一定程度上助长了部分干部趋向牟利性的心理期望。久而久之，将引致陷入腐败旋涡，严重损害公众对政府的信任。因此，要继续完善法律法规，明晰利益冲突界限，严守利益冲突腐败"红线"，形成"不敢腐""不能腐"的制约机制；同时，围绕领导干部利益观念和心理作出合理的非正式制度安排，将廉洁理念注入领导者意识深层，大力弘扬廉洁从政的精神风范，有助于领导干部自觉筑起抵御谋取私利的心理防线，从而在事前阻遏和抑制利益冲突动机，形成"不想腐"的有效预防机制，有效树立党和政府清正廉洁、诚实守信的形象，增强社会公众对政府和领导干部的信任和支持。

最后，从微观层面上看，强化领导干部在利益冲突中廉洁自律的自我约束能力。党政机关的领导干部，是党和国家有关利益冲突防治路线方针和法规制度的决策者与执行者，也是通过思想政治教育活动培养其他干部高尚品德意识，提升廉洁从政能力的领导者和组织者。随着现代社会公共领域和私人领域的日益分化，领导干部利益冲突现象屡禁不止，廉政风险随之也大大增加。本书关于新时代领导干部利益冲突的防治则将高度关注正式制度与非正式制度协同治理的广泛性和持续性等特征，一方面通过充分发挥正式制度的强制力和警示力等功能，将其外化为领导干部坚守底线、不越红线、不触禁区的守法行为；另一方面通过充分发挥非正式制度的内在价值观念指引力、文化导向力、伦理约束力等功能，将其内化为领导干部自觉接受和认可利益冲突法规制度的观念、自觉认同廉洁勤政等规范性义务和目标，以及良好的道德自律机制，久而久之，还会演变成自我制约的良好习惯。从某种程度上说，正式制度是以外在约束领导干部利益冲突失范行为，通过他律来维护社会和谐稳定，是新时代防治利益冲突腐败的必要手段。与此同时，非正式制度也可以引导和塑造领导干部自觉作出合乎防治利益冲突党纪法规的公共理性行为，形成内在自我约束，能有效规避利益冲突防治实施所需耗费的摩擦冲突成本。

第二节　国内外研究现状评述

为了更好地整体审视国内外学者对领导干部利益冲突问题的研究，本节先借用计量分析法从文献来源、研究地区及机构、研究主题三个角度，简要描绘出当前领导干部利益冲突研究的整体图景。接着系统地整理与分析近二十年来国内外领导干部利益冲突的相关文献，归纳整合现有研究成果，梳理和总结领导干部利益冲突的内涵、成因、危害及其治理概况，以期为本书新时代领导干部利益冲突防治的知识增长和理论创新奠定基础。

一　国内外文献统计分析

1. 文献来源与方法

本书国外文献来源于全球最大、覆盖学科最多，且收录了近万种世界权威，具有高影响力的综合性学术信息资源库——汤森路透（Thomson Reuters）公司旗下 Web of Science（WoS）资源库中 SSCI、CPCI-SSH 两大核心引文数据库。根据世界经济合作与发展组织（OECD）给出的利益冲突概念解析，选取时间为 1999 年 1 月至 2019 年 12 月之间，主题词为"领导干部利益冲突"的几种英语表达式（TS＝［（public servant＄ or public service or civil servant＄ or civil service or Official＄ or public sector＄）and（conflict of interest＄ or interest＄ conflict or COI）]），将学科类别精炼为公共管理、政治、法律以及伦理相关领域（Web of Science 类别 = Public Administration or Political Science or Law or Ethics），共获得 250 余篇英文文献。国内文献来源于"中国知识资源库"（CNKI）的"中国学术期刊网络出版总库"，不包括专著、会议论文和硕士博士学位论文。选取时间在 1999 年 1 月至 2019 年 12 月之间，对主题词为"领导干部利益冲突""政府官员利益冲突""公务员利益冲突"和"公职人员利益冲突"的四个关键词组进行搜索，共获得 346 篇期刊论文（见图 1.1），其中核心期刊录用 165 篇，约占总数的 36.5%。

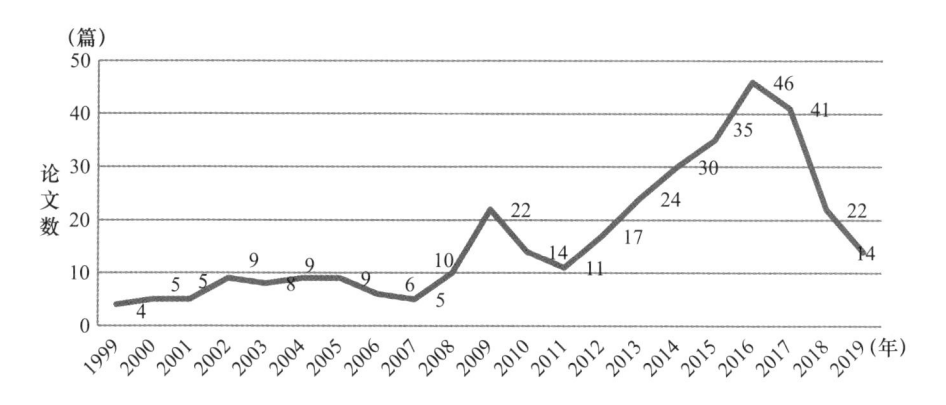

图 1.1　1999—2019 年国内领导干部利益冲突文献数量变化

通过上述检索结果分析发现，国内外领导干部利益冲突相关研究从 1999 年以来基本保持逐年递增的趋势，说明国内外研究热点趋势基本保持一致，反映出利益冲突防治被纳入廉政建设框架以来逐渐成为国际普遍关注的研究热点。但由于我国利益冲突问题研究主要侧重于公职人员这一主体，这与国外大多集中于医学、金融、商券业务人士等主体的利益冲突研究不同，因此，在本书搜索的公共管理、政治、法律以及伦理等相关领域内，国内领导干部利益冲突研究数量总体偏多。另外，我国在 2009 年党的十七届四中全会首次提出"建立和健全防止利益冲突制度"任务之后，引起了国内学界的广泛关注。尤其是随着党的十八大后以习近平同志为核心的党中央尤其注重反腐倡廉建设,所以文献数量增速明显加快,并且核心文献数量占比较大,成为廉政建设领域的一个核心热点问题。同时,随着党的十九大报告强调指出的新时代反腐败斗争压倒性态势基本形成并巩固发展,以及研究关注点逐步转移到党的政治建设方面,因而领导干部利益冲突防治研究在2016—2017年达到峰值后,文献数量有所回落。

2. 主要研究地区或机构分析

根据 Web of Science 数据库的文献统计结果(见表1.1)可以看出,国外研究领导干部利益冲突文献数量最多的国家是美国,共84篇相关文献,远高于其他国家,其次为加拿大、英国、澳大利亚等西方发达国家,这些国家的防治经验都值得我们认真总结和借鉴。基于美国为利益冲突防治研究的主要前沿阵地,本书将重点提及和借鉴美国在正式和非正式制度及其实施机制等方面的重要成果,为本书提供重要的理论和实践参考经验。

表1.1　国外领导干部利益冲突文献主要研究国家(地区)

国家/地区	文献量(篇)	占总比(%)
美国	84	45.16
加拿大	13	6.99
英国	12	6.45
澳大利亚	9	4.84
德国	8	4.30
瑞典	6	3.23

从超星发现可视性分析整理后(见图1.2)可以看出,国内领导干部利益冲突研究单位,主要集中在北京大学、中国人民大学、湖南大学和北京航空航天大学等高校。除此之外,在收集资料和撰

写论文的过程中还发现，依托各高校的廉政与治理研究中心以及中央到地方的纪检监察系统也是高度关注和研究利益冲突问题的主要阵地。基于这个分析结果，对于快速、准确、高效地找到与本书高度相关的文献有极其重要的作用。

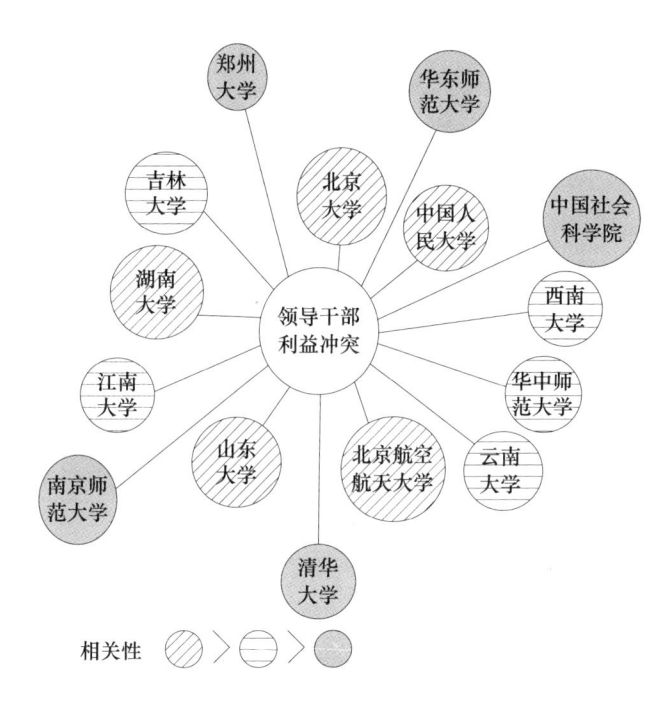

图1.2 国内领导干部利益冲突文献主要研究机构

3. 主要研究主题及热点趋势

通过 Web of Science 数据库对研究方向的分析结果（见表1.2）可以看出，国外领导干部利益冲突防治研究大多聚焦于政府法律法规的正式制度约束视角，文献数量占到总体的60%左右。此外，国外学者还从公共管理学、经济学、社会学、政治学和伦理学等视角，对利益冲突问题进行了深入研究。其中，从公共管理、政治学以及伦理学视角对非正式制度约束中行政文化、价值观念以及伦理道德要素的关注将对本书起到重要的借鉴与启发作用。

表1.2　　　　　国外领导干部利益冲突文献主要研究方向

研究方向	文献数量（篇）	占总比（%）
政府法律法规	113	60.75
公共管理	72	38.71
商业经济	27	14.52
社会科学等领域	19	10.22
国际关系	15	8.07
医学伦理	9	4.84

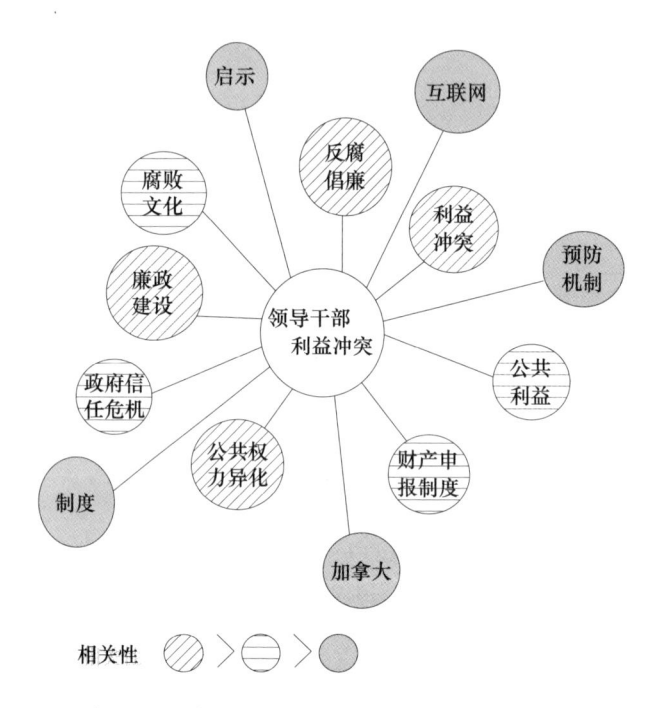

图1.3　国内领导干部利益冲突文献主要研究主题

从超星发现可视化分析整理后（见图1.3）可以看出，国内领导干部利益冲突文献知识研究主题，主要集中在与其相关的反腐倡廉、廉政文化、公共权力异化、政府信任危机、财产申报制度等领域。可以发现国内文献大多关注探析领导干部利益冲突与反腐倡廉建设关系、领导干部公共权力异化与利益冲突矛盾丛生、利益冲突与政府信任危机、建立和健全财产申报制度与防治利益冲突等相关问题。

总而言之，对上述国内外领导干部利益冲突文献数量、主要研究地区和机构以及主要研究主题等几个方面的描述性统计与分析后，大致了解了当前国内外研究的关注焦点及热点研究趋势。国内外学者基本将领导干部利益冲突问题聚焦到廉政领域，在呼吁建立健全治理利益冲突的制度约束方面已达成普遍共识。具体归纳起来主要集中在：利益冲突到底是什么？它与腐败和廉政建设之间存在怎样的关系？其发生的根源又在哪里？最后，利益冲突防治有哪些对策和路径？接下来的文献综述也将主要围绕这些问题和重点，展开较详尽的阐述。

二 国内外相关研究进展

1. 关于领导干部利益冲突概念的研究

当前，国内外学者关于领导干部利益冲突概念的论述众说纷纭，学者们从不同角度对其进行了定义，大致可以分为公私利益冲突观、责任义务冲突观、角色伦理冲突观三种观点。

公私利益冲突观，这种观点认为利益冲突是领导干部私人利益对其所代表的公共利益的干扰和侵害。威廉姆斯（Williams，1985）认为利益冲突是公务人员私人利益与公共利益相冲突或抵触的情形，它包括两种情境：一种是潜在未发生的状态，一种是已经发生的行为状态。[①] 胡琴（2002）认为公务人员的社会关系、金钱往来、个人素质或个人信念等各种私人利益需求，有可能妨碍他（她）从公共利益出发，只顾追求私人利益而无视公共利益，影响其行政行为，不依照法律秉公办事。[②] 孔祥仁（2012）在考察国外实践的基础上，也把利益冲突界定为政府官员公职所代表的公共利益与其个人自身

---

① Williams S., *Conflict of Interest, The Ethical Dilemma in Politics*, Aldershot, Hants: Gower, 1985, p.16.

② 胡琴：《论政府利益及其冲突治理》，《行政与法》2002年第10期。

具有的私人利益二者之间的抵触、违背和侵害。① 总之，这种认为利益冲突是公务人员私人利益与公共利益相冲突的观点，实质上就是公共权力的非公共使用，也就是自身主体狭义上的权益冲突，而非公权力行使中上下级或不同职能部门间的冲突，较清晰地解答了利益冲突在廉政范畴内的含义。

责任义务冲突观，这种观点认为利益冲突是领导干部私人利益对其公共职位所对应的公共责任及其义务的干扰或影响。特里·L. 库珀从主客观行政责任分化角度出发，认为利益冲突指自身个人利益与作为公共官员义务之间产生的冲突，包括角色冲突和各种权力资源之间的紧张关系，这些冲突提供了滥用公权谋取私利的机会。② 世界经济合作与发展组织（OECD，2005）公共管理委员会也把利益冲突界定为公职人员的公共职责与其私人利益之间的冲突，其中私人利益不恰当地影响他们履行官方义务和责任。③ 苏马斯·米勒、彼得·罗伯茨和埃德沃德·斯培恩斯（Seumas Miller, Peter Roberts and Edward Spence, 2005）认为腐败的一个非常重要的根源在于利益冲突，当一个人或一个集团的自我利益与其所受委托的职责之间发生冲突，或者当其具有两个相互冲突的职责时，便会产生利益冲突。④

角色伦理冲突观，这种观点认为领导干部作为公职人员身兼多种角色，常常面临相互冲突的角色转换和选择，而利益冲突就是在相互冲突的角色伦理之间进行选择的结果。卢少求（2004）认为公职人员常常要在角色伦理、道德规范之间进行角色的转换和选择，

---

① 孔祥仁：《防止利益冲突从高官做起——美国、英国案例解析》，《河南社会科学》2012年第2期。

② ［美］特里·L. 库珀：《行政伦理学：实现行政责任的途径》，张秀琴译，中国人民大学出版社2001年版，第105—106页。

③ OECD, *OECD Guidelines for Managing Conflict of Interest in the Public Service*, Paris: OECD, 2005, p.2.

④ Miller S., Roberts P. and Spence E., *Corruption and Anti-Corruption: An Applied Philosophical Approach*, Pearson Education Inc, 2005, pp. 46 – 49.

在此过程中产生利益冲突，主要表现有行贿受贿、暗箱交易、馈赠与消遣、权力兜售、信息兜售、离职后就业、兼职、处理亲戚朋友问题八种情况。① 庄德水（2010）认为利益冲突是发生在公共行政过程中的一种伦理困境，既是一种潜在未对公共角色责任形成实质性干扰的情境，也是一种因未加以正确处理，选择谋取私人利益而产生真正危害的现实性行为。它主要有利用职务之便，直接从利益相关者那里收取实体性或非实体性私人利益的"交易型"利益冲突；利用公共权力的影响力，直接或间接地实现自己或亲属私人利益的"影响型"利益冲突；在公务过程中以公共角色身份参与私人事务，在公私之门中来回旋转，谋取私人利益的"旋转型"利益冲突。② 何旗（2019）认为新时代领导干部新的角色伦理冲突表现在"一家两制"现象，也就是领导干部利用公共权力去谋取家庭私利的隐性权力腐败。③ 其本质是领导干部未能正确处理公共权力与家庭私利之间的冲突关系而导致腐败行为的发生。

综上所述，廉政范畴的领导干部利益冲突，既是一个政治问题，也是一个管理问题，同时还是一个伦理问题，只要领导干部自身具有的私人利益与其所代表的公共利益之间发生了抵触、违背或侵害，利益冲突就产生了。它从本质上来说是领导干部行使公权时权衡"利他"或"利己"倾向时的一种两难价值选择困境。因此，面对潜在千变万化的利益冲突需要作出优化正式制度和非正式制度的双重安排，思想建党与制度治党有机结合，依规治党和以德治党相互并重，真正将领导干部遵纪守法的意识、观念和道德内化于心，有效制约潜在利益冲突转化为实际利益冲突。

---

① 卢少求：《试析行政组织中的伦理责任及其规避》，《毛泽东邓小平理论研究》2004年第11期。

② 庄德水：《利益冲突：一个廉政问题的分析框架》，《上海行政学院学报》2010年第5期。

③ 何旗：《"一家两制"现象中的隐性权力腐败及其治理》，《甘肃行政学院学报》2019年第3期。

2. 关于领导干部利益冲突危害的研究

只有认识到利益冲突的危害，才能让公众特别是党和政府及领导干部对利益冲突防治保持积极的态度。当前国内外有关领导干部利益冲突危害的研究，概括起来主要有以下三个方面。

第一，利益冲突是腐败的重要根源。事实上，目前国内外学界关于利益冲突与腐败之间的关系，存在三种不同的观点：一是包含论。有专家学者认为，腐败包含了利益冲突，利益冲突只是一种边缘隐性的、尚未构成刑事犯罪的腐败形式。二是交叉论。有专家学者认为，利益冲突与腐败是部分交叉的，如南非的玛法尼沙（Mafunisa M. J. , 2003）认为，腐败行为可以视为一种用非法的手段获取私人利益，从而成为解决这种冲突伦理困境的特殊方式。[①] 但大多数国内外专家学者认为利益冲突与腐败是两个领域的事物，如贝托克（Janos Bertok, 2005）指出，利益冲突本身并不是腐败，但对于公务人员的个人利益与公共职责之间的冲突，如不能妥善处理的话，就会导致腐败。[②] 苏马斯·米勒、彼得·罗伯茨和埃德沃德·斯培恩斯（Seumas Miller, Peter Roberts and Edward Spence, 2005）认为，利益冲突不仅是腐败产生的重要根源，而且还是引起制度性腐败的重要因素。[③] 王治国和李雪慧（2012）认为，利益冲突与腐败之间关系密切，虽然均围绕利益这个核心问题，都发生在国家公职干部这一主体，都出现在行使公共权力或履行公共职责这个关节点，但腐败是已经发生的以权谋私行为，而利益冲突是一种可能或已经发生的以权谋私情境或行为。[④] 公婷

[①] Mafunisam M. J. , "Conflict of Interest: Ethical Dilemma In Politics And Administration", *South African Journal of Labour Relations*, 2003 (winter), p. 84.

[②] Bertok J. , *Putting Conflict-of-Interest-Polices Into Practice: From Guidelines to Toolkit Controlling Corruption in Asian and the Pacific*, Manila: ADB, 2005.

[③] Miller S. , Roberts P. and Spence E. , *Corruption and Anti-Corruption: An Applied Philosophical Approach*, Pearson Education Inc, 2005, pp. 46 – 49.

[④] 王治国、李雪慧：《防止利益冲突与惩治和预防腐败体系的完善》，《河南社会科学》2012 年第 2 期。

和任建明（2012）认为，利益冲突不同于腐败，现实中不一定会演变为腐败行为，构成了腐败的必要但不充分条件，如果利益冲突处理得当将有助于控制腐败。[1]

第二，利益冲突将削弱公众对政府的信任。博伊斯和戴维斯（Boyce, Davids, 2009）认为，利益冲突是削弱社会公众对政府组织和公共机构以及民主制度信任的一个关键因素。[2] 肖茂盛（2006）认为，利益冲突的后果往往是导致公共政策执行软弱乏力、公共行政效率和服务水平低、专业水准失去公众信赖以及政府官员决策丧失客观性，等等，久而久之，最终将对政府公共权力的合法性和权威性产生消极影响，导致不可挽回的局面。[3] 庄德水（2010）认为，利益冲突的存在导致即使公职人员没有获得实实在在的私人利益，社会公众还是可以依据公共权力的委托依据，质疑公职人员在决策和权力行使中的公信力，从而削弱了公共委托人即社会公众对公共代理人即公职人员的信任，有损政府形象。[4]

第三，利益冲突导致权力异化、公共政策偏离公共利益的价值轨道。卡茨和卡普兰（Katz, Caplan, 2003）通过社会科学的大量证据表明，微不足道的小小礼物总会让接受者意识不到影响了他的行为方式。因此，应该出台限制礼品价值大小等干扰公共权力运行的防治利益冲突政策和指导方针。[5] 庄德水（2010）认为在现实生活

---

[1] 公婷、任建明：《利益冲突管理的理论与实践》，《中国行政管理》2012年第10期。

[2] Boyce G. and Davids C., "Conflict of Interest in Policing and the Public Sector", *Public Management Review*, Vol. 11, No. 5, 2009, pp. 603 – 604.

[3] 肖茂盛：《论公务员的责任冲突及行政伦理决策》，《中国行政管理》2006年第5期。

[4] 庄德水：《利益冲突研究：理论路径、政策视界与廉政分析》，《学习与实践》2010年第1期。

[5] Katz D., Caplan A. L. and Merz J. F., "All Gifts Large and Small-Toward an Understanding of The Ethics of Pharmaceutical Industry Gift-giving", *American Journal of Bioethics*, Vol. 3, No. 3, 2003, pp. 39 – 46.

中，针对公职人员的利益冲突，若无法正确处理好自身私人利益，就不能公正客观地执行公共政策，使得大量公共政策演变成为私人谋利的工具，导致公共政策执行偏差"异化"，出现非伦理性问题，政策实施甚至走向失败。[①] 李默海（2010）将利益冲突看作是政府权力异化的重要源泉之一，而政府权力异化又将导致公共政策背离社会公共利益的价值目标并且导致政府公务人员的腐败。[②] 何旗（2019）则针对领导干部"一家两制"的现象，认为其背后不仅隐蔽着形式多样的不当利益输送等权力腐败行为，而且有时披着"合法"的外衣而难以辨识，给不当利益输送涂上了一层保护色，因而是廉政风险防控的"灰色地带"[③]，使得公共权力异化成为领导干部家庭谋取私利的工具。

由此可以看出，目前，国内外学者普遍将利益冲突作为政府官员腐败、公共权力异化以及公共决策偏离的重要根源。可见，如何有效地防治利益冲突，是治理腐败的重要前提。而本书通过正式制度与非正式制度的各机制要素强化对领导干部利益冲突行为选择、违纪成本、观念、态度和倾向制约，将有助于预防和阻断腐败行为的发生，同时也有助于推动领导干部更积极地行使公共职责。

3. 关于领导干部利益冲突发生原因的研究

要实现利益冲突有效防治，就必须弄清利益冲突的发生根源。但当前，绝大多数学者主要集中于腐败发生的原因分析，国内外学者对于利益冲突发生的机理研究较少涉足且不够深入，主要集中在以下几个方面。

自私自利本性说。人性论者从人的本性出发，认为一切利益冲

---

① 庄德水：《公共政策失败的利益冲突因素分析》，《学术交流》2010年第1期。
② 李默海：《政府权力异化的原因与防范》，《石河子大学学报》（哲学社会科学版）2010年第5期。
③ 何旗：《"一家两制"现象中的隐性权力腐败及其治理》，《甘肃行政学院学报》2019年第3期。

突发生的根源在于人的自利本性，即为己、自私和贪婪。张西道、刘克兵（2011）认为，国家公职人员同时作为社会生活中单个的公民"个体"，基于其天然地具有追求个人利益的人性本质冲动，这就导致利益冲突必然客观存在，导致腐败行为的产生不可避免，这也是利益冲突产生及其运行的内在规律。① 朱前星和陈果（2012）认为，无论从国内还是国外的防治利益冲突理论与实践来看，制度约束逻辑建构基点均是建立在"人性恶"的假定基础上，也就是说无论个体道德水平多高，均很难逃脱利益的诱惑。尤其是掌握公共权力的政府官员在多元复杂的利益诱惑面前，极易发生滥用公共权力以谋取私利。② 杜治洲（2012）认为，人的自利本性决定了他们在作出行为选择时难免不考虑自身、亲戚好友或其他密切私人关系者的利益，政府公务人员因掌握公共权力稀缺资源则更不例外。这也是利益冲突存在于任何国家、任何时代政府组织公务人员身上的主观或内在原因，而委托代理关系的存在则是利益冲突存在的客观或外在原因。③

腐朽文化根源说。持此观点的学者倾向于从社会历史文化环境中寻求利益冲突矛盾滋生的诱因。瑞典经济学家冈纳·缪尔达尔提出在亚洲国家盛行的腐败与他们的馈赠、请客送礼或礼金人情伦理文化有关。人们解决现实中遇到的问题时，不是先求助于社会制度规范，通过法律来保护自己的权益或者达到一定目的，而是倾向于把希望寄托在家庭关系或宗族关系。④ 我国学者李喆（2012）认为，在东方传统"人情社会"等文化心理背景下，易于诱导一些领

---

① 张西道、刘克兵：《防止公职人员利益冲突的路径选择——以人性为视角》，《陕西行政学院学报》2011年第4期。
② 朱前星、陈果：《国外防止利益冲突的制度设计及其启示》，《中共中央党校学报》2012年第1期。
③ 杜治洲：《我国防止利益冲突制度的顶层设计》，《河南社会科学》2012年第1期。
④ ［瑞典］冈纳·缪尔达尔：《世界贫困的挑战——世界反贫困大纲》，顾朝阳等译，北京经济学院出版社1991年版，第65—68页。

导干部观念扭曲和错位,并诱生出一系列由亲情与私情联结等"潜规则"利益网络,形成一种对制度的"文化消解力",成为产生和陷入利益冲突旋涡的重要因素。[①] 陈锋(2012)认为,由于腐朽落后文化的存在,社会风气不正,诚信守法观念动摇,社会关系异化,并且防治利益冲突制度、措施有效运行所必需的文化基础和社会环境尚未完全形成,使得利益冲突成为大众默认的正常现象和潜规则。[②]

道德观念失范说。持此观点的学者认为行政官员利益冲突矛盾加剧的直接原因是行政官员公共伦理责任的丧失,世界观、人生观和价值观等思想观念的变质。美国政治学家塞缪尔·亨廷顿在论述发展中国家腐败起因时指出,政治现代化过程中新出现的准则与传统社会文化中的准则相冲突导致社会失范以及社会基本价值观的变化是导致腐败的重要原因之一。[③] 庄德水、杨沂凤(2010)认为,利益冲突往往是一种内在的伦理性困境,如果不能正确认识以及予以积极引导,并设计一套防治利益冲突的伦理工程,形成管理和指导利益选择的合力,就会不同程度地引发腐败。[④] 周京燕(2012)认为,随着改革开放经济迅猛发展,人们慢慢富裕起来的同时,也随之带来"官本位"思想、"金钱至上"的理念和不平衡心态等行政人员心理变化,成为利益冲突发生的重要根源。加之一些行政人员自身伦理道德修养不够,在复杂的利益诱惑下,极易作出有损党和国家以及社会公共利益的行为,导

---

① 李喆:《基于文化视角防止利益冲突的路径选择》,《大连干部学刊》2012年第6期。
② 陈锋:《防止利益冲突制度建设的文化诉求》,《廉政文化研究》2012年第3期。
③ [美]塞缪尔·亨廷顿:《变化社会中的政治秩序》,王冠华等译,上海人民出版社2008年版,第86页。
④ 庄德水、杨沂凤:《OECD国家防止利益冲突的伦理工程及其启示》,《南昌大学学报》(人文社会科学版)2010年第3期。

致责任意识淡化。[1]

制度机制滞后说。大多数学者普遍认为利益冲突易发多发,最终导致腐败的原因主要是由于规范领导干部廉洁从政、防治利益冲突的制约制度和管理体制不能及时建立,且对损害公共利益的冲突行为缺乏有效的监督。洪春(2007)认为,有关公职人员离职后行为限制的法律较少,已有的利益冲突回避制度中缺乏回避性程序规定,还缺乏对离职后公职人员再就业的工作内容限制、规避原政府部门人员的年限等规定,监督和配套措施也不完善。[2]肖俊奇(2011)认为,利益冲突与外部客观法律制度的不完善密切相关,缺乏统一的法律和指导手册,使得公职人员在面临潜在的利益冲突时无法可依、无章可循;加之由于利益冲突的现实复杂性和动态性,加剧了利益冲突管理的难度。[3]杜治洲(2012)认为,当前我国防治利益冲突制度缺乏顶层设计,具体表现是:内容过于分散、调整对象各异、可持续性不足、制度支柱软弱、惩罚措施不明等。[4]温福英、黄建新(2016)认为,导致"公权"和"私利"之间利益冲突的原因包括防治利益冲突制度不完善,存在着从中央到地方、上级到下级贯彻落实标准和尺度不一,经常出现重复、交叉甚至冲突的情况,相互协调不统一、配套互补性差等方面的不足。[5]

除此之外,还有学者从心理学视角关注利益冲突行为者的心理

---

[1] 周京燕:《行政伦理视角下行政人员的利益冲突及其对策研究》,硕士学位论文,吉林财经大学,2012年,第20—24页。

[2] 洪春:《公职人员利益冲突规避制度研究》,硕士学位论文,西南政法大学,2007年,第87—89页。

[3] 肖俊奇:《公职人员利益冲突及其管理策略》,《中国行政管理》2011年第2期。

[4] 杜治洲:《我国防止利益冲突制度的顶层设计》,《河南社会科学》2012年第1期。

[5] 温福英、黄建新:《关于防止利益冲突制度建设的思考》,《中共福建省委党校学报》2016年第10期。

活动，着重从个体或社会心理现象的层面予以解释。还有学者从社会学视角，着眼于社会转型、阶层变动等原因，激化了利益冲突的矛盾。还有学者从经济学视角，指出由于惩罚成本太低，收获的私人利益远大于其可能承担的成本，助长了领导干部以权谋私的行为趋势，等等。总而言之，全方位、多角度探讨利益冲突的发生机理也是目前的趋势，基于这些考虑，本书试图突破以往学者从腐朽文化、落后观念、道德沦陷等单方面的非正式制度要素研究视角，全面系统地综合探讨利益冲突诱发机理，为提出利益冲突防治方略奠定研究基础。

4. 关于领导干部利益冲突防治路径的研究

第一，领导干部利益冲突防治的正式制度防治路径。国内外专家学者大多围绕建立健全防治利益冲突的正式制度体系展开，一方面认为应制定出相关法律法规以及相应的配套制度体系，另一方面主张应通过严刑惩治遏制利益冲突矛盾向腐败方向发展蔓延。

国内外大部分学者都强调制定相关法律或制度来防治利益冲突的发生。国外学者芬纳（Herman Finer，1941）认为公职人员利益冲突防治应从外部控制入手，加强行政责任的权威控制和法制建设。[1] 白格罗（Bigelow，1989）以美国《纽约州政府伦理法案》为研究分析对象，认为该法案相比以前相关法案更为严厉，推动了利益冲突委员会的公民教育和执法，并严格限制公职人员的自我交易行为。由此，他认为《纽约州政府伦理法案》不仅有利于改善政府的伦理环境，更对防治一些腐败问题起到至关重要的作用。[2] 波普（Pope，2000）指出，世界上大多数国家都认为解决和处理公务人员的利益冲突问题非常重要，并且这是构成善政的一个重要基础，因此有必要专门制定防治利益冲突的法律法规，以

---

[1] Finer R. H., "Administrative Responsibility in Democratic Government", *Public Administration Review*, 1941.

[2] Bigelow P. E., "From Normos to: Regulating the outside Interests of Public Officials", *Proceedings of the Academy of Political Science*, No. 3, 1989, pp. 141–157.

及解决利益冲突问题的道德准则。① 安德鲁·斯达克（Adrew Stark，2000）认为，有效防治利益冲突，必须有法律的、道德的、政治的综合治理措施，应对不同领域的利益冲突问题。② 我国学者杨绍华（2011）认为，应该以提高制度执行力为目标，建立健全利益公开、利益回避、利益限制等关键环节、"三公"等重点领域的制度体系，逐步建成保障权力规范和公正运行、程序严密、配套完备的防治利益冲突制度体系。③ 王琳瑜、杜治洲（2011）结合我国防止公职人员利益冲突制度变迁的趋势与问题，认为应考虑制定符合我国国情的《利益冲突法》，提高相关制度的法律层次和地位，并对现有制度进行重构和整合，使其更加系统化和科学化，通过系列配套监督、奖惩机制的实施，提高法规制度的执行效力。④ 公婷、任建民（2012）认为，一套完整的防治利益冲突制度应包括规定、申报、公开、监督和问责这五个基本要素，它们之间相互作用、前后相承，任何一个要素的缺失都会导致整个制度体系的失败。⑤ 莫洪宪、黄鹏（2019）认为，在反腐败协同治理刑事政策下，应突破预防、教育、公众参与和国际合作等制度之间的壁垒，充分释放有效治理要素的潜能。⑥

还有学者注重强调形成防治利益冲突的惩戒刚性约束机制。楚文凯（2006）认为需要紧密结合巡视工作，加强对领导干部利益

---

① Pope J., "Confronting Corruption: The Elements of a National Integrity", *Transparency International*, 2000.
② Stark A. ed., *Conflict of Interest in American Public Life*, Harvard University Press, 2000.
③ 杨绍华：《健全防止利益冲突制度的理论分析与实践路径》，《湖南社会科学》2011年第6期。
④ 王琳瑜、杜治洲：《我国防止公职人员利益冲突制度的变迁及完善》，《广州大学学报》（社会科学版）2011年第3期。
⑤ 公婷、任建明：《利益冲突管理的理论与实践》，《中国行政管理》2012年第10期。
⑥ 莫洪宪、黄鹏：《我国反腐败刑事政策转型背景下防止利益冲突制度研究》，《安徽大学学报》（哲学社会科学版）2019年第6期。

冲突情况的监督检查，鼓励和支持党员干部与社会公众积极举报领导干部发生的利益冲突问题，并加大处理力度。① 樊建武、于建星（2009）基于加拿大防治利益冲突的成功经验，认为首先要对利益冲突存在及其危害性有清晰的认识，而后要完善立法，并尽快地研究建立起包括监督防范机制、惩治腐败机制、廉洁自律机制等，在防范利益冲突中真正实现有法可依、有法必依。② 龙太江、汪克章（2012）等人建议设立利益冲突管理委员会，负责公职人员的伦理咨询、审查和指导工作。建议提升监察机关的监察力，赋予监察机关履行职责所需的足够权力，扩大监察机关与履行职责相关的强制权，有权在一定期限内对有证据证明违法的政府人员实行扣留、拘禁、讯问，以增强监察机关的调查能力和检察权行使的独立性。③

第二，领导干部利益冲突防治的非正式制度防治路径。当前国内外学者主要涉及从非正式制度约束的文化和伦理道德要素视角探讨对利益冲突防治的作用，而将非正式制度约束作为一个整体系统来探析利益冲突防治的研究成果尚不多见。

文化要素防治。辛克莱（Sinclair，1991）认为，组织文化被认为是组织有效运行的关键要素，但是被广泛认可的"卓越"组织文化管理模式并不适合公共部门诸多的突发事变。提出建立"亚文化"模型、"职业经理"多元文化模型、"公共服务或公共利益至上"文化模型，促进领导干部更多对组织的良好承诺。④ 博伊斯和戴维斯（Boyce and Davids，2009）认为，公共组织部门必须对社会公众负

---

① 楚文凯：《关于借鉴国外防止利益冲突做法的思考》，《中国监察》2006 年第 14 期。

② 樊建武、于建星：《加拿大预防利益冲突给我们的借鉴与启示》，《理论导刊》2009 年第 2 期。

③ 龙太江、汪克章：《公务员利益冲突防治立法探析》，《广州大学学报》（社会科学版）2012 年第 1 期。

④ Sinclair A., "After Excellence-Models of Organizational Culture for The Public Sector", *Australian Journal of Public Administration*, Vol. 50, No. 3, 1991, pp. 321–332.

责,应该承诺以追求公共利益为基础,并且发展道德和负责任的组织文化是管理利益冲突的重点要素。① 陈锋(2012)认为,廉政文化是普遍的内在约束,是对防治利益冲突制度发挥预防腐败作用的免疫和强化,而防治利益冲突制度是刚性的外在规避,是对预防腐败廉政文化的完善和强化。② 李喆(2012)认为,如果说制度建设与创新是防治利益冲突"硬约束"的话,那么文化的规范则是一种"软实力"。建议推进组织文化建设,以引导党员干部确立心有所守、行有所拒的行为规范,形成对利益冲突行为的零容忍态度,创建不宽容利益冲突的社会文化氛围。③

伦理要素防治。世界经济合作与发展组织(OECD,2003)中的部分成员国先后推行了一系列防治利益冲突的公共伦理改革,设计了一个包括指导、管理和控制三项功能模块,防治利益冲突和实现政府廉洁的"伦理工程",逐渐形成了有利于防治利益冲突的核心伦理价值,如正义公平、平等性、责任、廉洁诚实等。④ 马国泉(2006)立足于美国行政伦理的实践经验,认为利益冲突是公务员的社会关系、金钱往来或个人信念妨碍其从公众利益出发,依照法律秉公办事。在利益冲突的道德管理上,主张进行专业精神教育、组织道德教育及公民道德教育。⑤ 庄德水、杨沂凤(2010)认为,应借鉴国外经验,改变传统思想政治教育方式,创新公务员行政伦理教育制度,着力提高公务员的专业精神和服务意识,促使公务员在

---

① Boyce G. and Davids C., "Conflict of Interest in Policing and the Public Sector", *Public Management Review*, Vol. 11, No. 5, 2009, pp. 604 – 605.

② 陈锋:《防止利益冲突制度建设的文化诉求》,《廉政文化研究》2012年第3期。

③ 李喆:《基于文化视角防止利益冲突的路径选择》,《大连干部学刊》2012年第6期。

④ OECD, *Managing Conflict of Interest in the Public Service: OECD Guidelines and Country Experiences*, Paris: OECD, 2003, p. 252.

⑤ 马国泉:《行政伦理:美国的理论与实践》,复旦大学出版社2006年版,第56页。

利益冲突中作出清正廉洁的行为选择。① 鄯爱红（2012）认为在防治利益冲突时，既要依靠制度来约束权力，同时还要通过树立正确的行政权力观、培育行政良心与道德责任以及营造社会舆论等方式来形成防治利益冲突的道德氛围。②

总之，学界通过加强法规建构与监督惩治等正式制度来防治利益冲突的研究体系已经相对成熟，非正式制度视角的研究大多宽泛、零散地强调文化和道德对于利益冲突防治的预防作用，对于正式制度与非正式制度的协同治理机制研究几乎还没有涉及，不利于形成制度合力，推动两者的有效执行与运转。这需要我们双管齐下、标本兼治，同时发力，考量新时代领导干部利益冲突矛盾的刚性约束与柔性调适相得益彰的过程，构建正式制度与非正式制度有机结合、互动协同的利益冲突防治机制，以提升利益冲突防治成效。

三　国内外现有研究评价

1. 已有研究的主要观点

通过上述国内外领导干部利益冲突问题的研究进展，我们可以看出：虽然国内外学者对领导干部利益冲突的概念有不同论述，但大都将其看作一个廉政概念。当领导干部自身私人利益与其职责所代表的公共利益之间存在相冲突的情境或行为时，领导干部就面临着权衡"利他"或"利己"的两难价值行为选择困境。如果不加以及时防控与治理，就会由表面的、潜在的利益冲突情境转化为实际的利益冲突行为，从而成为诱发腐败的重要根源，造成政府权力异化以及政府信用的降低。有效防治领导干部利益冲突，一方面应从正式制度的外部控制入手，加强行政责任的权威

---

① 庄德水、杨沂风：《OECD国家防止利益冲突的伦理工程及其启示》，《南昌大学学报》（人文社会科学版）2010年第3期。

② 鄯爱红：《防治公务员利益冲突的伦理路径》，《中国特色社会主义研究》2012年第1期。

控制和法制建设，从具体制度方面来看，包括：礼品、借贷、宴请管理制度，回避制度，财产申报与公开制度，兼职限制制度，离职后行为限制以及资产处理制度等。另一方面应从文化和伦理等非正式制度要素入手，实现领导干部内心自觉认同和遵循利益冲突防治的制度规范。

2. 现有研究的局限性

通过文献计量统计分析与文献知识回顾和梳理，本书认为，现有研究在理论和实证方面都还存在着一定的局限，主要体现在以下方面。

首先，我国利益冲突的理论研究还有待进一步加强。总体来看，西方发达国家对利益冲突研究早于我国，不但在学术研究上已取得较多成果，在具体政治实践中也形成了较为全面和规范的制度体系。而我国学界有关利益冲突的研究虽然已经有了迅猛发展，但对利益冲突的理论研究仍不能满足当前社会的现实与实践需要。且研究质量总体上仍不理想，从获得的国内346篇期刊论文中，中文核心期刊录用165篇，约只占总数的36.5%，CSSCI期刊收录数量更少，总体来看需要更进一步地提升研究质量，用来指导我国的利益冲突防治实践。

其次，领导干部利益冲突与非正式制度研究缺乏相关实证研究。目前，我国绝大部分领导干部利益冲突文献没有运用统计方法，富有价值的实证材料难以获得，以致难以切实认识到我国利益冲突的真实情况，也很难提出指导利益冲突防治实践的规范建议。由于非正式制度与利益冲突防治相结合的研究的成熟度不够，并且非正式制度约束还是一种隐性的、不成文的规范，也难以精确地进行定量分析。因此，目前国内除了朱智刚的《非正式制度规约下的教师流动研究》和曾涛的《中国票据市场制度约束与制度创新研究》等少数学者对非正式制度约束做了实证计量分析外，有关非正式制度与利益冲突防治的研究仅限于理论研究。因此，在现有研究基础上不断加强经验与实证分析，深入挖掘和探索利益冲突防治中发挥作用的非正式制度约束要素和因子成为本书的重要出发点和落脚点。

再次，对利益冲突诱发机理及其治理失效归因的深层剖析不足。学者普遍认为缺乏有效的制度约束是利益冲突发生的最主要原因，这些研究成果已经引导了从中央到地方的诸多具体实践，带来了许多有益的启发。但这些研究成果在对制度和制度体系的认识上，仍然存在着一些不足。大多数学者普遍从制度的狭义视角，着眼于从社会中存在的所有行为规范的法律、规章、纪律等正式制度方面，探寻利益冲突的根源，并没有全面深入追究利益冲突背后深层的非正式制度价值观念、文化传统、伦理道德以及习惯习俗等系统要素。并且，也未能深入探析领导干部利益冲突防治中非正式制度对正式制度形成、发展和变迁的影响与制约作用，以及深入探讨正式制度的出台实施与当下非正式制度价值观念、文化氛围以及道德意识等要素是否有机契合等适应性问题。因此，有必要探寻利益冲突的发生机理及其治理失效的真正根源。

最后，对利益冲突防治中非正式制度作用以及正式制度和非正式制度协同机制实施策略的研究匮乏。虽然当前国内外学界对领导干部利益冲突非正式制度的文化、伦理要素不乏相关研究，但是，从文献计量分析和综述部分可以看出，多数学者还是在政治学、法学与公共行政学领域贡献了大量研究成果。研究视野与方向偏重于研究正式制度的监督机制、权力的制约机制等方面，主张通过提供各项正式制度安排来防控领导干部利益冲突矛盾加剧。而将伦理、文化、价值观念等非正式制度约束要素各个层次有机地结合，进行整体性和系统性探讨的研究尚显不足，忽视了正式与非正式制度安排之间的相互协调性和耦合互动性，这为开拓和创新本书研究视野，进一步提出正式制度与非正式制度有机结合协同推动新时代领导干部利益冲突防治策略提供了广阔的空间。

第三节 研究内容与方法

一 研究思路与内容

本书整体框架主要围绕以下内容和步骤展开。

第一,导论。坚持问题导向,简要介绍新时代国内外科学防治腐败的普遍诉求,以及领导干部利益冲突防治对于新时代反腐倡廉的重要价值与实践意义。并从定性与定量相结合的视角,梳理了国内外领导干部利益冲突防治的理论研究现状,廓清了本书的理论和现实出发点以及研究思路。

第二,抽绎和借鉴新时代领导干部利益冲突防治的相关理论。着重从马克思主义经典作家的廉政理论与中国共产党领导人的防治腐败思想中寻绎利益冲突防治的思想精华,并梳理党的十八大以来以习近平同志为核心的党中央,围绕党风廉政建设与反腐败工作,作出的"不敢腐、不能腐、不想腐"三不反腐机制重要部署,为本书新时代领导干部利益冲突防治奠定坚实的理论基础。

第三,介绍新时代我国领导干部利益冲突及其防治的一般概况。厘清利益冲突与腐败概念的联系与区别,正式制度与非正式制度防治的基本内涵;运用主观测量法,结合深度访谈内容的结构化梳理,分辨出新时代领导干部利益冲突的突出类型、现实表现;分析利益冲突对我国政治清廉、经济效益、文化建设以及社会和谐,甚至生态建设带来的严重消极影响。进一步探究了引发领导干部利益冲突行为的内部自身主观与外部客观环境诱因,提出了利益冲突行为选择过程及其制约因素模型。

第四,参考国外领导干部利益冲突防治的有益经验。通过介绍国外新制度主义的制度结构、制度功能和制度变迁理论中的相关理论,着力夯实新时代防治领导干部利益冲突的有益借鉴。此外,以美国为典型案例全面介绍和分析了联邦政府公职人员利益冲突的正式制度、非正式制度约束框架及其实施机制，还充分吸收世界各国在伦理约束、制度预防以及严刑惩戒三个方面防治利益冲突的有益经验，为我国构建防治利益冲突制度框架，提出相应的实施优化策略奠定参照基础。

第五，构建新时代领导干部利益冲突防治的正式制度体系。基于已有的防治利益冲突的正式制度体系，围绕党的十八大以来习近平总书记有关反腐倡廉重要论述的新理念、新思想和新要求，从宏观角度设想正式制度构建的目标、总体框架和构成要素，接着具体构建新时代防治利益冲突的正式制度框架体系，剖析其发挥制约领导干部不敢腐、不能腐、不想腐的作用机制和功效。

第六，构建新时代领导干部利益冲突防治的非正式制度体系。深入挖掘非正式制度最终影响新时代领导干部是否作出私人利益侵犯公共利益的行为判断和选择的具体要素及因子，进而深入探讨了价值观念、文化传统、伦理道德和习惯习俗这四个关键要素及具体因子，在利益冲突防治中影响制度供给偏好、变迁路径、实施成本以及演化效率的作用机制。进一步分析非正式制度各要素和因子之间相互依存和相互影响，贯穿并综合作用于利益冲突中领导干部谋取私利行为的动机、机会和风险的效果，有利于提升我国领导干部利益冲突防治的成效。

第七，梳理新时代领导干部利益冲突防治的实践经验。通过历史与逻辑相结合的方法，系统回顾改革开放以来我国领导干部利益冲突防治的制度沿革历程及其成就，深入剖析出现有正式制度的贯彻执行因其缺乏非正式制度要素的协同变迁，而无法从根源实现有效治理。接着，进一步通过实证调查研究，分析非正式制度不同因子对领导干部利益冲突防治中行为影响的显著程度和作用方式。

第八，提出新时代防治领导干部利益冲突的实施优化策略。基于理论分析、制度架构，实证探析和经验总结，认为首先应该坚持马克思主义理论在利益冲突防治中的指导地位，坚持正式制度约束与非正式制度约束"双管齐下"，一方面继续完善新时代领导干部利益冲突的正式制度建设，另一方面通过渐渐变迁以及诱致变迁的方式推动非正式制度革新和建设。并配套建立多元立体推动正式与非正式制度生根落地、具有强大执行力的联动机制，切实发挥制度外壳与内核的制约功效。最后，深入探究推进利益冲突制度治理结构中非正式制度增量与正式制度存量良性互动，变迁配套协同，实施互动耦合的有效路径，实现正式与非正式制度对利益冲突的协同治理。

二 研究方法与技术路线

1. 文献研究法

文献研究法是对文献资料进行查阅、分析整理并试图寻求事物本质属性构建的一种方法。本书的国内文献数据来源于"中国知识资源库"（CNKI）的"中国学术期刊网络出版总库"。国外文献主要来源于全球最大、覆盖学科最多，收录了近万种世界权威资源，具有高影响力的综合性学术信息资源库——汤森路透（Thomson Reuters）公司旗下 Web of Science（WoS）资源库中 SSCI、CPCI-SSH 两大核心引文数据库。其次还充分利用了谷歌学术、百度等搜索引擎。通过文献检索与阅读、收集与整理、分析与评判有关正式制度与非正式制度和领导干部利益冲突所涉及的理论研究成果，便于整体把握和借鉴目前理论研究的已有成果，并针对现有研究中尚未充分展开的部分，予以进一步深入探讨和拓展，以此形成本书的具体研究思路和框架。

2. 历史分析法

历史分析法是指考察事务发展的历史过程，从而揭示出一定基本规律，用以解释现在，预示未来。防治利益冲突的思想是社会历史发展的产物以及自然演进的结果，因此本书从历史视角，梳理了马克思主义经典作家、中国共产党领导人以及新制度主义有关领导干部利益冲突防治的理论和思想。本书同时纵向回顾和考察了我国利益冲突防治的制度变迁历程，基于历史考察和分析，总结和归纳了制度治理已经取得的成效，还深入探讨了利益冲突防治过程中存在的问题及成因。

3. 社会调查法

社会调查法是指综合运用访谈或问卷、观察或实验等科学方式，有针对性和计划性地对与研究有关的社会现象和社会状况进行分析和探究，以此发现存在的问题并尽可能探索出解决问题的规律和方法。本书首先通过采用半结构性、非正式的深度访谈方法，从多位本领域专家学者和实践工作者，以及大连市纪委、监察局等部门领导中，初步了解了我国领导干部利益冲突的类型、表现及成因等现状。其次，根据自编的《非正式制度影响领导干部利益冲突行为选择调查问卷》对大连、沈阳、长沙、郴州以及无锡等城市的250位领导干部进行了问卷调查。最后，问卷回收之后，利用SPSS 20.0等统计软件进行描述性统计、探索性因子分析、相关分析和回归分析，对本书研究框架提出的理论假设进行检验并得出基本结论。

4. 系统分析法

系统分析法就是按照事物的系统性把各个要素放在系统形式中，从整体与部分之间，整体与外部的相互联系、相互作用、相互制约的关系中，加以考察的一种思维方法。根据系统论，利益冲突防治包括正式制度和非正式制度两种路径，正式制度是一个由利益限制制度、利益公开制度、利益回避制度和利益处理制度等构成的制度体系，在这个体系内，既包括事前预防规范机制以及相应的配套机制，也包括违反后的惩戒机制，贯穿于利益冲突防治的全过程。非正式制度就是一个包含价值观念、文化传统、伦理道德以及习惯习俗等要素相互联系、相互促进的开放系统。在这个系统内，非正式制度各要素综合影响利益冲突中领导干部的主观判断与行为倾向，贯穿综合作用于抑制领导干部利益冲突中选择谋取私利心理和动机、消减谋取私利机会以及增加谋取私利成本风险效果。因此，必须综合系统地提出培育和创新非正式制度约束各要素，构建新时代领导干部利益冲突防治体系，健全增强其约束效力的实施机制，优化非正式制度与正式制度互动作用的治理路径。

本书的具体展开遵循如图1.4的技术研究路线：

第一章　导论　33

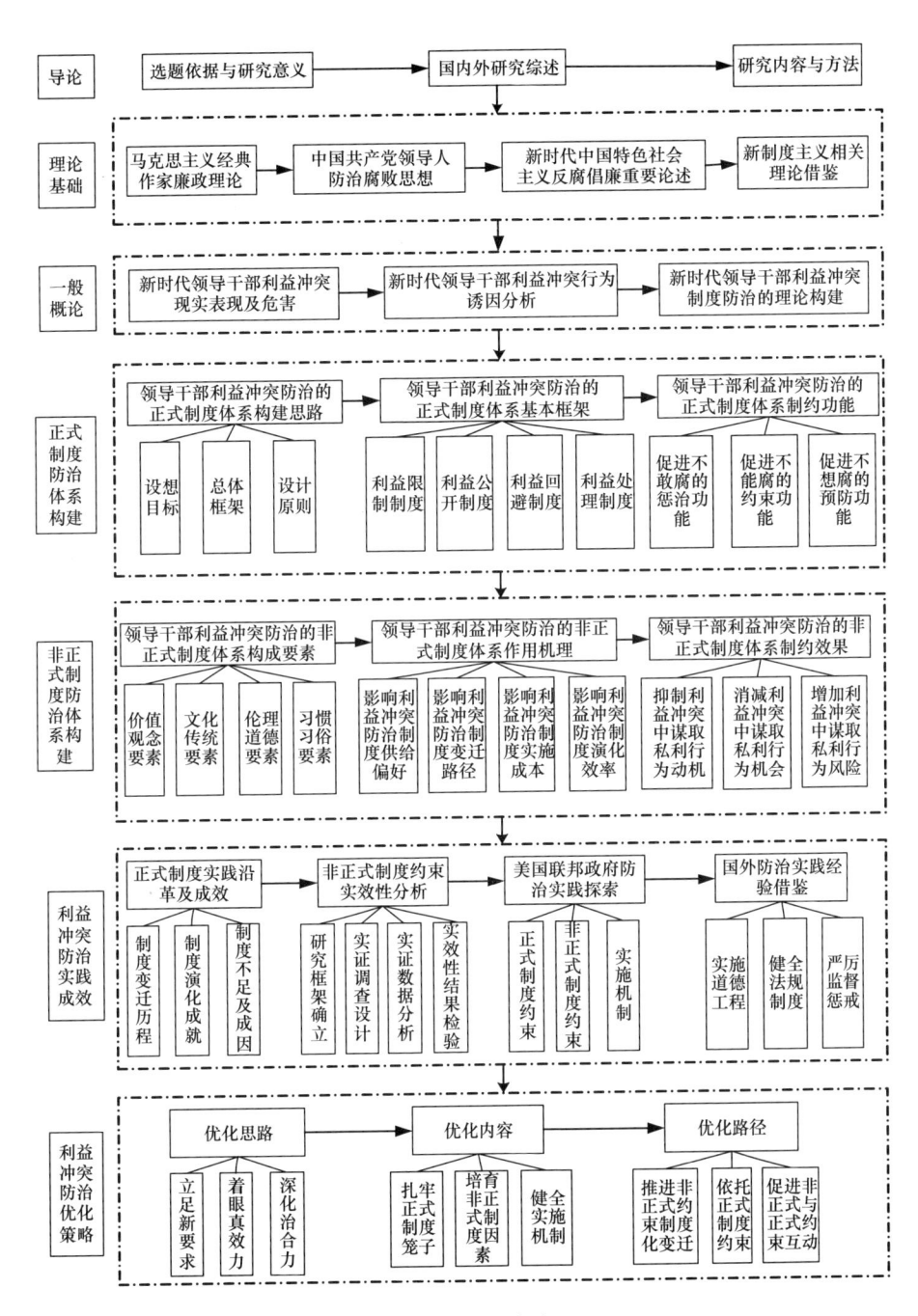

```
导论 ── 选题依据与研究意义 → 国内外研究综述 → 研究内容与方法

理论基础 ── 马克思主义经典作家廉政理论 → 中国共产党领导人防治腐败思想 → 新时代中国特色社会主义反腐倡廉重要论述 → 新制度主义相关理论借鉴

一般概论 ── 新时代领导干部利益冲突现实表现及危害 → 新时代领导干部利益冲突行为诱因分析 → 新时代领导干部利益冲突制度防治的理论构建

正式制度防治体系构建 ── 领导干部利益冲突防治的正式制度体系构建思路（设想目标／总体框架／设计原则）→ 领导干部利益冲突防治的正式制度体系基本框架（利益限制制度／利益公开制度／利益回避制度／利益处理制度）→ 领导干部利益冲突防治的正式制度体系制约功能（促进不敢腐的惩治功能／促进不能腐的约束功能／促进不想腐的预防功能）

非正式制度防治体系构建 ── 领导干部利益冲突防治的非正式制度体系构成要素（价值观念要素／文化传统要素／伦理道德要素／习惯习俗要素）→ 领导干部利益冲突防治的非正式制度体系作用机理（影响利益冲突防治制度供给偏好／影响利益冲突防治制度变迁路径／影响利益冲突防治制度实施成本／影响利益冲突防治制度演化效率）→ 领导干部利益冲突防治的非正式制度体系制约效果（抑制利益冲突中谋取私利行为动机／消减利益冲突中谋取私利行为机会／增加利益冲突中谋取私利行为风险）

利益冲突防治实践成效 ── 正式制度实践沿革及成效（制度变迁历程／制度演化成就／制度不足及成因）→ 非正式制度约束实效性分析（研究框架确立／实证调查设计／实证数据分析／实效性结果检验）→ 美国联邦政府防治实践探索（正式制度约束／非正式制度约束／实施机制）→ 国外防治实践经验借鉴（实施道德工程／健全法规制度／严厉监督惩戒）

利益冲突防治优化策略 ── 优化思路（立足新要求／着眼真效力／深化治合力）→ 优化内容（扎牢正式制度笼子／培育非正式制度因素／健全实施机制）→ 优化路径（推进非正式约束制度化变迁／依托正式制度约束／促进非正式与正式约束互动）
```

图 1.4　技术路线

第 二 章

新时代领导干部利益冲突防治的理论基础

抽绎相关思想资源是建构新时代领导干部利益冲突防治框架的理论准备，而马克思主义经典作家廉政理论、中国共产党人的防治腐败思想中都蕴含着相关丰富的思想理念。具体而言，虽然马克思主义经典作家未直接提及或专门论述过有关"领导干部利益冲突防治"的概念，但其廉政理论中有关强调全心全意为人民服务价值取向、保持"社会公仆"本色、加强干部队伍思想政治教育，以及注重民主、监督与法制反腐等经典论述为新时代领导干部利益冲突防治奠定了理论基石；以毛泽东、邓小平、江泽民、胡锦涛和习近平为领导的中国共产党人注重德法结合，以科学的工作思路，形成的一系列思想建设、作风建设、法制建设全面结合的防治腐败思想，为新时代领导干部利益冲突防治提供了科学指导。本章将重点深入挖掘和梳理这些论述、思想和理论，为构建新时代领导干部利益冲突防治的理论体系提供不可或缺的理论资源。

第一节 马克思主义经典作家的廉政理论

一 马克思、恩格斯防止权力异化的廉政理论

作为科学社会主义创始人,马克思、恩格斯以其渊博的知识和深邃的洞察力,在当时历史条件下对政府廉洁问题作了不少重要的论述。其中,有关以权谋私现象根源的揭示、全心全意为人民服务的社会公仆思想以及权力行使者如何受到有效监督和制约保持不蜕变等重要思想,为新时代领导干部利益冲突防治提供了宝贵的理论源泉。

1. 揭示了私有制是公共权力异化为谋取私利工具的根源

马克思和恩格斯认为随着生产力的发展和剩余产品的出现,人类迈入私有制社会,特别是国家产生以后,使得许多掌权者为个人私利而触及公权力、侵吞公共财物成为可能。马克思指出:"表面上高高凌驾于社会之上的国家政权,实际上正是这个社会最丑恶的东西,正是这个社会一切腐败事物的温床。"[①] 因此,建立在生产资料私有制基础上的国家政权和官僚制度,势必造成国家与市民社会、政府与民众之间的对立,为维护公共利益而产生的国家政权机关演变成为权力行使者追求特殊利益的私有财产,掌握着国家权力的剥削阶级就一定会利用这种权力,违背服务公共利益的本意为自己谋取私人利益,公共权力由此异化成为掌权者谋取私利的工具,于是就产生了腐败现象。从这个意义上,私有观念产生和发展的根源在于生产资料私有制、国家和官僚制度的存在,要想得以遏制根除,则只有消灭私有制,建立新型的人民民主政权,从根本上铲除其赖以存在的经济、政治、文化和思想的土壤。[②] 而利用公权攫取私利的

[①] 《马克思恩格斯选集》第3卷,人民出版社1995年版,第54页。
[②] 董世明、吴九占、李俊彪:《马克思主义廉政学说》,社会科学文献出版社2016年版,第4页。

领导干部利益冲突现象作为公共权力异化的现实表现，也滋生于私有制生产关系的土壤以及自私、贪婪、占有心理的价值观念氛围中。因此，在国家这种阶级形式没有完全消除，社会生产力水平没有得到充分发展的社会主义初级阶段，随公共权力异化出现的利益冲突等问题依然有其存在的根源。只有大力发展生产力，消灭阶级差别，消灭剥削制度，保持无产阶级政党的先进性和纯洁性，把实现人的自由全面发展作为共产主义的最高价值目标，才能从根本上防止公共权力的异化。

2. 无产阶级政党要坚定"为绝大多数人谋利益"的价值取向

马克思和恩格斯在《共产党宣言》中明确指出："无产阶级的运动是绝大多数人的、为绝大多数人谋利益的独立的运动。"① 也就是说，作为无产阶级政党的共产党有着与广大人民群众利益相一致的共同利益，不应在政治上搞特权、生活上搞特殊来谋取私利。这种强调无产阶级政党应为绝大多数人谋利益，建立起民主、负责与清廉的廉洁政府思想主要包括：一要保障人民至上的主体地位。马克思认为人民群众既是创造历史的实践主体，也是揭露和斥责旧政府腐败无能的根本力量。而巴黎公社是把国家权力保持在人民手中的政治形式，这样政府权力成为绝大多数人谋利益的工具，这与旧政府只为腐朽资产阶级统治者服务有着本质区别，充分确保和体现了人民至上的主体地位和价值目标。二要以为人民服务为目的。马克思认为巴黎公社是由无产阶级掌握、一切权力属于无产阶级自己的政权组织。政府机关的工作人员无论职位高低也都是同人民群众紧密联系的公仆，将为全体人民服务作为一切活动的出发点和归宿。三要不与民争利。马克思和恩格斯突出强调，无产阶级政权不同于任何凌驾于社会之上、与公民对立的政权，夺取政权之后要从无产阶级和人民整体利益出发，坚持自己的利益与国家的利益保持一致。干部要大公无私、克己奉公，而不要高高在上、为所欲为，要时刻

---

① 《马克思恩格斯选集》第 1 卷，人民出版社 1995 年版，第 283 页。

与那些特权阶级、剥削阶级作斗争。①

3. 公职人员要保持"社会公仆"本色防止思想腐化

为了预防无产阶级政权中国家工作人员受资产阶级腐朽思想侵蚀而腐化变质,恩格斯在总结巴黎公社经验教训时,提醒和告诫无产阶级要防止"国家机关由社会公仆变为社会主宰"②。具体说来,包括以下几个方面:首先,社会公仆由人民选举和撤换。为了使人民群众真正当家作主,巴黎公社包括工厂、军队的各机关、各级领导都由人民群众选举产生,并把行政、司法和国民教育方面的职位交给普选出的人担任。同时,对那些玩忽职守、不负责任,违反国家法律和纪律的公职干部,"规定选举者可以随时撤换被选举者"③。这不仅选出了为人民服务的优秀人才,同时,也及时纠正了工作中的失职渎职现象,防止以权谋私、贪污腐化行为的发生。其次,社会公仆必须接受人民监督。巴黎公社不仅对许多工作实行政务公开,以增加透明度防止腐败。并且还要成立群众监察委员会,领导人和公职人员要自觉地接受选民的监督,认为这样"社会公职不会再是中央政府赏赐给它的爪牙的私有财产"④,防止滋生官僚主义等腐朽作风以及社会公仆思想蜕化变质。最后,废除高薪制度及特权待遇。巴黎公社提倡建立"廉价政府",规定国家公职人员是人民的勤务员而不是特权阶层,不论职位高低,只领取相当于普通工人的工资,废除官员的高薪和一切特权,一定程度上实现了有效防范思想蜕化风险,使政府公职人员时刻保持社会公仆本色。

二 列宁防止官僚主义的廉政理论

俄国十月革命胜利后不久,列宁发现官僚主义在苏维埃政权进

---

① 李平贵:《马克思恩格斯反腐倡廉思想及其当代价值》,《社科纵横》2012年第11期。

② 《马克思恩格斯全集》第22卷,人民出版社1965年版,第228页。

③ 《马克思恩格斯选集》第3卷,人民出版社1995年版,第13页。

④ 同上书,第121页。

行社会主义建设过程中部分地复活起来，他痛斥道，"如果说有什么东西会把我们毁掉的话……就是官僚主义"①。面对当时极其复杂的政治、经济和社会环境，列宁提出了一系列非常有价值的廉政思想，其中有关民主反腐、加强干部队伍思想教育与制度反腐等思想，为新时代领导干部利益冲突防治研究提供了强大的理论武器。

1. 注重思想建设以保持党的先进性和纯洁性

列宁认为，"政治上有教养的人是不会贪污受贿的"②。因而，在资本主义腐朽价值观念不断侵蚀党的肌体严峻形势面前，提出了一系列思想主张。首先，要加强党员思想教育，提高全党政治素养。列宁反复强调党员干部"要给自己提出这样的任务：第一是学习，第二是学习，第三还是学习"③。因此，要求党员干部认真加强马克思主义理论学习，通过各级党校培训以及教育阵地，开展思想政治教育工作。同时，列宁认为每个共产党员还要向老同志、老师学习，要向专家、技术人员学习，并到实践中去体验，进行自我教育和自我改造，从而提高他们拒腐防变的觉悟和能力。其次，要以从严治党确保党的纯洁性。面对很多投机分子意图加入党，列宁提出必须要严格治理党内各项事务，尤其是要制定严格的入党标准，严格控制即将加入党的成员，不仅强调要求符合基本党员标准，还要严格考察入党动机是否端正，将以权谋私的投机分子从党内清除出去，以保证党组织的先进性。他指出，"徒有其名的党员，就是白给，我们也不要。世界上只有我们这样的执政党，即革命工人阶级的党，才不追求党员数量的增加，而注意党员质量的提高"④。最后，还要通过思想灌输方法，进行革命理论教育。要把社会主义思想和政治自觉性意识灌输到无产阶级群众中，并在党员干部中开展批评与自我批评，进行积极的思想批判，进一步纯洁党组织，提高党的威信，

---

① 《列宁全集》第52卷，人民出版社1988年版，第300页。
② 《列宁选集》第4卷，人民出版社2012年版，第588页。
③ 《列宁全集》第43卷，人民出版社2017年版，第384页。
④ 《列宁选集》第4卷，人民出版社2012年版，第51页。

保持党的先进性和纯洁性。

2. 借助法制威慑作用防治以权谋私现象

列宁认为在实践中解决腐败问题，除靠教育作用外，还要借助制定法规制度、采取严厉惩处和完善管理体制等措施，来消除官僚主义和防止腐败现象。因此，一方面，强调要加强立法工作，健全法制体系。列宁认为，加强反腐立法工作和法制建设是确保党和国家各项工作有法可依的重要保障。因而在其指导和关注下，相继制定和通过一系列如《苏俄刑法典》《关于惩办受贿的法令》等法律法规。这些法律"使每一个人都有可能同官僚主义和拖拉作风作斗争"①，为防止人民公仆嬗变为人民主人，制约党的领导干部职务犯罪提供了重要法律保障。另一方面，主张严厉制裁和惩治以权谋私的腐败分子。列宁反复强调对于党内和苏维埃政权机关的敌人和各种腐败现象，要"由革命法庭和人民法院采取最迅速、最符合革命要求的方式加以惩治"②。并指出"做出违法乱纪、欺压农民等恶劣行为。这就需要用恐怖手段进行清洗"③。支持在群众视野中曝光腐败分子给世人以警醒的作用，向广大党员干部和人民群众展示治党从严、反对腐败的决心，以提高党的威信和党的战斗力。另外，列宁还把管理机关体制改革作为建立廉洁高效政府的关键。不仅主张机构的精简合并、裁撤冗员，还要求实行党政职能分开、民主决策，解决党的权力高度集中问题，提高效能，遏制政党官僚化的发生。

3. 加强党内外民主监督以制约权力滥用

针对苏维埃政权体制的权力高度集中可能引发的权力滥用，列宁提出要完善社会主义民主制度，以强有力的国家监督体制和权力制衡机制来保证权力健康运行，防止官僚主义现象发生。一方面，发展党内民主，加强党内监督。列宁认为，掌握各种权力并从事具

---

① 《列宁全集》第42卷，人民出版社2017年版，第207页。
② 《列宁专题文集·论社会主义》，人民出版社2009年版，第308页。
③ 《列宁选集》第4卷，人民出版社2012年版，第515页。

体管理工作的党和国家各级领导干部,是社会主义政权体系的核心力量,也是权力制约和监督的重要主体。主张成立与中央委员会平行,进行分权制衡和平行监督的中央监察委员会,并从中央到地方建立起垂直的党的监察机构系统,确保其开展监督工作的独立性和权威性。另一方面,健全人民群众监督制度。在列宁看来"应当使工人进入一切国家机关,让他们监督整个国家机构"①,并且认为"由党外群众来检查党员的工作——这是绝对正确的"②。为了切实发挥党外群众监督的作用,确保他们在参与国家政治建设和执政党监督过程中的选举权、监督权以及罢免权,指出"罢免权,即真正的监督权","是直接、彻底和立即见效的民主原则"③。另外,设立专门监督法律实施的检察机关,它们有权利和义务对地方机关的决定提出异议。还倡导和鼓励报刊等新闻媒体发挥对党和政府中官僚主义行为的舆论监督与公开曝光功能,宣布"我们希望政府时刻受到本国舆论的监督"④,通过"公开揭露我国经济生活中的一切弊病,从而呼吁劳动者的舆论来根治这些弊病"⑤。总之,列宁力主对执政党形成从内到外的监督合力等主张,对于遏制各种官僚主义和特权行为,保证社会主义政权的人民性发挥了无可替代的积极作用。

第二节 中国共产党领导人的防治腐败思想

一 以整党整风治理党内腐败

以毛泽东同志为核心的第一代中央领导集体,在长期的革命与

---

① 《列宁全集》第 38 卷,人民出版社 2017 年版,第 147 页。
② 《列宁选集》第 4 卷,人民出版社 2012 年版,第 549 页。
③ 《列宁全集》第 33 卷,人民出版社 1985 年版,第 106、108 页。
④ 同上书,第 14 页。
⑤ 《列宁全集》第 34 卷,人民出版社 1985 年版,第 136 页。

社会主义建设的党风廉政建设工作中,形成了重视思想、法制、民主建设等系列丰富的防治腐败思想。其中,他一直特别注重和强调通过整党整风运动,锻造一支自觉抵制腐败,具备优良作风的党员干部队伍,对新时代领导干部利益冲突防治研究具有重要理论指导意义。

一方面,在整党整风运动中注重加强全党思想建设。毛泽东认识到主观思想上出现问题是腐败现象出现的重要根源,明确指出"要从组织上整顿,首先需要在思想上整顿,需要展开一个无产阶级对非无产阶级的思想斗争"[①]。因此,他强调党员干部不仅要认真学习和主动掌握马克思列宁主义的基本理论,还要一切从实际出发,密切联系群众,通过调查研究,发现和解决中国革命和建设过程中遇到的实际问题。这样才能真正做到时刻检讨和克服自身遇到的主观主义、个人主义等不良倾向,不断提高自身的马克思主义理论水平与政治觉悟,实现思想上入党。同时,毛泽东还指出"政治路线确定之后,干部就是决定的因素。因此,有计划地培养大批的新干部,就是我们的战斗任务"[②]。因而,通过在干部任命过程中坚持任人唯贤与德才兼备的原则,经常开展全心全意为人民服务的权力观教育,以及勤俭节约、艰苦奋斗的优良传统教育。通过批评与自我批评等教育方式,树立如雷锋等正面榜样的示范楷模,在党员干部队伍中形成自身率先垂范、以身作则,严于律己、克己奉公的政治思想觉悟,在全党形成弘扬"无私"与"利他"的精神,抵制贪污浪费、倡导清正廉洁的风气。

另一方面,以整党整风运动推动全党作风建设。毛泽东认为严格整顿全党作风,可以提高共产党人的认识,统一思想。抗日战争时期,围绕反对主观主义、宗派主义和党八股等官僚主义不良作风,他发起了历时三年的延安整风运动,对于转变全党学风、党风以及

---

① 《毛泽东选集》第 3 卷,人民出版社 1991 年版,第 875 页。
② 《毛泽东选集》第 2 卷,人民出版社 1991 年版,第 526 页。

文风，确保思想和组织上的纯正廉洁，发挥了重要作用。在解放战争即将取得胜利的中华人民共和国成立前夕，面对党内可能会出现的贪污腐化以及骄傲自满情绪，毛泽东又提醒全党同志"务必使同志们继续地保持谦虚、谨慎、不骄、不躁的作风，务必使同志们继续地保持艰苦奋斗的作风"①，促进全党保持清醒头脑和廉洁从政意识。中华人民共和国成立后，结合"三反""五反"运动，开展声势浩大的整风工作，警告全党"一切从事国家工作、党务工作和人民团体工作的党员，利用职权实行贪污和实行浪费，都是严重的犯罪行为"②。而后通过查处和严厉打击一大批如刘青山、张子善等贪污浪费的腐败犯罪分子，达到了震慑警示和教育广大党员干部的目的，扭转了党内和社会不良风气。虽然后来整风运动逐渐演化为"反右"斗争并扩大化，偏离了初衷正确的轨道，但从党风廉政建设角度来看，这是一次普遍加强党员干部马列主义学习的教育运动，使全党确立了一条实事求是的辩证唯物主义思想路线，扫清了党内大量腐败现象，党员素质得到极大提高，党风也得到根本好转，全党干部在思想、政治和组织上达到了空前团结。

二 教育法律两手抓推进反腐

以邓小平同志为核心的第二代中央领导集体，随改革开放的社会主义现代化进程，逐步形成系列化解权力滥用、克服特权现象的防治腐败思想，其中他提出的"克服特权现象，要解决思想问题，也要解决制度问题"③，"我们主要通过两个手段来解决，一个是教育，一个是法律"④ 的重要论述，为本书新时代领导干部利益冲突防治提供了有效思考路径。

一方面，强调通过思想教育，提高党员干部的道德觉悟与政治

---

① 《毛泽东选集》第 4 卷，人民出版社 1991 年版，第 1438—1439 页。
② 《毛泽东文集》第 6 卷，人民出版社 1999 年版，第 208 页。
③ 《邓小平文选》第 2 卷，人民出版社 1994 年版，第 332 页。
④ 《邓小平文选》第 3 卷，人民出版社 1993 年版，第 148 页。

素质。邓小平强调，"中国要出问题，还是出在共产党内部"①，因此，号召全党一定要把思想政治工作放在重要位置，增强抵御资产阶级自由化思想渗透的"免疫力"。要求广大党员干部加强共产主义理想和信念教育，强化社会主义精神文明建设，发扬大公无私、廉洁奉公的精神，敢于批评和自我批评，祛除不良的社会风气，努力营造清正廉洁的良好氛围。认为有了理想后，"共产党员一定要严格遵守党的纪律"②，这样才能使党员干部真正做到维护国家法律，坚决执行党的路线、方针和政策。还要求各级干部努力学习科学知识并不断提高科学文化水平，这样才能实现高速度、高水平的社会主义现代化建设，真正做到实事求是、理论联系实际。还强调要常抓艰苦朴素教育，努力把党的艰苦奋斗优良传统和作风一直传承下去，使领导干部兢兢业业为人民服务，坚守艰苦创业精神、抵御腐朽思想侵蚀。此外，还号召全国各地开展全民性的法制观念教育活动，认为"要从娃娃开始，小学、中学都要进行这个教育，社会上也要进行这个教育"③，这为我国逐步走上法制与制度反腐之路，奠定了坚实的社会思想观念基础。

另一方面，强调通过法规制度建设，努力造就清正廉洁的社会氛围。1992年初，邓小平明确指出，"廉政建设要作为大事来抓。还是要靠法制，搞法制靠得住些"④，并且制度问题"更带有根本性、全局性、稳定性和长期性"⑤。针对权力过分集中引发的干部特殊化、以权谋私等现象，在宏观层面积极牵头推进改革和调整党和国家领导制度、退休制度、选人用人等制度，在微观层面制定并颁布了遏制党政干部利益冲突的党纪法规，如《关于进一步制止党政机关和党政干部经商、办企业的规定》等，奠定了发展社会主义民主的制度保障，

---

① 《邓小平文选》第3卷，人民出版社1993年版，第380页。
② 同上书，第112页。
③ 同上书，第163页。
④ 同上书，第379页。
⑤ 《邓小平文选》第2卷，人民出版社1994年版，第333页。

大大推动了我国的法治建设。同时，还特别主张严格执法和司法，必须严厉打击经济犯罪和国家公职人员腐败问题，以确保经济和社会稳定运行。提出"任何人都不许干扰法律的实施，任何犯了法的人都不能逍遥法外"①，从而形成有效威慑与遏制腐败现象的高压态势，为经济建设和社会发展创造良好的社会环境。另外，在法制建设中，邓小平强调还要加强监督制约作用。要加强党内自身监督、接受各民主党派和人民团体的监督、疏通人民群众监督渠道，使领导干部公权力运行更加规范和公正，在全社会营造良好氛围。

三　反腐要治标与治本相结合

以江泽民同志为核心的第三代中央领导集体，逐渐认识到腐败发生结合着复杂的时代背景和多层次原因，形成了一系列反腐倡廉的新思想。其中，基于"头痛医头，脚痛医脚"的腐败治理困境，提出"惩治腐败，要作为一个系统工程来抓，标本兼治，综合治理，持之以恒"②的思想观点，为本书新时代领导干部利益冲突防治提供了有益思想启发。

一方面，从治本的源头上筑牢拒腐防变的内在约束力量。江泽民同志认为："努力提高自己的思想道德素质和科学文化素质，这也是做好执政工作、防止发生腐败现象的重要条件。"③因此，特别强调要把加强党的思想政治建设放在党的建设首要位置，这是党提高自身凝聚力、战斗力，提升党员干部自我约束、拒腐防变能力的重要经验。不仅强调开展共产主义理想、纪律作风和知识教育，以提高党员干部的马列主义理论水平、思想文化素质以及道德觉悟。使他们的思想和知识水平努力适应时代前进的需要，做到自觉抵制资本主义不良思想，将立党为公、执政为民、清正廉洁作为自己的行

---

① 《邓小平文选》第2卷，人民出版社1994年版，第332页。
② 《江泽民文选》第1卷，人民出版社2006年版，第326页。
③ 《江泽民文选》第3卷，人民出版社2006年版，第185页。

动指南，同各种腐败现象作斗争。同时，积极开展"讲学习，讲政治，讲正气"为主要内容的党性党风教育，用马列主义、毛泽东思想和邓小平理论来武装全党，使广大党员干部自觉加强党性修养和端正思想作风，确保党的基本路线和方针政策贯彻畅通、执行有效，以增强抵制腐朽思想、拒腐防变的能力。另外，面对国际国内新出现的系列复杂形势和风险，江泽民给党的思想建设赋予鲜明的时代特色，提出了"三个代表"重要思想，这是增强党在廉政建设上凝聚力与战斗力，保持党的先进性、纯洁性，继续深入开展防治腐败工作的强大思想和理论武器。

另一方面，从治标的层面上加强阻遏腐败的外部约束机制。江泽民同志还意识到必须加强法制和监督等廉政建设的外在约束力量，提出实行和坚持依法治国是建设和治理国家的基本方略，也为推动国家腐败治理法制化和规范化指明了方向。主张针对腐败现象易发多发的关键环节与重要领域，"进一步建立科学的规章制度，形成适应新的历史时期所要求的新机制新规范"[1]。因此，先后制定和颁布实施了一系列规范领导干部廉洁从政行为的党纪法规制度，如《关于党政机关县（处）级以上领导干部收入申报的规定》等，推动了中国特色反腐倡廉制度体系的法制化与制度化进程。同时，认为还要通过严格执法来遏制各种不正之风蔓延，强调"对违法违纪案件，要一查到底，以事实为根据，以法纪为准绳"[2]，并"对瞒案不报、压案不办或设置障碍、阻挠查处的，纪检机关要严肃处理"[3]。此外，还将强化监督建设作为防止权力滥用的关键环节，尤其是强调加强对党内高中级干部个人专断、滥用职权等行为的监督，"越是领导机关、领导干部，越要严格的党内监督"[4]。拓宽党外人民群众与舆论监督的渠道，真正发挥他们在腐败问题中公开曝光与批评建议

---

[1] 《江泽民文选》第1卷，人民出版社2006年版，第410页。
[2] 同上书，第326页。
[3] 《江泽民文选》第2卷，人民出版社2006年版，第505页。
[4] 江泽民：《论党的建设》，中央文献出版社2001年版，第205页。

的积极作用。还要通过推进体制改革与进一步转变政府职能，建立起结构合理、配置科学的领导体制和决策机制，纠正部门或行业的不正之风，铲除个人专断与以权谋私的土壤，为反腐败的治本层面赢得更多时间和创造有利条件。

四 健全权力制约的惩防体系

以胡锦涛同志为总书记的党中央，面对日益复杂和多元隐蔽的腐败现象所带来的执政考验，提出在防治腐败中应坚持"惩防并举、注重预防，抓紧建立健全与社会主义市场经济体制相适应的教育、制度、监督并重的惩治和预防腐败体系"[①]的战略方针，为从注重预防的出发点研究新时代领导干部利益冲突防治提供了重要的思想基础。

一方面，构建覆盖思想道德教育、廉政文化建设等多领域的预防腐败体系。胡锦涛强调指出，"加强思想道德教育是反腐倡廉的基础性工作，是领导干部拒腐防变的思想保证"[②]。因此，他认识到必须从解决思想问题入手，以各级领导干部为重点，围绕树立正确的权力观、利益观和地位观等内容，从理论学习、实践锻炼和教育管理等方面武装他们的头脑，使广大党员干部内心树立起清正廉洁的执政理念与责任，成为科学发展观的坚定贯彻者、社会主义和谐社会的积极促进者。并要求克服以往重选拔、轻培养的思想观念，把党的先进性教育贯穿到干部的培养、选拔和管理过程中，引导年轻干部在关键岗位和艰苦复杂环境中加强培养和锻炼。通过积极发挥党校和行政学院系统在干部教育培训中的主渠道作用，定期开展和安排专题廉政教育学习。还主张面向全党全社会开展社会主义核心价值体系以及"八荣八耻"等社会主义荣辱观教育活动，引导全社会和广大党员干部坚定中国特色社会主义的理想信念，增强人们的社会公德、职业道德和家庭美德，强化他们自觉执行反腐制度的廉

[①] 《十六大以来重要文献选编》（中），中央文献出版社2006年版，第595页。
[②] 同上书，第601页。

政意识。此外,在《建立健全教育、制度、监督并重的惩治和预防腐败体系实施纲要》中首次提出"廉政文化"概念,强调"要倡导廉政文化,促进全社会形成以廉为荣、以贪为耻的良好风尚"[①],通过系列有影响、有特色的宣传教育活动,引导领导干部树立与社会评价相适应的廉政价值观念和信仰。

另一方面,建立健全制度保障、监督制约等多层次的惩治腐败体系。胡锦涛指出,"依靠制度惩治和预防腐败,是我们坚持依法执政、依法治国的必然要求"[②]。要求不仅从宏观层面完善领导干部重大事项报告和收入申报等反腐倡廉相关法规制度,推进党务公开,依法实行质询制、问责制和罢免制等规范工作人员从政行为的民主程序和基本制度。还要求从具体层面,深化和推进干部人事制度科学化、民主化和制度化改革进程,推进提升政府服务水平和绩效的行政审批制度、评议考核问责制等制度改革,国有资产管理体制和监管等方面改革,全面制约以权谋私、权力滥用行为的发生,提高党的科学领导水平和拒腐防变、抵御风险能力。另外,还非常注重结构合理、科学严密的权力运行防控机制建设。加强对高冲突、高风险的关键部门中领导干部重大决策、项目安排与资金使用等方面的监督,强化对风险重点环节领域预算编制、财政资金运行和政府采购等的监督。通过提高党内、人大、专门机关以及民主监督水平,充分拓宽社会监督渠道,形成全方位制约权力运行的监督体系,确保领导干部在贯彻和执行各项反腐倡廉法规制度中真正取得实效。

五 把权力关进制度的笼子

党的十八大以来,以习近平同志为核心的党中央围绕有关党风廉政建设与反腐败工作的部署要求,提出了系列重要论述。其中,明确强调要"把权力关进制度的笼子里,形成不敢腐的惩戒机制、

---

① 《十六大以来重要文献选编》(中),中央文献出版社2006年版,第581页。
② 同上书,第602页。

不能腐的防范机制、不易腐的保障机制"①，以及要求"坚持全面从严治党，依规治党，把纪律挺在前面，持之以恒落实中央八项规定精神"②的新思想、新论断，为本书致力于解决不正之风和遏制腐败蔓延的领导干部利益冲突防治研究，提供了有力的思想武器。

一方面，要求坚持依规治党，扎紧制度笼子。习近平总书记指出腐败的罪魁祸首是公权力不受制约，而让"权力入笼"是防止权力任性的必由之路。因此，全面依法治国必须认识到制度反腐这个关键，要以立"明规矩"目标加大对反腐制度的顶层设计。因而，修订实施了如《中国共产党廉洁自律准则》和《中国共产党纪律处分条例》等党内法规条例，还强调要建立健全"裸官"管理等制度规定，为管党治党提供不可逾越的制度利器和坚实基础。同时，强调继续强化开展针对违反廉洁纪律、"四风"屡禁不绝等专项巡视工作，并将其作为党内监督的一项重要战略性制度安排，形成中央、各省区和国家机关部门上下联动的巡视态势，推进反腐巡视工作的常态化、制度化与规范化进程。此外，还强调要继续坚持"老虎""苍蝇"一起打的铁腕治理高压态势③，加大执纪问责和惩处力度，严肃查处周永康、令计划等违纪违法案件，在巡视工作"回头看"中严肃整治敷衍或拒不整改等问题，以问责倒逼责任落实。推进启动"天网行动"，加强国际反腐败合作与追逃追赃力度，彰显了全面从严治党、坚定不移惩治腐败的决心。

另一方面，要求坚持高标准和守底线相结合，不仅要注重严明纪律底线，更要发挥理想信念和道德情操对人向善向上的价值引领作用。习近平总书记认为，全面从严治党必须坚持高标准在前，党员要加强学习、遵守并尊崇党章，严格执行和维护党的各项准则和纪律条例，把纪律挺在前面并强化其约束力。还要继续锲而不舍地深入落实

---

① 《习近平谈治国理政》，外文出版社 2014 年版，第 388 页。
② 《习近平在第十八届中央纪律检查委员会第六次全体会议上的讲话》，《人民日报》2016 年 5 月 3 日。
③ 《习近平谈治国理政》，外文出版社 2014 年版，第 392 页。

中央八项规定精神，狠抓公款吃喝、公务接待、旅游送礼等关键节点的"四风"问题不放。要求各级领导干部率先垂范、以身作则，切实改进工作作风，使广大党员切实树立起正确的群众观、政绩观和利益观，实现以优良党风带动和促进良好民风社风的形成。同时，还要在立根固本上下功夫，强化共产党人对马克思主义的信仰和社会主义、共产主义的信念。因而，强调要围绕党的群众路线教育实践活动与"三严三实""不忘初心、牢记使命"等专题教育活动，引导各级党员干部更加坚定对中国特色社会主义道路、理论、制度与文化的自信，坚守全心全意为人民服务的精神，筑牢廉洁奉公这一思想道德防线。此外，在注重党性教育和修养的同时，还要注重净化"潜规则"大行其道的政治生态，将协同推进廉洁齐家的家风建设摆在重要位置，推动营造弘扬真善美、崇德向善的社会氛围，夯实党风廉政建设坚实的政治基础和广泛的群众基础。这样可以使广大党员干部，既能对高标准的纪律要求心存戒惧与敬畏，又能充分发挥道德感召力的以德治党作用，永葆共产党的先进性和纯洁性。

第三节　党的十八大以来关于反腐倡廉的重要部署

尤其需要突出强调的是新时代以习近平同志为核心的党中央围绕党风廉政建设与反腐败工作，协同推进"不敢腐、不能腐、不想腐"三不反腐机制。2013年习近平总书记在中共十八届中央纪律检查委员会第二次全体会议上首次强调"把权力关进制度的笼子里，形成不敢腐的惩戒机制、不能腐的防范机制、不易腐的保障机制"[1]。

---

[1] 习近平：《更加科学有效地防治腐败，坚定不移把反腐倡廉建设引向深入——在中国共产党第十八届中央纪律检查委员会第二次全体会议上的讲话》，《人民日报》2013年1月23日第1版。

党的十九届四中全会通过的《中共中央关于坚持和完善中国特色社会主义制度 推进国家治理体系和治理能力现代化若干重大问题的决定》再次强调："构建一体推进不敢腐、不能腐、不想腐体制机制"①，这是新时代习近平总书记关于反腐倡廉建设重要论述的核心思想，为本书新时代领导干部利益冲突防治提供了有力的思想指引与理论指南。

一 强化"不敢腐"的惩戒机制

1. 以零容忍态度惩治腐败

2013年，习近平总书记在十八届中央政治局第五次集体学习时指出："我们要牢记'蠹众而木折，隙大而墙坏'的道理，保持惩治腐败的高压态势，做到有案必查、有腐必惩。"② 在腐败现象和腐败行为面前，我们必须坚持零容忍的态度，这是有客观依据的。首先，这是由我们党的性质和宗旨决定的。党鲜明的人民立场决定了我们必须坚决同腐败作斗争，要有壮士断腕的决心，坚决同腐败行为划清界限。其次，这是由腐败的危害性决定的。"腐败是社会毒瘤。如果任凭腐败问题愈演愈烈，最终必将亡党亡国。"③ 再次，这是由我国反腐败斗争的形势决定的。党的十九大报告指出："当前，反腐败斗争形势依然严峻复杂，巩固压倒性态势、夺取压倒性胜利的决心必须坚如磐石。"④ 习近平总书记在十九届中央纪委四次全会上指出："对党的十八大以来不收敛不收手，严重阻碍党的理论和路线方针政策贯彻执行、严重损害党的执政根基的腐败问题，必须严

---

① 《中共中央关于坚持和完善中国特色社会主义制度 推进国家治理体系和治理能力现代化若干重大问题的决定》，《人民日报》2019年11月6日第1版。

② 《习近平关于党风廉政建设和反腐败斗争论述摘编》，中央文献出版社、中国方正出版社2015年版，第96页。

③ 同上书，第5页。

④ 习近平：《决胜全面建成小康社会 夺取新时代中国特色社会主义伟大胜利——在中国共产党第十九次全国代表大会上的报告》，人民出版社2017年版，第66页。

肃查处、严加惩治。"① 因此，我们要继续以猛药去疴、刮骨疗毒的勇气和决心，以零容忍态度惩治腐败。此外，习近平总书记高度重视境外追逃追赃，在十八届中央政治局常委会第七十八次会议上指出："不管腐败分子跑到天涯海角，也要把他们绳之以法，决不能让其躲进'避罪天堂'、逍遥法外。"② 新时代，我国不断加强国际执法合作，不断创新改进追逃方式，锲而不舍地推进境外追逃追赃工作，取得了"天网行动"阶段性成效。

2. 坚持"老虎、苍蝇"一起打

市场经济条件下，一些领导干部因经不住诱惑而滥用职权、贪污受贿，这些腐败行为，不仅造成了国家财产的重大损失，而且严重破坏了党和国家的形象。2013 年，习近平总书记在十八届中央纪委二次全会上明确指出："要坚持'老虎''苍蝇'一起打，既坚决查处领导干部违纪违法案件，又切实解决发生在群众身边的不正之风和腐败问题。"③ "老虎"虽少，但其贪污数额巨大，腐败性质极其恶劣，社会危害大。习近平总书记明确指出："任何人触犯了党纪国法都要依纪依法严肃查处"④。这表明了我们党反腐的坚定决心。"苍蝇"虽小，但其数量多，面积广，且与群众切身利益密切相关，危害同样大。他指出："有的群众说'老虎'离得太远，但'苍蝇'每天扑面。"⑤ 这告诉我们，无论小贪小腐，还是大贪大腐，都应依法严厉惩治。通过"打老虎"，树立人民群众对反腐败斗争的信心；通过"拍苍蝇"，消除队伍中的害群之马，净化党的政治生态环境。

---

① 习近平：《一以贯之全面从严治党强化对权力运行的制约和监督　为决胜全面建成小康社会决战脱贫攻坚提供坚强保障——在中国共产党第十九届中央纪律检查委员会第四次全体会议上的重要讲话》，《人民日报》2020 年 1 月 14 日第 1 版。

② 《习近平关于党风廉政建设和反腐败斗争论述摘编》，中央文献出版社、中国方正出版社 2015 年版，第 100 页。

③ 《十八大以来重要文献选编》（上），中央文献出版社 2014 年版，第 135 页。

④ 《习近平关于党风廉政建设和反腐败斗争论述摘编》，中央文献出版社、中国方正出版社 2015 年版，第 93 页。

⑤ 同上书，第 99 页。

实际上，大多数"老虎"和"苍蝇"并不是孤立存在的，它们之间往往存在着利益输送的关系。因此，我们必须坚持"老虎"和"苍蝇"一起打，着力打破它们之间的利益共同体，形成全方位的反腐格局，让腐败分子无所遁形。习近平总书记在十九届中央纪委四次全会上强调："要继续坚持'老虎''苍蝇'一起打，重点查处不收敛不收手的违纪违法问题。"① 党的十八大以来，中央依法查处了周永康、徐才厚等副国级以上的"老虎"，向人民表明了我们党惩治腐败的决心。同时，打掉了一批盘旋在老百姓身边的"苍蝇"，查处了一批发生在群众身边的腐败问题，切实维护了广大人民群众的利益。

3. 反腐倡廉要常抓不懈

习近平总书记指出："党风廉政建设和反腐败斗争是一项长期的、复杂的、艰巨的任务，不可能毕其功于一役。"② 当前，我国的反腐败斗争处于一种矛盾的状态，反腐败虽然成效显著，但问题也层出不穷；惩治力度不断加大，但腐败行为隐蔽性提升；人民对党和国家反腐的期许不断增加，但短期内无法从根本上解决腐败问题。我们应该看到腐败问题的长期性和顽固性，习近平总书记指出："在反腐败问题上，社会上有一些不同认识。有的人认为反腐败是刮一阵风，搞一段时间就会过去，现在打枪，暂且低头；有的人认为反腐败查下去会打击面过大，影响经济发展……这些认识都是不正确的。"③ 当前，虽然我国反腐败斗争取得压倒性态势，但还存在着许多问题。党的十八大以来的腐败案件，既有以往没有消化掉的存量，也有新发生的增量。因此，我们要想从根本上解决腐败问题，杜绝腐败现象，必须持之以恒抓下去。习近平总书记指出："反腐倡廉必

---

① 习近平：《一以贯之全面从严治党强化对权力运行的制约和监督　为决胜全面建成小康社会决战脱贫攻坚提供坚强保障——在中国共产党第十九届中央纪律检查委员会第四次全体会议上的重要讲话》，《人民日报》2020年1月14日第1版。

② 《习近平关于党风廉政建设和反腐败斗争论述摘编》，中央文献出版社、中国方正出版社2015年版，第13页。

③ 同上书，第25页。

须常抓不懈，拒腐防变必须警钟长鸣，关键就在'常''长'二字，一个是要经常抓，一个是要长期抓。"① 我们要制定短期目标和长期目标，有计划、有步骤地层层推进反腐败斗争，积少成多，不断缩小腐败分子的活动空间。我们要时刻提防腐败问题，时刻保持高度的敏锐力和洞察力，要有经常抓的耐心和长期抓的恒心。

二 筑牢"不能腐"的防范机制

腐败问题易发多发的原因之一是制度不完善，权力得不到有效的制约和监督。为此，新时代以习近平同志为核心的党中央强调必须建立健全权力制约和监督体系，扎紧制度的笼子，充分发挥法治的作用，不断创新巡视制度，发挥巡视的震慑作用。

1. 把权力关进制度的笼子里

习近平总书记指出腐败的罪魁祸首是公权力不受制约，而让"权力入笼"是防止权力任性的必由之路。因此，全面依法治国必须认识到制度反腐这个关键，要以立"明规矩"为目标加大对反腐制度的顶层设计。因而，修订实施了如《中国共产党廉洁自律准则》和《中国共产党纪律处分条例》等党内法规条例，还强调要建立健全"裸官"管理等制度规定，为管党治党提供不可逾越的制度利器和坚实基础。健全党内监督制度，定期通报党内情况，实现党务公开，保证党员的知情权、监督权，"发挥好纪检、监察、司法、审计等机关和部门的职能作用，共同推进党风廉政建设和反腐败斗争"②。健全选人用人制度，严把选人用人质量关，通过"奖惩、激励、问责"一整套制度体系，形成科学有效的"选人育人评人正人"机制。还要立足实践，对于与时代发展不相适应的制度，要予以废止，在总结新的实践经验的基础上建立新的制度。同时，认识

---

① 《习近平关于党风廉政建设和反腐败斗争论述摘编》，中央文献出版社、中国方正出版社2015年版，第93—94页。

② 同上书，第56页。

到制度的生命力在于执行，必须将各项制度落到实处。"要增强制度执行力，制度执行到人到事，做到用制度管权管事管人。"①

2. 以法治思维和法治方式防治腐败

当前少数领导干部不能很好地把握法治原则和法治精神，一定程度上存在"官本位"的特权观念，运用非法律手段解决现实中遇到的问题。习近平总书记指出："坚决查办案件，不是要和什么人过不去，而是要严肃法纪。"② 要学会运用法治思维和法治方式推进反腐工作。法治反腐关键在于突破"权大于法"的传统观念，坚持不碰红线，不越底线，不触禁区。习近平总书记在十八届中央纪委三次全会上指出："我们坚持运用法治思维和法治方式反腐败，查处了一批大案要案，形成了对腐败分子的高压态势。"③ 党的十九大进一步提到："各级党组织和全体党员要带头尊法学法守法用法，任何组织和个人都不得有超越宪法法律的特权"④。法治是规范公共权力运行最有效的方式，通过法治方式逐步压缩公共权力的空间，实现公共权力在法律范围内的良性运转。总之，党的十八大以来，我们以零容忍的态度"打虎拍蝇"，既依法查处了一批高级领导干部的腐败案件，又严肃查处了一批人民身边的微腐败案件。不断减少法规制度漏洞，真正让铁规发力、禁令生威。通过制定落实中央八项规定，既抓思想引导，又抓行为规范，坚持以上率下，切实改进党员干部的工作作风，把作风建设不断引向深入。

3. 创新巡视制度发挥震慑作用

巡视制度作为党内监督的一项重要制度，在我们党推进反腐败

---

① 《习近平关于党风廉政建设和反腐败斗争论述摘编》，中央文献出版社、中国方正出版社 2015 年版，第 130—131 页。

② 同上书，第 96 页。

③ 同上书，第 97 页。

④ 习近平：《决胜全面建成小康社会　夺取新时代中国特色社会主义伟大胜利——在中国共产党第十九次全国代表大会上的报告》，人民出版社 2017 年版，第 39 页。

斗争中发挥了重要作用。习近平总书记指出："巡视是……从严治党、维护党纪的重要手段，是加强党内监督的重要形式。"[①] 而发现问题只是巡视工作的第一步，深挖根源，用好巡视成果才是重头戏。"更好发挥巡视在党内监督中的重要作用，就是要对巡视成果善加运用。"[②] 巡视组成员要如实报告巡查过程中了解到的情况和问题，经过核实之后，凡是违纪违法的都应依法查处。党的十八大以来，中央查处的案件中，通过巡视发现线索的超过60%，"揪"出了包括孙政才、白恩培、黄兴国等在内的一批高级领导干部违纪违法问题线索。山西系统性、塌方式腐败，湖南衡阳破坏选举案都是通过巡视发现的，极大地增强了全党、全社会的反腐信心，彰显了全面从严治党的决心。此外，巡视方法也在不断更新，从常规巡视到专项巡视，从业务巡视到政治巡视。我们党巡视工作的质量不断提升，巡视组数量不断增加，推动查处了一大批违法违纪的领导干部，有效地解决了群众反映的突出问题，巡视制度已成为国之利剑。

三 注重"不想腐"的保障机制

1. 筑牢拒腐防变的思想道德防线

习近平总书记指出："坚定理想信念，坚守共产党人精神追求，始终是共产党人安身立命的根本。"[③] 历史和实践证明，一个有远大理想和崇高追求的政党往往更加坚强。党员干部思想坚定，就能够坚持正确的政治方向，经受住各种诱惑和考验，坚守一名共产党员的初心。然而"现实生活中，一些党员、干部出这样那样的问题，说到底是信仰迷茫、精神迷失"[④]。对此，习近平总书

[①] 《习近平关于党风廉政建设和反腐败斗争论述摘编》，中央文献出版社、中国方正出版社2015年版，第107页。
[②] 同上书，第109页。
[③] 《十八大以来重要文献选编》（上），中央文献出版社2014年版，第80页。
[④] 同上书，第80—81页。

记强调指出："反腐倡廉是一个复杂的系统工程，需要多管齐下、综合施策，但从思想道德抓起具有基础性作用。"[①] 首先，加强思想理论教育。引导广大党员干部加强理论学习，研读马克思主义理论著作，掌握马克思主义基本原理，深刻把握马列主义、毛泽东思想、中国特色社会主义理论体系，尤其要学懂弄通习近平新时代中国特色社会主义思想，不断夯实自身的理论基础，时刻保持思想上的清醒，坚定理想信念，为实现远大理想和共同理想而不懈奋斗。其次，加强党性教育。教育引导广大党员学习党史和党章，切实维护和遵守党章，大力弘扬我们党的优良作风。坚持密切联系群众，始终站在人民的立场上，时刻牢记共产党人的初心和使命。最后，加强道德建设。注重提高党员干部的思想道德素质，自觉树立和践行社会主义核心价值观，树立社会主义荣辱观，用自己的实际行动带头发挥道德建设的先锋模范作用，让更多的人加入到道德建设中来。此外，还要注重净化"潜规则"大行其道的政治生态，将协同推进廉洁齐家的家风建设摆在重要位置，推动营造弘扬真善美、崇德向善的社会氛围，夯实党风廉政建设坚实的政治基础和广泛的群众基础。这样可以使广大党员干部，既能对高标准的纪律要求心存戒惧与敬畏，又能充分发挥道德感召力的以德治党作用，永葆共产党的先进性和纯洁性。

2. "打铁必须自身硬"，加强纪律建设

打铁必须自身硬，是对新时代全面从严治党紧迫性的规定，其根本目的是把我们党建设得更加坚强有力。对此，习近平总书记指出："打铁还需自身硬，我们的责任，就是同全党同志一道，坚持党要管党、从严治党，切实解决自身存在的突出问题。"首先是理想信念过硬。我们党能够历经挫折而不断奋起，其根源在于心中始终有远大的理想和坚定的革命信念。要努力学习马克思主义，

[①] 《习近平关于党风廉政建设和反腐败斗争论述摘编》，中央文献出版社、中国方正出版社 2015 年版，第 140 页。

不仅要学通、学懂，还要从心底里真正地认同它。加强党的理想信念教育、历史观教育，补足党员干部的精神食粮。其次是作风过硬。党的优良作风是党的各项事业取得成功的关键，党的作风代表着党的形象，作风好，党和人民的关系就好。全面从严治党过程中，面对新的风险和挑战，要想取得成功，必须依靠人民的力量。这就要求党必须加强作风建设，坚决纠正不正之风。再次是本领过硬。面对复杂的反腐败斗争形势，必须练就好本领，同腐败分子斗智斗勇。要学会运用马克思主义的观点和方法解决工作中遇到的问题，要勇于担当，勇挑重任，坚持自身的原则，面对困难要迎难而上，面对腐败分子敢于亮剑，面对失误勇于承担责任。在反腐败的过程中，不断提高自身的能力，磨炼自身的意志，练就一身好的本领。

3. 坚决反对和克服特权思想

一些领导干部身上存在着特权思想和特权行为，严重破坏了党和国家在人民心中的形象，严重影响了党群关系，其原因在于这些问题与特权思想密切相关，都是特权思想的行为外化。对此，习近平总书记指出："我们共产党人决不能搞封建社会那种'封妻荫子'、'一人得道，鸡犬升天'的腐败之道！"[1] 党的十九大报告中再次强调："坚决反对特权思想和特权现象。"[2] 从思想政治和反腐倡廉教育入手，增强教育的针对性、实效性、感染力，从思想上根除特权思想。通过开展不忘初心、牢记使命等主题教育活动，让守纪律、讲规矩成为自觉、成为习惯。健全权力的监督机制，充分发挥人民群众、司法机关、网络舆论的作用，形成各方面监督合力，让权力在阳光下运行，让特权现象无所遁形。时刻关注特权思想、特权现象的新动向，及时纠查慵懒散漫、刁难群众、

---

[1] 《十八大以来重要文献选编》（上），中央文献出版社2014年版，第138页。
[2] 习近平：《决胜全面建成小康社会 夺取新时代中国特色社会主义伟大胜利——在中国共产党第十九次全国代表大会上的报告》，人民出版社2017年版，第66页。

吃拿卡要等不作为、乱作为等问题，着力改进党员干部的工作作风，反对形式主义、官僚主义，从领导干部抓起，坚持以上率下，切实转变工作作风。突出惩治重点，充分发挥巡视"利剑"作用，针对"特权问题"易发多发部门和岗位开展常态化监督检查，形成持续威慑。

第 三 章

新时代领导干部利益冲突及其防治的一般概论

如何分析和判断一个国家或地区在某一历史时期的利益冲突状况和程度是研究利益冲突防治问题的一个基本命题。而由于利益冲突可以是一种客观情境，如果没有提前预防或处理不当的话，就会由个人利益与公共利益相冲突的情境转化为侵害公共利益的失范行为。正是由于这一社会现象的特殊性，使得难以对利益冲突的状况进行精确的测量和评价。本书运用学术界相对成熟也较多采用的主观测量法，通过口头谈话的访谈方式，从被调查的领导干部那里获取第一手资料。我们选取了在大连与长沙市纪委监察局、大连与无锡市公共资源交易中心等部门中担任不同领导职务级别的20位公职干部，采用半结构化的形式，围绕领导干部利益冲突主要表现在哪些方面，会带来什么影响，其影响因素又有哪些，应该采取什么措施来防范和治理利益冲突等问题进行深度访谈。通过对访谈内容进行结构化梳理的基础上，结合文献资料分析，总结出本章节领导干部利益冲突的类型、现实表现、危害和主客观诱发因素，并提炼出领导干部利益冲突行为选择过程及其制约因素模型。同时，进一步回顾并梳理领导干部利益冲突制度防治的理念，阐述正式与非正式制度协同防治的比较优势，并分析影响防治制度变迁的环境因素,廓清和架构起本书研究对象的相关概念、内涵及其理论体系。

第一节 新时代领导干部利益冲突现实表现及危害

一 领导干部利益冲突与腐败的概念厘清

基于国内外学者有关利益冲突概念的梳理(见表3.1),本书所指的利益冲突是一个廉政概念,并非个体与其他个人、群体、阶级或国家等不同利益主体之间的冲突,而是指由于领导干部这一特定利益主体的不同身份,可能或现实地引发自身私人利益与公共利益相对立的情境或行为。因此,根据《党政领导干部选拔任用工作条例》中有关领导干部规定及《中华人民共和国公务员法》中公务员领导和非领导职务序列规定,考虑到以权谋私等行为活动普遍性和主体分布广泛性等特征,将领导干部利益冲突界定为除党和国家领导人之外,在各级党、人大、政协、行政、审判、检察及民主党派机关,国有企事业单位和人民团体等公共部门中担任副科级以上职务的领导成员,在公共行政权力行使过程中由于个人身份与公职身份的角色不同,存在个人身份所具有的私人利益与其公职身份所代表的公共利益之间相对立的"情境"或"行为"。换言之,只要领导干部所从事的公务活动与自身利益有可能或现实地发生关联时,领导干部就面临着"利他"或"利己"两种价值倾向的行为选择困境,利益冲突就产生了。但利益冲突并不等于腐败,不能有效预防和治理利益冲突才可能导致腐败。这一概念界定具体包括以下两方面的理论内涵:

表3.1　　　　　　　　　领导干部利益冲突概念界定

代表性学者	概念界定
威廉姆斯（Williams，1985）	公务人员私人利益与公共利益存在冲突或抵触的情形，它包括两种情境，一种是潜在未发生的状态，一种是已经发生的行为状态
OECD（2005）	公职人员的公共职责与其私人利益之间的冲突，其中私人利益不恰当地影响他们履行官方义务和责任
庄德水（2010）	利益冲突既是一种潜在的未对公共角色责任形成实质性干扰的情境，还是一种因未正确处理，发生谋取私人利益的现实性行为
孔祥仁（2012）	政府官员公职所代表的公共利益与其个人自身具有的私人利益二者之间的抵触、违背和侵害

第一，利益冲突可以是一种客观情境，也可以是一种主观失范行为。这种利益冲突情境包括潜在的利益冲突和表面的利益冲突。潜在的利益冲突是指私人利益起先并未对公职所代表的公共责任形成实质性的干扰，但当领导干部在执行公务过程中意识到了自身的某种利益足以影响其参与公共事务决策且不加以正确处理时，就会产生真正的危害。表面利益冲突指当普通公众认为领导干部的私人利益已经影响他履行公职，即使实际上领导干部并未作出以权谋私的行为，表面的利益冲突也就存在了，这严重影响了政府的公信力和权威。当领导干部面对公私利益冲突的两难困境，没有及时地主动规避，未作出正确的选择，利益冲突就会通过一系列的消极、损害公共利益的行为表现出来，由利益冲突情境转化为利益冲突行为，包括已经发生或正在发生的行政伦理失范行为。[①] 因此，可以说，利益冲突隐藏于领导干部的日常权力行使过程中，贯穿其整个职业生涯始终。

第二，利益冲突不是腐败，而是导致腐败的根源。前文综述中已经叙述过，廉政意义上利益冲突和腐败之间既存在着千丝万缕的联系，又有着较大的区别（见表3.2）。本书和国内外大多数学者观

[①] OECD, *Managing Conflict of Interest in the Public Sector: A Toolkit*, Paris: OECD Publications, 2005, p. 13.

表 3.2　　利益冲突与腐败的关系

比较		利益冲突	腐败
相似之处		（1）主体：公职人员 （2）动机：追求个人利益 （3）手段：滥用公权谋取私利	
不同之处	本质	一种可能的、或然的失范行为	一种已然的犯罪行为
	表现	滥用影响力、组织外就业、收受礼品与接受馈赠、信息兜售、裙带关系等	贪污行为、受贿、巨额财产不明、挪用公款、私分国有财产等
	后果	具有隐蔽性，公众不易发现，对其包容性相对较大	经济财富流失、削弱政权合法性、侵害公众权利、社会强烈谴责
	治理理念	伦理规范、制度规约、事前预防	严刑峻法、事后惩罚

点一致，认为利益冲突本身不是腐败，而是导致腐败的根源。两者除了在主体都是公职人员，出现在行使公共权力的关键节点，围绕利益这个核心问题方面存在相似之处外，利益冲突始终是一个独立的概念。相比腐败是一种已然的、较严重的，包括贪污、受贿、巨额财产来源不明、挪用公款等形式的违法犯罪行为。利益冲突刚开始可能只不过是表面的或潜在的利益冲突，并不会招致公共利益的实际损害，或者是程度比较轻、未达到违法犯罪标准的一种不当失范行为。它一般突出表现在滥用影响力、组织外就业、收受礼品与接受馈赠、信息兜售或裙带关系等违纪行为。因而，相比腐败带来的巨大经济、政治和社会负面影响，利益冲突因其具有隐蔽性，公众不易发现等特征，社会对其包容性相对较大。但随着个人利益干扰和侵害公共利益的程度不断变大，利益冲突情境和失范行为的长期存在与恶化，最终会给党和政府的权威性、合法性带来严峻挑战。因此，与腐败主要为刑法规制对象，注重强调事后惩罚不同，利益冲突防治则更多强调通过党纪法规，以及价值观念、行政伦理道德等正式与非正式制度规范进行事前预防和管控调节，从而实现在根源上防治利益冲突沦陷为严重腐败行为。

二 领导干部利益冲突类型及表现

由于领导干部利益冲突是指在公共行政权力行使过程中发生个人身份所具有的私人利益与其公职身份所代表的公共利益之间相对立的"情境"或"行为"。这也就意味着，领导干部利益冲突可能贯穿其职业生涯的始终，甚至在离职后仍可能存在利益冲突的可能和机会，其类型及表现也会多种多样、千变万化。因此，就学理规范而言，基本难以逐一罗列和穷尽现实中所有利益冲突现象，也难以把握不同利益冲突类型及表现之间的内在逻辑，基于这一考量，本书从识别利益冲突的基本构成要素（见图3.1）为观察视角，整体观照我国领导干部利益冲突的基本类型、表现形式及其一般特征。

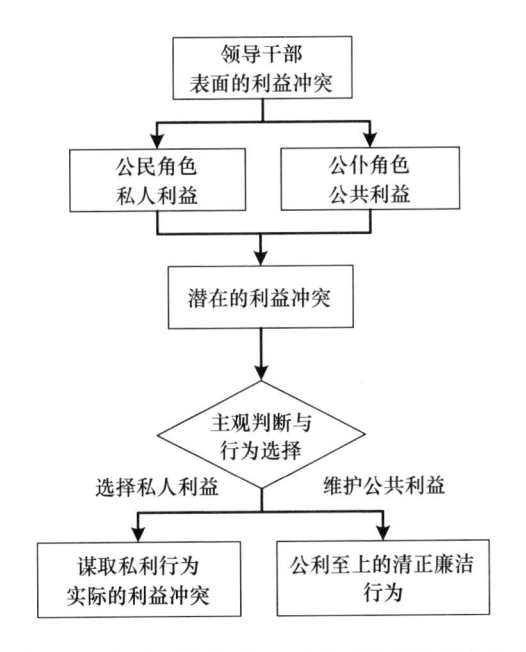

图 3.1 领导干部利益冲突的构成要素及其类型

1. 领导干部利益冲突的类型

首先，从利益冲突的主体要素领导干部角度来看，其往往处于表面的利益冲突情境当中。所谓表面的利益冲突（Perceived/Apparent conflict of interest）就是指不论公职干部私人利益是否实质性地对公共利益产生影响或干扰，一旦当公众合理地认为他的私人利益直观或看似已经不当地影响其履行职责，就算他在决策的过程中非常廉洁或者存在良好的信念，则该公职干部也依然处于表面的利益冲突之中。① 这个时候，公众的直观感受成为判断表面利益冲突的标准，而不是公职干部在其决策过程中是否真正受到其私人利益干扰、能否保持公正廉洁。在当前我国政治实践和权力行使过程中，由于社会历史发展的局限性、权力资源配置的稀缺性，领导干部因拥有对人、财、物的强制性支配与控制的权力，位高权重的他们往往处于一种表面的利益冲突情境之中。因此，必须要进一步健全和完善领导干部重大事项报告制度、财产申报制度、金融实名制度等有关利益冲突防治的正式制度体系，依照法规制度细致调查领导干部自身私人利益的事实体系，科学判断是否在事实上影响、干扰或侵害其履行职责的使命与义务，并及时将调查结果向社会公布，消除公众疑虑，增进政府信任和制度权威。

其次，从利益冲突的基础要素私人利益与公共利益的存在来看，领导干部时刻处于潜在的利益冲突情境当中。所谓潜在的利益冲突是指领导干部私人利益在将来某一时间可以或可能与其职责所代表的公共利益发生冲突，它是一种未来状态，这种状态可能一直持续下去，最终即使没有作出侵害公共利益的行为选择，也一样会影响公众对领导干部及其机构的廉正印象。② 领导干部作为公民角色这一独立利益主体时，具有合理选择和追求个人物质或精神、经济或政治、社会或文化、本人或他人利益的自由和权利。但同时作为人民

---

① 王天笑：《廉政视域下我国公职人员利益冲突问题研究》，郑州大学出版社2015年版，第57—58页。

② 同上书，第56页。

公仆角色时，有着积极承担与其权力和职位相对应的责任和义务，要求做到自觉维护好公共利益。正是领导干部这种公私双重角色的存在，导致公私界限模糊，难以做到公私兼顾，使之很容易发生自身利益在将来某一天影响他的职责履行，导致其时刻处于一种潜在的利益冲突当中。因此，对于潜在的利益冲突防治应重在提前预防，通过廉洁价值理念和行为习惯内在约束，以及法规制度和政策措施系列外在约束，使领导干部不偏不倚、客观公正地进行决策，防止利益冲突由可能情境变为现实失范行为。

最后，从利益冲突的决定要素领导干部主观判断与行为选择倾向来看，当其作出谋取私人不正当利益选择时，则实际的利益冲突行为就发生了。所谓实际的利益冲突是指领导干部不道德的、非法的私人利益已经或者正在不恰当地干扰公务职责的履行，影响其客观决策判断，损害了党和政府机构的公共利益，削弱了领导干部廉洁公正形象。[1] 实际上，利益冲突是领导干部面临私利与公利冲突时的一种两难价值抉择，领导干部是否作出侵犯公共利益的主观判断和行为抉择，最终取决于每位领导干部个体的价值观念、伦理水平与行为态度。[2] 当领导干部受私人不正当利益干扰，作出偏离或侵害公共利益的价值判断时，原本潜在的私利与公利的客观利益冲突情境由此触发转化成为一种主观上选择侵害公共利益的实际利益冲突失范行为。反之，当领导干部具备廉正廉洁的价值理念、道德意识和行为习惯时，则会在利益冲突情境中，坚定作出优先维护公共利益的廉洁从政行为。因此，对实际的利益冲突防治最常见和主要的就是出台一系列严刑峻法，警示和震慑领导干部的谋取私利意图与动机，规制利益冲突失范行为，以防进一步恶化至腐败犯罪行为的发生。

---

[1] OECD, *Managing Conflict of Interest in the Public Sector: A Toolkit*, Paris: OECD Publications, 2005, p. 13.

[2] Mafunisa M., "Conflict of Interest-Ethical Dilemma in Politics and Administration", *South African Journal of Labour Relations*, 2003, p. 35.

2. 领导干部利益冲突的表现

国际上通常采用罗列的方式呈现领导干部的利益冲突表现情形，根据安德鲁·斯达克（Andrew Stark）[①]、马国泉[②]以及庄德水[③]等国内外学者的观点（见表3.3），并结合我国的实际及访谈调研情况，认为现今我国领导干部利益冲突主要突出表现在以下几方面：

表3.3　　　　　　　　　领导干部利益冲突的表现形式

学者	利益冲突表现形式
安德鲁·斯达克（2000）	贿赂、自我交易、滥用影响力、假公济私、以公谋私、滥用职权、旋转门等
马国泉（2006）	自我交易和施加影响、兼职和代表、合同、泄密、后就业、礼物、演讲费等
庄德水（2010）	礼物、馈赠、演讲费、信息兜售或泄密、接受荣誉、处理亲属问题、任人唯亲、裙带关系、后就业、兼职等

一是收受礼品与接受馈赠。它与基于双方利害关系而相互勾结、礼品数额较大的行贿受贿犯罪行为不同，也与基于彼此间情谊和关心体贴、公开且礼品数量较小的亲友间互赠互请、正常接受礼物存在区别。这里的收受礼品和接受馈赠主要指领导干部接受与行使职权有关单位或个人的小额现金、有价证券、接受荣誉、安排旅游等行为。它的一个重要特点，即礼品赠予者并没有在赠送礼品、给予馈赠时提出利益要求，领导干部也没有在接受礼品时给予礼品赠予者任何利益回馈或承诺，而是赠予者增进与领导干部感情的一种长期投资，持有对未来利益期待的愿望。而在日后的公共事务中，领

[①] Stark A. ed., *Conflict of Interest in American Public Life*, Cambridge: Harvard University Press, 2000, pp. 38–42.

[②] 马国泉：《行政伦理：美国的理论与实践》，复旦大学出版社2006年版，第143—154页。

[③] 庄德水：《利益冲突：一个廉政问题的分析框架》，《上海行政学院学报》2010年第5期。

导干部在涉及礼品赠予者利益的领域时，由于人情难却，也很难保证其公务判断的客观公正性。

二是信息泄露或兜售。随着物联网信息技术的高速发展，掌握政府运行中的秘密和大数据等重要信息的领导干部越来越多，在工作运行和权力行使过程中，他们实际已经处于保守秘密或兜售秘密的潜在利益冲突情境。当其为了换取自身好处与私人利益的增长，违背保守组织机密信息的职责要求，作出决定私下将不适宜和不该向社会公开的机密信息泄露给没有权限获悉的其他组织、机构或人员，实际利益冲突失范行为就发生了。

三是处理亲属事务或裙带关系。领导干部在权力行使过程中，虽可能没有直接受益，但为了加强宗族纽带关系和获取亲戚的支持，通常会以公共角色利用工作之便参与私人事务，为亲属或其他利益相关者获取待遇提升、合同优惠、政策倾斜或者其他特殊的关照。还有不少居于权力中心地位的领导干部为了子女亲属，不惜滥用职权或施加压力，影响政府决策，以便带给家人或亲属特殊的好处，例如"萝卜招聘"就是这一陋习存在的典型表现。

四是组织外兼职。有不少在职领导干部在政府组织外从事顾问、咨询、入股公司、合同雇员和个体经营等兼职活动。尽管不是所有的兼职都会带来实际利益冲突行为，但毋庸置疑，这些组织外活动将分散他们本该用于处理行政事务的精力，或者滥用和侵占公共资源，使得领导干部在创新制度设计或制定决策过程中难以保持客观公正立场，滋生诸多施加影响、徇私偏袒等利益冲突问题，对领导干部及其所属机构的廉正形象带来很大的负面影响。

五是"旋转门"问题。所谓"旋转门"（Revolving door）就是描述领导干部在政府公共机构和私人部门之间不断地变换公私角色的情形。[①] 既包括由产业部门或民间部门进入政府的"旋转门"，领

[①] ［美］特里·L. 库珀：《行政伦理学：实现行政责任的途径》，张秀琴译，中国人民大学出版社2001年版，第114页。

导干部有可能与原私人部门结成密切的利益链条，形成了利益冲突情境。还包括由政府进入私人部门的"旋转门"，其中一种是离职后就业，领导干部虽然离开了公共职位，但很容易利用离职前所积累的人际关系网、人情链，代表私人部门去与原工作政府部门进行商业接触，为现工作私人部门谋取利益。另一种是未来就业，在此情境中，领导干部虽还未离开公职岗位，但已打算离职后到和他现在有行政业务往来的公司就职，使其在政策的制定或执行时，可能通过变相优惠对待，换取将来就业机会。

3. 领导干部利益冲突的特征

领导干部利益冲突类型及表现多种多样、形态各异，几乎贯穿领导干部整个职业生涯，因此，无法完全逐一列举。但无论何种类型和形式的利益冲突一般都会呈现出以下几个鲜明的特征。

第一，边界模糊性和行为隐蔽性。虽然《中国共产党党员领导干部廉洁从政若干准则》在废止前涉及八大类禁止利用职权和职务影响谋取不正当利益的规定，且 2015 年 10 月代替它而新颁布实施的《中国共产党廉洁自律准则》，也有党员领导干部要坚持公私分明，先公后私，以及廉洁用权，自觉维护人民根本利益的相关规定。但这些在党的报告和文件中提及的利益冲突，都过于抽象，至今仍尚无使用利益冲突统一称谓的法律条文和党纪党规，对其如何查处和惩罚也未作出明确规定，给查处、裁定、量刑带来困难，使得利益冲突一直处于腐败和廉洁中间的灰色地带。这种边界模糊性也使得领导干部常常通过干股分红、名义理财、薪酬为名、利用婚丧嫁娶收取礼金等各类不易察觉的形式，披着隐蔽的外衣来迷惑群众的眼睛，使得大多只是被视为礼尚往来与人之常情。还有很多领导干部只是在后台运用公权进行干预和施加影响，不容易引起人们的注意，这样很难掌握其以权谋私的证据。总之，与社会公众对权力腐败现象的"零容忍"态度相比，社会中形成了对利益冲突较大容忍和较易忽略的社会风气。

第二，行为普遍性和形式多样性。正是因为利益冲突的边界模糊性和行为隐蔽性，加速了利益冲突行为普遍扩散到政治、经济、文化、社会等各个领域当中，尤其是在政府采购、房地产交易、土地资源交易等公共资源交易关键领域和重点环节，是公职领导干部特别容易卷入的利益冲突风险点。再通过无"痕迹"的职权牵制、无"挑剔"的任人唯亲、无"伤雅"的礼尚往来、无"破绽"的信息交易以及无"异议"的职务消费等五花八门的表现形式显现出来。

第三，趋向牟利性与后果腐蚀性。正是因为存在表面的和潜在的利益冲突情境，导致大多时候利益冲突存在时，领导干部呈现出并没有收取实际的资金财物，或者也没有直接违反有关法律制度的规定和党纪党规的要求。但事实上，许多领导干部可能也特别容易利用手中的权力，通过公共政策制定的偏袒、内部信息透露和人情往来等手段为委托人谋取不正当利益提供方便，实现利益交换，因而，具有明显的趋利性。利益冲突行为的牟利性妨碍着领导干部全身心地投入本职工作，不仅侵蚀整个干部队伍，还会造成国有资产流失、社会分配不公以及社会风气败坏，成为腐败滋生的重要源头。这也告诉我们，我国廉政建设必须坚持权力腐败预防以及利益冲突防治齐头并进和双管齐下。

三 领导干部利益冲突的负面影响

当前社会生活中，由于领导干部利益冲突行为的模糊隐蔽性、普遍多样性、牟利腐蚀性等特征，给我国政治、经济、社会、文化和生态等诸多方面和领域，带来严重的危害和负面影响，主要表现在以下几个方面。

1. 利益冲突与政治腐败

在当今政府职能转型和利益多元、复杂博弈时代，公共决策和法规制度的制定、执行和评估环节，实质上就是各种利益诉求表达和重新分配过程，因而，领导干部公私利益交错和重合的现象愈发常见。现实政治实践过程中，领导干部作为制度与政策制定环节及执行过程中的重要发起人和参与者，常常面临着公共利益和私人利益之间的行为抉择。而其谋求自身私人利益的价值倾向和行为选择，会使得公共权力的公共性发生根本改变，直接影响到制度与政策的制定或运行偏离公共利益的价值轨道，成为引发个人与组织政治腐败的重要根源。进而会引发社会对利益分配不公的谴责与不满，削弱公众对政府的信任，威胁执政党的执政地位。

2. 利益冲突与经济损害

公平竞争机制是市场经济最核心的机制之一。但现实生活中，不少领导干部为了谋求自身利益，大搞"官商勾结"，给予自身利益相关的经济主体以资源、信息、政策方面的优势，使得市场成功的交易行为不取决于产品质量和服务，而取决于通过隐秘回扣、赞助费等利益许诺来占领市场优势的筹码。因此，利益冲突现象扰乱了市场秩序，损害了资源配置效率，使得市场公平竞争演变成了利益勾结。这种不公平的竞争会形成一种逆淘汰机制，出现技术落后者获得通行证，技术先进者难以挤进市场，优秀的企业反而在市场经济中失去了竞争优势的劣币驱逐良币的现象。总之，在经济新常态时期，这种领导干部私人利益成为配置资源的主要手段，使市场秩序受到严重破坏，失去对资源的合理配置，制约和阻碍了经济的健康、有序发展。

3. 利益冲突与社会矛盾

社会转型期是各种社会问题和风险的易发多发期，领导干部作为社会利益矛盾和冲突的协调员，承载着构建社会和谐利益格局的重要使命和特殊作用。领导干部利益冲突的出现，导致其自利动机日益强化成为一个与民争利的利益主体，社会资源无法实现公平分配，难以实现社会公平正义，严重影响他们兑现维护和增进人民利益福祉的责任承诺。同时，部分领导干部由于受到多方利益诱惑，自身理想信念发生动摇，使其在政治、经济、文化、社会和生态这五位一体的全面协调发展格局中，在努力实现中华民族伟大复兴的"中国梦"进程中，也无法真正做到率先垂范、以身作则和身体力行。严重阻碍政府领导干部以公平公正维护和增进公共利益的角色和身份，引导推进国家治理体系和治理能力的现代化进程。

4. 利益冲突与文化侵蚀

领导干部利益冲突的出现实质上是由领导干部理想信念的堕落、自身价值心理扭曲、无法恪守职业道德，导致社会整体道德水平滑坡，政府行政效率和服务品质下降引起的。久而久之，人际关系庸俗化，官场潜规则等社会不正之风盛行起来，这些不正之风会无孔不入地侵袭着代表中华民族五千年来长盛不衰的社会文化基础和精神面貌。不断滋生和蔓延各类社会丑恶现象，使领导干部和社会公众理想缺失、思想混乱、心理失衡，乃至整个社会弥漫着急功近利的价值取向和文化氛围，使社会逐步失去文化依托的精神动力，导致社会凝聚力整体下降。

5. 利益冲突与生态危机

利益冲突虽然不直接对生态破坏造成影响，但是随着我国"创新、协调、绿色、开放、共享"新发展理念的提出，尤其是在一系列生态建设和改革措施陆续出台并逐步深化的关键时刻，不少领导干部在这个过程中凭借行政权力将注意力都放在那些最能够增加自己收入的项目上，争夺和瓜分组织公共利益。这种局部争利和扩利行为，导致政府部门职能异化。通常表现在，某些政府管理部门为了"部门经济"的局部利益，仍然会竭尽全力地把能给地区或部门带来巨额利润、效益和实惠的高污染、高能耗、高排放审批或管理项目封锁在内、抓紧不放。而对在短期内需要付出巨大政治成本，但从长远来看能给全社会带来巨大生态福利效益的民生工程项目放在政府工作的次要位置，这将进一步破坏生态平衡，严重阻滞生态转型建设的进程。

第二节　新时代领导干部利益冲突行为的诱因分析

既然领导干部利益冲突会给我国政治、经济、社会等各领域带来严重的负面影响，因而，有必要找出我国领导干部利益冲突行为选择的诱发机理，以及制约利益冲突发展和蔓延的路线图。本书基于行为科学学派认为的人的行为是个体与环境交互作用结果的理论并综合访谈素材的梳理，认为领导干部利益冲突行为也是在其自身个体对权力和金钱等需要的理性程度、心理状态、价值取向及伦理水平等内部主观因素与外部经济物质、政治法律、历史文化及社会习俗等环境因素交互作用下，作出的谋取私利抑或维护公利的行为选择结果。

一　利益冲突行为选择内部主观诱因

1. 理性程度与领导干部对利益冲突认知

顾名思义，理性是和感性相对，指人们处理问题时按照事物发展的客观规律进行综合判断、分析、比较、推理与计算等方面的能力。领导干部是否作出维护公共利益选择的理性程度主要受其知识和经验水平的影响。一般而言，领导干部理论专业知识、普通常识、教育背景及领悟力等知识水平越高，以及在实践中所积累的经验越多，他们自觉认可、接受和遵守利益冲突行为约束规则的理性程度就越高。但是，当前普遍存在：一是部分领导干部放松政治学习和思想道德修养。信念的缺失使他们无视法律制度、党纪党规，曲解党的路线、方针和政策，把人民赋予的权力异化为个人谋取私利的工具，作出违反利益冲突制度约束的事情。二是领导干部个体认知偏差成为利益冲突发生的加速器。领导干部作为担负一定职务、处于特定岗位的独立个体，不同的社会背景、经验、期望、态度和兴趣等因素，会影响每个领导干部对自己角色、职业和权力的理性分析水平与能力，形成对待公共利益与私人利益的差异心理和认知偏差，最终影响其利益冲突行为选择判断和决策的方向。三是领导干部心智模式也会影响整个国家廉政制度安排得到价值认同与接受的程度。只有当制度变迁实施主体——领导干部提高自身设计和执行制度的知识存量，达成自觉遵循法规制度要求的共识，才会淡化"搭便车"等机会主义行为，推动制度供给从不均衡到均衡状态，节约制度变迁交易成本和增进实施成效，否则，制度创新与变迁很难发生，制度实施与执行的代价也很大。

2. 心理状态与领导干部攫取私利欲望

一般而言，人的心理活动有稳固长期的个性心理特征、不断变化的心理过程以及综合前两者的心理状态三种基本形态。也就是说，心理状态是当前外界环境影响下心理过程与过去形成的个性心理特征相结合的产物。同样，利益冲突中每个领导干部会在外在条件刺激的心理过程与自身需求欲望的心理特征相结合而成的心理状态支配下，产生不同的主观判断和行为倾向。[①] 实际上，当前我国大多数领导干部：一是普遍存在法不责众心理。在法不责众的心理状态下，利益冲突行为主体为了满足自身物质和精神欲望，通常以为集体或者单位谋取福利的名义，在公共场合毫无顾忌地通过集体决策来实施利益冲突行为，规避因个人谋取私利而构成违法，成为众矢之的的风险。二是通常抱有侥幸心理。利益冲突行为主体一般都是极端利己主义者，他们在实施利益冲突行为时即使很清楚该行为可能带来严重后果，但是仍然抱有很强的侥幸心理，驱使他们变得越来越目无法纪，越陷越深。三是难以克服的攀比心理。当前，我国公职干部尤其是基层干部的基本工资收入水平与经济发展水平相比仍然偏低，往往与其体面的公职

---

① 郝文清：《当代中国衍生性权力腐败研究》，安徽大学出版社2011年版，第168页。

地位不相适应，极容易在思想上产生羡慕和向往发财致富的不平衡心理。使他们把利用公共权力谋取私人利益看作是合情合理和必要的，助长了他们以权谋私的欲望，削弱了他们拒腐防变的能力，诱发了利益冲突行为的发生。

3. 价值取向与领导干部维护公共利益信念

价值取向是行为主体在长期的社会交往活动中形成对某类事物的稳定态度和看法，一旦形成就对主体行为选择具有鲜明的导向性。受历史传统和经济社会发展中一些落后观念和腐朽思想的影响和渗透，领导干部在利益冲突情境中的价值观念极易被侵蚀错位，导致理想信念动摇和价值取向扭曲。当前，我国主要普遍存在：一是部分领导干部理想信念发生动摇。改革开放以来，随着社会主义市场经济的推进，西方社会享乐主义、金钱至上等腐朽思想以及极端个人主义世界观、人生观和价值观沉渣泛起，在不少个体意志薄弱且缺乏自制力的公职干部思想中扎根蔓延，导致他们对共产主义理想信念和全心全意为人民服务的宗旨意识产生动摇，难以克制贪婪欲望的膨胀，最终陷于腐败的旋涡。二是大多数领导干部遵纪守法意识仍然淡薄。党的十一届三中全会以来，我国在社会主义民主和法制建设方面取得了较大进步，在认识到利益冲突危害过程中也在逐步完善相关法律法规。但从中央纪委公开的问题清单和反腐专题片《永远在路上》叙述来看，不少领导干部思想深处没有完全树立起遵纪守法意识，不仅存在不知晓和不认真学习相关廉政法规和纪律要求的情况，还存在知法犯法、知纪违纪、无视法纪的人治观念和态度。三是不少领导干部公私观念畸变。一般情况下，大多数领导干部在还没达到一定级别，未获得实际特权之前，通常对侵占国有财产等攫取私利现象疾恶如仇。但一旦他们自己身处权力部门或中心，具有谋取私利的机会时，便会产生公家财产不拿白不拿的畸变思想，不由自主以权谋私。还有很多领导干部就算知道某些权势者处于违法违纪的利益冲突行为当中，却抱着明哲保身、事不关己、高高挂起的态度，很少揭发。

4. 道德水平与领导干部坚守廉政廉洁品质

现实生活中，伦理道德蕴含和渗透到人类社会活动的方方面面，是调节人们社会关系的内在精神法则和评判标尺。领导干部道德水平决定了他们在利益冲突情境中是否具有坚定维护和增进公共利益的道德品格和伦理责任，作为制度实施的补充，最终影响利益冲突防治的成效。然而，当前我国却面临着：一是相当部分领导干部的责任感、是非感、荣辱感等道德情感淡薄。现实生活中，最为突出的是不少领导干部缺乏对党的事业高度负责的责任感，常常不思进取。工作中把主要精力放在关于个人升迁的政绩 GDP 上，对短期内难以出成绩却又事关民生的问题不愿解决，对能带来高收益却需要承担高风险的事情，却又表现出拖拉懒散、少作为甚至不作为。二是部分领导干部拒腐防变的道德意志不够坚定。尤其是当前经济新常态、社会转型过程中，很多领导干部经不起物质、金钱和美色等利益诱惑，在多种多样的利益冲突情境当中，无法坚守应有的职业和公民道德准则，公私不分、善恶不辨，渐渐迷失了自我，作出损害公共利益的道德选择。三是不少领导干部伦理责任意识淡化。社会主义市场经济中如果没有基于道德基础上的责任感，那么社会上无论何种职业都将失去它本应追求和承担的社会价值本质。现实中领导干部内心对政府忠诚的信念发生动摇、自身责任意识的淡化，导致无法坚守岗位职责的要求和义务，不能履行好岗位职责所要求的维护和增进公共利益任务，这是其抗腐蚀免疫力随之下降，利益冲突问题产生的一个重要原因。

二 利益冲突行为选择外部环境诱因

1. 物质经济环境与领导干部个人利益需求

马克思主义利益理论认为，人类的一切社会活动都是以物质利益为基础，并围绕物质利益的对立统一进行着不断的斗争而推动社会进步。领导干部作为公共权力行使者既有追求自身利益最大化的"经济人"属性，又具有最大化维护公共利益的"公共人"

属性，这种双重角色属性导致容易发生私人利益与公共利益的矛盾与冲突。在由计划经济向市场经济体制转型的深化期间，市场化进程以及经济利益结构的变化成为利益冲突问题和矛盾丛生最主要的物质经济因素。一方面，受原有高度集权的计划经济体制影响，公共部门对经济保持干预和介入的行为并未完全消退，在"产权模糊"的资源博弈地带，领导干部因握有不少基础性稀缺资源的分配权力资本，成为各方利益集团争相拉拢、贿赂的重点对象，为滋生利益冲突行为提供了必要的条件和物质基础。另一方面，市场化导向的经济体制改革在推动现代国家建设的同时，也从根本上推动了利益结构变迁，个人、集体和国家的社会整体性利益结构被打破，利益格局发生前所未有的变化，不少领导干部个体利益开始分化与独立化，维护公共利益常常只是被他们当作实现自身利益的手段或途径，在权衡行为收益与风险的基础上，开始了最大化、排他性的自身利益追求。

2. 政治法律环境与领导干部以权谋私机会

在新制度主义学派看来，一系列用来确立生产、交换与分配的基本政治、社会与法律基础规则，为人们行为选择设置了一个基本的形式和范围，可以减少行为的不确定性并减少市场交易成本。然而，当前我国社会主义现代民主政治还不完善，政治体制权力过于集中，决定了党委和党的廉政机关在防治利益冲突事务中的决定性重要地位和作用，使领导干部成为防治利益冲突制度颁布和实施的最主要推动力量，也决定了我国强制性推进的制度变迁方式。但这种方式受到领导干部有限理性和集团利益冲突阻碍等局限困扰。而强调党和政府绝对领导决策偏好的管理方式，又使得外在"权力中心"的领导干部提供新制度安排的能力和意愿成为决定制度供给和实施的主导因素。一般只有在当预期收益高于预期成本时，领导干部才会保持既有的制度颁布与实施动力，因而极易被"绑架"成为既得利益集团实现自身利益的政策工具，使得最后结果偏离制度设计的初衷，维持一种"制度僵滞"的低效率。另外，这种本源性的权力过分集中加剧了立法、行政和司法权力运行机制的失衡。尤其是国家法治化进程较缓,影响着我国防治利益冲突制度变迁配套法规制度的出台,以及其惩治利益冲突违法行为威慑力的发挥,从而影响到我国防治利益冲突制度供给和实施的整体变迁绩效。使得保障我国利益冲突制度治理效力高效发挥的执行机制乏力,许多法律制度出台只是流于形式,根本无法得到落实贯彻,为利益冲突问题的出现提供了机会。

3. 历史文化环境与利益冲突行为思维定式

传统历史文化犹如一种"软实力",可以形塑身处环境中个体对制度的认同和信仰,也可以影响防治利益冲突制度变迁的进程、成本及效果。我国领导干部利益冲突行为选择也受到一定历史文化环境的制约,例如,我国传统文化中虽有"君子慎独"等许多精华和道德精神力量,但更存在着如"官本位"、家长制现象和重人治轻法治等忽视制度约束的消极思想,它们具有内在的传统植根性和历史沿革性,渗透成为官场政治与社会生活领域的思维定式。导致不少领导干部对官位官职过分崇拜,把职位高低看作衡量事业是否成功的标准,在制度法规和公共政策制定与实施过程中,也习惯于把为官权力放在法律之上,缺乏依法办事的观念。还导致逐渐形成官官相护、任人唯亲、拉帮结派的官场关系网,个人的进步升迁也主要依赖上级的赏识,而不是依据制度和程序要求。另外,民众的主体意识淡薄,习惯于依附权威而不信服法律,没有发挥积极主动监督权力行使者的观念,无形中纵容了领导干部利益冲突的产生与蔓延。总之,若没有与之相适应的文化调适和创新,无法赋予制度安排以自觉遵循的制度文化信仰,势必增加制度变迁成本,降低变迁实施绩效。

4. 社会风俗环境与利益冲突行为选择惯性

社会风俗特别容易在人们心中根深蒂固,通过传达、练习等方式慢慢沉积渗透到人们的行为选择当中。当你想摆脱过去时可能会无奈地发现随着时间的推移所谓的"新思路"仍传输着以往的重要特性，因而，它一般具有稳定性和惰性。我国领导干部面临利益冲突的行为选择困境时，也会受到传统风俗习惯的影响，比如，"差序格局"中"家"本位习俗、"熟人社会"的人情关系、传统送礼潜规则陋习等成为影响领导干部行为选择的重要因素。在费孝通看来中国社会是由高低有别、亲疏远近的差序格局组成，在这个人际关系网络格局中，利益的计算也是从"己"到"家"最后才是更大范围"天下"的利益，官僚干部的以权谋私行为在其自身看来并不是己之私，而是为了整个"家""单位"或"团体"的福祉。并且在差序格局里，他们认为"公"和"私"只是相对而言的，站在任何一个网络格局圈里，向内看都可以看作是"公"的。因此，他们可能会认为这种为了整个家庭和所在单位或部门利益，牺牲党和国家及社会公共利益并不是"私心"的。另外，找人情、托关系、送礼物成为中国传统人际交往氛围，领导干部时刻都身处在由亲戚朋友、同学同事等多个关系相互联系而形成的熟人关系社会中。使他们很难公正行使手中的权力，从国家和社会公众的利益代表转向成为亲缘朋友利益关系的代表，并且这样一般还不会遭遇到人们的谴责和抵制，反而得到社会默许与理解，这都成为领导干部利益冲突蔓延的重要社会习俗基础。

三 利益冲突诱发腐败过程及其制度因素防治模型

上述分析揭示了新时代领导干部利益冲突是个体主观因素和外部环境因素共同作用下的行为选择结果。但如果我们从制度主义视角，基于詹福满提出的"制度环境—个体行为"分析思路，就会发现人的行为是个体在正式制度、非正式制度等制度因素交互作用下引起并指向一定目标的"需要—动机—机会—行为"循环往复的活动过程[①]。基于这一思路和前文分析，本书认为新时代领导干部的利益冲突行为

---

① 詹福满：《科学发展观与反腐倡廉建设》，人民出版社2007年版，第113—115页。

选择也是在非正式与正式制度这一环境限定的关系空间影响与制约下，历经"动机生成—机会条件—风险衡量"等过程与环节，而最终作出的攫取私人利益或维护公共利益的行为选择（见图3.2）。

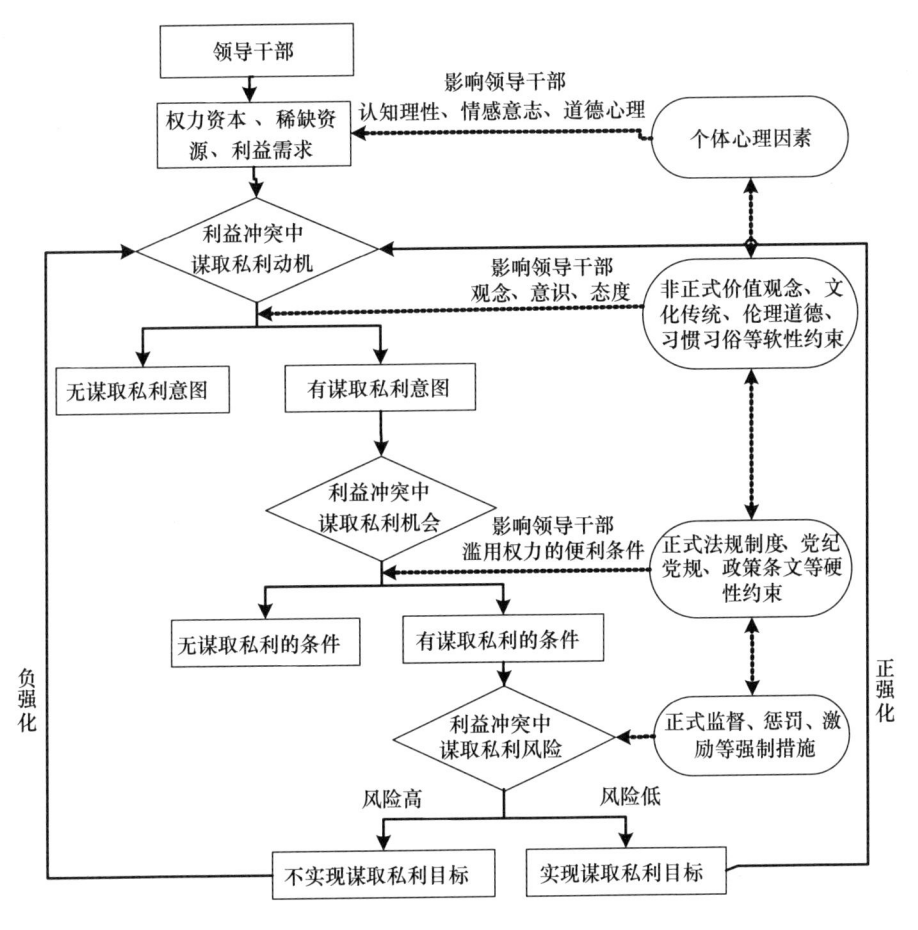

图3.2 领导干部利益冲突行为选择过程及制约因素模型

1. 利益冲突中谋取私利行为主观动机及其制约因素

所谓主观动机来自人体不断向更高层次递进需要的本能，是能够引起或激发主体为某种目的或结果实施行为的一种愿望或意念。一般而言，领导干部在权力行使过程中，掌握着一定的稀缺资源，并在复杂环境中拥有对这些资源予以配置的权力资本，加之自身对物质财富、精神满足的利益追求和欲望驱动，不断刺激和推动着其谋取私利的意图。① 领导干部在权力行使过程中，个人谋取私人利益的动机一旦形成，则其是否具备正确行政价值理念，能否恪守职业道德准则的自我约束能力，就决定了他们的公私利益观念和行为态度，以及对自身利益需求的满足程度。因此，如果领导干部主体自身具有正确的价值观念、强烈的内在道德自律机制以及廉洁的文化氛围和行为习惯，这些非正式制度要素则会引导、激励和促使他们形成自觉维护和增进公共利益的积极观念和坚强意志，抑制他们想逾越法律规定范围谋取私利的意图。② 反之，倘若领导干部内心法治意识与道德观念淡薄，加之腐朽文化的侵蚀，则会促使其想利用权力谋取个人特殊利益的意图和侥幸心理逐渐增强，最终渐渐转化为以权谋私的明确目标，领导干部利益冲突行为就迟早会发生。因此，领导干部利益冲突中谋取私利主观动机也成为我们防治利益冲突的首要环节和预防重点。

2. 利益冲突中谋取私利行为客观机会及其制约因素

这里的客观机会主要指在法律制度、党纪党规等外在制约下领导干部利益冲突行为发生的可能条件。领导干部在以权谋私的主观动机产生之后，利益冲突就进入行为选择的临界状态，是否最终作出谋取私利的判断和选择，主要取决于领导干部拥有滥用权力的便利条件机会多寡与收益成本的高低。因此，若约束领导干部利益冲突行为的正式法规制度和保障机制非常健全与完善，领导干部谋取私利的动机就没有成功转化为实际行为的机会与条件。反之，当在许多利益冲突情境存在的关键领域和重点环节，监督和制约领导干部谋利行为的体制、机制和法制不够健全，存在规则不清、信息盲

---

① 邓杰、胡延松：《反腐败的逻辑与制度》，北京大学出版社 2015 年版，第 43 页。

② 过勇：《经济转轨、制度与腐败》，社会科学文献出版社 2007 年版，第 109—110 页。

区的制度漏洞，此时，领导干部以权谋私行为易发多发的客观条件和机会就增多。但就当前世界经济社会发展的现阶段来看，任何一个国家利益冲突的机会只存在多与少，而不存在有和无的问题。总之，决定领导干部滥用权力是否便利和成功谋取私利的机会条件，影响着领导干部谋取私利主观动机能否直接转化为实际谋取私利行为，因此，它也成为我国利益冲突防治最为关键的环节。

3. 利益冲突中谋取私利行为风险及其制约因素

这里的风险收益是指即使存在客观制度漏洞机会，领导干部在决定是否付诸实施以权谋私时，不可避免地进行理性风险后果的判断，当谋取私利的利益冲突行为带来的预期收益将超过其预期成本时，会作出以权谋私的行为选择，反之，则会坚定选择维护公共利益的廉政廉洁行为。其中，预期收益就是领导干部利用公共职权从利益相关者那里获得的不正当利益；预期成本主要指领导干部利益冲突一旦败露后可能会遭致的法律惩罚、纪律处分、社会舆论和心理压力等物质和精神上的损失。也就是说，如果一个国家或地区有关防治利益冲突的监督、惩处和激励等配套正式制度约束机制，社会整体道德水平、诚信程度以及舆论压力等非正式制度约束机制较为健全和完善，使得领导干部在利益冲突选择以权谋私的成本超过其收益，则自然就会选择趋于廉洁。总之，利益冲突中谋取私利行为风险收益的多少影响和决定着领导干部会否运用公共权力，利用客观机会漏洞将主观动机意图和目标化为最终实际的谋取私利行为，因此，可以把它看作是预防和治理利益冲突的最后一道防线。

第三节 新时代领导干部利益冲突制度防治的理论构建

一 领导干部利益冲突制度防治的理论阐释

上文提及过随着 20 世纪后半叶新古典经济学与行为主义科学

研究的式微，对制度的重新发现，超越了传统制度分析方法，逐渐形成具有广泛和深刻影响的新制度主义经济学、新制度主义政治学和新制度主义社会学，这一新制度主义思潮日益发展成为社会科学领域新的重要分析范式。而制度结构又是一切新制度主义分析的逻辑起点。有关制度结构的分类从不同角度有不同观点，例如，新制度经济学家诺思认为，制度由社会认可的非正式制度、国家规定的正式制度及其它们的实施机制所构成；[①] 柯武刚、史漫飞认为制度包括从人类经验演化出来的内在制度和被自上而下强制执行的外在制度；[②] 卢现祥则将制度概括地分为硬制度（正式制度）和软制度（非正式制度），等等。[③] 总之，概括起来说，新制度主义学者虽表述不同，但大都认为制度主要由非正式制度与正式制度构成。基于此，利益冲突防治的制度约束体系应当是为约束领导干部利益冲突而制定或形成的一套行为规则框架和制度安排的总和。具体来说，它既包含有关利益许可、财产申报、资产处理、离职限制、公务回避等系列成文的、刚性的党规党纪和法律法规等正式制度安排，还包括一系列在社会交往中逐步形成、世代相传并得到认可的意识形态、价值观念、文化传统、伦理道德及习惯习俗等系列非正式制度。

从国内看，我国自党的十八大以来，以习近平同志为核心的党中央围绕党风廉政建设和反腐败斗争，提出了一系列新思想和新要求。2013 年 11 月，党的十八届三中全会提出"推进国家治理体系和治理能力现代化"这一全面深化改革的全新论断，也就是指在中国共产党领导下不仅要健全与完善包括经济、政治、社会、

---

① ［美］道格拉斯·C. 诺思：《经济史中的结构与变迁》，陈郁、罗华平等译，上海人民出版社 1994 年版。
② ［德］柯武刚、史漫飞：《制度经济学——社会秩序与公共政策》，韩朝华译，商务印书馆 2000 年版。
③ 卢现祥：《新制度经济学》，武汉大学出版社 2011 年版。

文化、生态文明等在内治理国家的一整套制度体系安排，还要提升国家在改革发展稳定、内政外交国防以及治党治国治军等各个方面的能力，两者有机结合，相辅相成。2014年10月，集中展示中央领导集体治国理念和执政方略的《习近平谈治国理政》"推进反腐倡廉建设"专题中，习近平总书记为新形势下反腐倡廉工作提出了新的要求，强调"要加强对权力运行的制约和监督，把权力关进制度的笼子里，形成不敢腐的惩戒机制、不能腐的防范机制、不易腐的保障机制"[①]。2016年1月，中共十八届中央纪律检查委员会第六次全体会议再次强调，要把从严治党纳入"四个全面战略"布局。2019年11月，党的十九届四中全会审议通过的《中共中央关于坚持和完善中国特色社会主义制度 推进国家治理体系和治理能力现代化若干重大问题的决定》中指出："构建推进一体不敢腐、不能腐、不想腐体制机制。"[②] 因此，从一定程度上讲，领导干部在国家和政府治理过程中是否清正廉洁，公共权力行使是否受到个人不当利益的干扰，公共决策过程中是否朝着有利于党和国家以及社会公共利益的价值目标，换句话说，也就是领导干部利益冲突是否得到有效治理，直接关系到国家制度反腐治理体系和治理能力现代化目标的实现，以及领导干部治国理政能力的水平和成效。

而有关领导干部利益冲突防治方面，中共历代领导人也反复强调，一方面，要构建监督、预防和惩治并重、有机统一的廉政制度体系；另一方面，还要构建教育与文化并重的廉政氛围，引导和增强党员领导干部自觉保持廉政廉洁的人格与能力。并且，全球治理委员会也认为治理是公共部门或私人机构在管理共同事务中诸多方式的总和，它既是调和不同利益和冲突者矛盾，并联合

[①] 《习近平谈治国理政》，外文出版社2014年版，第388页。
[②] 《中共中央关于坚持和完善中国特色社会主义制度 推进国家治理体系和治理能力现代化若干重大问题的决定》，《人民日报》2019年11月6日第1版。

起来共同行动的持续过程，也是一种为获得人们同意或符合人们利益作出的包括各种正式与非正式规则的制度安排。① 因此，领导干部利益冲突的防治应当是为约束领导干部利益冲突而制定或形成的一套行为规则框架和制度安排的总和。具体来说，它既包含有关利益许可、财产申报、资产处理、离职限制、公务回避等系列正式制度安排，还包括价值观念、文化传统、伦理道德以及习惯习俗等系列非正式制度安排，两者相互补充、相互支持，协同发挥各自的约束功能和效用。在正式党纪党规与法律条例等制度下使领导干部在利益冲突矛盾中"不能"和"不敢"选择谋取个人不正当利益，在非正式制度约束下从源头上保证领导干部"不想"陷入利益冲突之中，从而形成对领导干部利益冲突防治的制度约束合力。因而，构建正式制度与非正式制度协同的路径是领导干部利益冲突防治的必然选择，而这又是一个复杂的系统工程。不仅需要健全和完善的正式制度以提供刚性有力的外在支撑和保障，还要通过增进非正式制度的制度化演进，及依靠内部非正式制度各要素的改革与创新提供内在支持，最终通过两者协同互动，形成推进利益冲突防治的制度约束效力。

二 正式制度与非正式制度协同防治利益冲突的比较优势

作为统一于领导干部利益冲突制度防治体系的外在正式制度规则与内在非正式制度规范，二者之间如何相互补充、相互支持，协同发挥规范和激励领导干部利益冲突行为选择的比较优势呢？概括起来说，主要体现在以下几个方面：

首先，从制度表现形式上看：正式制度犹如一只"有形之手"，它是人们自觉有意识创设的从宪法到成文法、普通法，再到明细的规则，最后是个别的契约等一系列成文的硬性约束规范。

---

① 俞可平：《治理与善治》，社会科学文献出版社2000年版，第36—38页。

如与利益冲突防治相关的《关于省部级现职领导干部报告家庭财产的规定（试行）》《关于领导干部报告个人有关事项的规定》等国家党纪法规、部门规章等形成共同约束领导干部利益冲突行为选择的成文规则体系。而非正式制度却好似一张"无形之网"，它是在长期的社会实践交往过程中伴随着人类的需要而自发形成的一系列价值观念、文化传统、伦理道德、风俗习惯等无意识、不成文的行为规范。[1] 由于它是一种在漫长的历史条件下自然生长和逐步发展形成的约定俗成的内在规则，是公共组织成员共同认可的诸如行政价值观、行政文化、行政道德及行政习俗的东西，因而它不通过正式的组织机构而主要以引导、舆论、口谕等方式来相互传递、世代承传，渗透到领导干部政治实践当中和社会生活方方面面发挥着柔性约束作用。

其次，从制度实施特征上看：正式制度拥有外在"强制实施"特性，通过国家设立的国家预防腐败局、国家监察委员会等专业化权威机构和明确的惩罚措施，承担起全国利益冲突防治与腐败治理工作的政策制定、检查指导和国际合作等职能。这种刚性强制特征使得不管党政机关中的领导干部主体是否愿意，所有成员都要求必须严格遵守和落实执行，违反或不认真贯彻相应法规制度者将招致相应的违纪违法制裁。相比于正式制度，非正式制度则拥有内在"自我约束"特征，它是人类社会在长期的历史交往进程中积淀而成的一系列被普遍默认和遵循的无形规则，故无须借助正式的国家和组织等机构对其进行监督和实施。而维持其存在和发挥其作用的力量主要来自领导干部之间的相互学习和效仿廉洁从政的意识、外部驱动自觉认可和服从现有防治利益冲突党纪法规的文化氛围，以及抵制和评判利益冲突行为的舆论压力，等等，对公职人员面临公共利益和个人利益时的行为选择构成了

---

[1] 伍装：《非正式制度论》，上海财经大学出版社2011年版。

一种非强制性的内在约束。

再次，从制度变迁速度上看：正式制度因其具有上述强制实施特性，使其变迁可以"突然骤变"地发生。也就是说它可以在很短时间内由政府机关颁布实施或发生作用，甚至可以在一夜之间发生翻天覆地的撤销、变更等变化。这也意味着正式制度具有较强的可移植性，通常可以较为容易地从一个国家地区或社会组织中移植其正式制度范本或经验。截至目前，为适应不断变化的利益冲突矛盾治理需求，强制出台并形成了基本覆盖利益限制、离职限制、利益公开、利益回避等防治利益冲突的正式制度框架体系。而诸如文化传统和习惯习俗等非正式制度要素，可能是若干个世纪人类行为长期、缓慢和渐进积累而成的结果，因而其变迁是一个"缓慢渐进"的过程。但它一旦形成就具有较强的稳固性，往往不容易轻易改变，导致其可移植性弱，也就是说不易甚至不能随便借鉴、模仿或创新。这也导致从其他国家或地区借鉴实施的防止领导干部利益冲突正式制度能否发挥作用，还要取决于我国领导干部在价值观念上能否对其接受和容纳，是否具备社会的文化认同基础以及良好的党风、政风及社风环境。否则，由于非正式制度与正式制度变迁速度不一致和非耦合的时滞性可能会使已经颁布的正式制度进入无法有效运转的制度"锁定"状态。[①]

最后，从制度功能上看：利益冲突防治中的正式制度发挥着"刚性保障"作用，它以界定领导干部行为选择空间的规则和守法程序等为核心，通过设立专门机构或按严格正式程序强制执行，它最根本的作用就是制约、激励和影响政府环境中领导干部谋取私利的机会主义行为，降低政治实践中的不确定性。更进一步说，正式制度实际上通过明确是非行为规范标准及严厉惩治以权谋私行为，来规范和强化对

[①] 季建林：《制度性反腐：走出越反越腐怪圈的根本之策》，《理论探讨》2013年第4期。

领导干部主体问责工作，力图实现以问责倒逼政策目标落实和法规制度执行，实现由制度打破到制度变更再到制度创立的强制性制度变迁过程及动态演进。但正如新制度主义学家诺思认为的"即使在最发达的经济体系中，正式规则也只是构成决定着人们选择的种种约束的总体中的一小部分（尽管是重要的一部分），如果我们稍加思索，就会发现，非正式制度是无处不在的"。事实上，在现实政治实践过程中，利益冲突防治中的非正式制度发挥着"柔性支持"作用。可以说，非正式制度的价值观念因素是领导干部制度认同意识形成的思想基础，因而规定了其防治利益冲突的制度建构供给偏好；文化传统因素可为制度体系提供观念认可和支持的环境；伦理道德因素的积淀有利于节约和减少利益冲突防治中正式法规制度强制执行成本及实施监管费用；且习惯习俗还承载着影响防治利益冲突法律法规设立的基础，及其被有效执行和自觉遵守的实际成效。

综上，正式制度和非正式制度是领导干部利益冲突防治制度结构体系中两个不可分割的重要组成部分，二者相互支持、相互补充和相互促进。正式制度的颁布出台和贯彻实施过程中，必须高度重视协调非正式制度的均衡发展与统筹优化，以为其提供非正式制度的观念接受、文化认可、习惯遵循等相容耦合的支持，否则制度出台和执行犹如无本之木和无源之水，将难以实施、完善与变革，形同虚设。同时，非正式制度由于具有非强制性、自我实施的柔性约束特征，往往不足以完全解决各种复杂的利益冲突问题，其作用发挥还需要诉诸正式制度的强有力支撑，才能有效实现其约束力，否则，也会变得软弱无力，将难以延续、改善或不断强化。[1] 总之，必须将两者有机统一结合起来，把握好两者关系，不可顾此失彼，有所偏废（见表3.4）。

---

[1] 吉嘉伍：《新制度政治学中的正式和非正式制度》，《社会科学研究》2007年第5期。

表3.4 基于正式制度与非正式制度协同的领导干部利益冲突防治比较优势

比较优势	正式制度	非正式制度
制度形式	有形的、成文的防治领导干部利益冲突的法律法规、党规党纪、部门规章等	无形的、不成文的意识形态、价值观念、文化传统、伦理道德、习惯习俗等关键要素
制度实施	依靠外在法院、纪委等机构强制执行，实施成本相对较高	依靠领导干部内在自我认可、接受与遵循，节约制度实施成本
制度变迁	突然骤变，一夜之间即可发生，移植容易且速度快	缓慢渐进，一旦形成很难改变，可移植性差，难以借鉴、模仿
制度功能	提升防治利益冲突制度的刚性约束力；同时作为非正式制度的强有力支撑	引导和塑造领导干部自觉认可、遵从法规的观念意识等；同时为正式制度提供耦合性支持

第 四 章

新时代领导干部利益冲突防治的国外参考

他山之石,可以攻玉。新制度主义的制度结构、制度功能与制度变迁理论中相关思想也为本研究新时代领导干部利益冲突防治提供了有益借鉴。在具体实践中美国联邦政府通过一系列解决和预防"利益冲突"的制度约束设计,以及保障这些制度实施的机制安排等,为构建新时代我国领导干部利益冲突防治制度框架,推动反腐倡廉建设提供了有益参考。此外,还有很多国外发达国家利益冲突防治的经验,为推进我国领导干部利益冲突防治中正式与非正式制度创新与变迁,充分发挥其对行为约束的积极作用提供了重要启示。

第一节 新制度主义的相关理论借鉴

新制度主义的制度构成、制度功能及其制度变迁理论为本书新时代领导干部利益冲突防治的相关分析提供了重要的理论启发和借鉴。

一 制度结构理论

制度结构是一切新制度主义分析的逻辑起点。而有关制度结构的分类从不同角度有不同观点,例如,新制度经济学家诺思认为,制度由社会认可的非正式制度、国家规定的正式制度及其它们的实施机制所构成;① 柯武刚、史漫飞认为制度包括从人类经验演化出来的内在制度和被自上而下强制执行的外在制度;② 卢现祥则将制度分为硬制度(正式制度)和软制度(非正式制度);③ 等等。总之,概括起来说,新制度主义学者虽表述不同,但大都认为制度主要由非正式制度与正式制度构成。它们两者作为内在规则和外在规则统一于制度规则体系,共同规范、激励和影响着社会成员的行为,二者既对立又统一,既有联系又有区别,具体表现在以下几个方面:

1. 制度结构中非正式制度与正式制度的区别

首先,两者在表现形式上,犹如"无形之网"与"有形之手"的区别。非正式制度以无形的、不成文的价值观念、文化传统、伦理道德、风俗习惯等表现形式,存在于人们的内心信念之中。它不通过正式的组织机构而主要以引导、舆论、口谕等方式来相互传递、世代承传,渗透到人们社会生活的方方面面当中发挥柔性约束作用。而正式制度是人们自觉有意识创设的从宪法到成文法、普通法,再到明细的规则,最后是个别的契约等一系列成文的硬性约束规范,如与本书利益冲突防治相关的各种国家法律法规、党规党纪条例、政府部门规章等形成共同约束领导干部利益冲突行为选择的规则体系。

---

① [美]道格拉斯·C. 诺思:《经济史中的结构与变迁》,杭行译,上海三联书店、上海人民出版社1994年版,第225—225页。
② 柯武刚、史漫飞:《制度经济学:社会秩序与公共政策》,商务印书馆2000年版,第37页。
③ 卢现祥:《新制度经济学》,武汉大学出版社2012年版,第152页。

其次，两者在实施特征上，有着"自我约束"与"强制实施"的区别。正是因为非正式制度是人类社会长期历史交往进程中积淀而成的一系列被普遍默认和遵循的无形规则，故无须借助正式的国家和组织等机构对其进行监督和实施，主要依靠诸如行为主体各自内心的信念、良知和自省实现对行为的自觉内在约束，具有节约社会交易成本的显著特征。而正式制度却拥有外在强制实施的特性，要通过国家设立的专业化权威机构和明确的惩罚措施来付诸实施，不管共同体中的行为主体是否愿意，所有成员都要求必须严格遵守和落实执行，违反或不认真贯彻相应法规制度者将招致相应的制裁，因而实施运行成本相对较高。

最后，两者在制度变迁上，存在"缓慢渐进"与"突然骤变"的区别。由于非正式制度特别是如文化传统和习惯习俗要素，可能是若干个世纪人类行为长期、缓慢和渐进积累而成的结果，因而其变迁是一个缓慢渐进的过程。并且，它一旦形成就具有较强的稳固性，往往不容易轻易改变，这导致其可移植性弱，也就是说不易甚至不能随便借鉴、模仿或创新。而正式制度却因其具有强制实施特征，使其变迁可以在很短时间内完成或发生作用，甚至可以在一夜之间发生翻天覆地的变化。这也意味着正式制度具有较强的可移植性，通常可以较为容易地从一个国家地区或社会组织中移植其正式制度范本或经验，但最终移植能否发挥作用还要取决于一国文化传统或习俗等非正式制度对其的"容纳"程度，否则，可能适得其反，进入无法有效运转的制度"锁定"状态。[①]

2. 制度结构中非正式制度与正式制度的联系

一方面，两者既相互生成又相互转化。新制度主义大部分学者认为，人类社会的早期各种交往活动及社会秩序是通过习俗、惯例、伦理道德等不成文的非正式规则来维持，伴随社会生产力发展尤其是国家出现以后，才开始在一定意识形态、价值观念、习俗惯例等

---

① 伍装：《非正式制度论》，上海财经大学出版社2011年版，第242页。

非正式准则基础上，逐渐演化或设计创造出系列法律法规等正式制度。因此，从制度的起源来看，非正式制度一般早于正式制度，是其产生和发展的前提与基础。[①] 同样，当形塑人们行为选择的正式制度确立以后，将逐步形成一种新的价值观念、文化氛围、伦理规范与行为习惯，最后形成一种新的非正式制度。安娜·葛利兹马拉（Anna Grzymala-Busse，2010）使用例子分析非正式制度影响正式制度的形成和功能时，认为"无论正式制度的实力多强，非正式制度都可以取代、破坏或支撑正式制度。在转换过程中，大多正式制度的出现和有效性都是内生于非正式制度本身"[②]。

另一方面，两者相互依存与相互补充。现实的政治实践过程中，任何正式制度的制定颁布和贯彻实施，没有相应的价值观念支持，文化氛围引领以及缺乏自觉遵从的良好习惯，法律政策即使颁布和出台也不可能得到彻底有效的落实和执行，导致制度形同虚设、执行软弱乏力。并且，当正式制度存在漏洞出现"制度真空"时，各种不同形式的非正式制度就成为社会约束体系的必要补充。因此，正式制度作用的发挥离不开非正式制度的支持。同样，非正式制度由于具有非强制性、自我实施的柔性约束特征，往往不足以完全解决各种复杂社会冲突问题。因此，还需要诉诸正式制度的强有力支撑，才能有效地实现其约束力，否则，也会变得软弱无力。吉嘉伍（2007）在概括分析新制度政治学对制度的理解的基础上，认为正式制度和非正式制度是一种补充或替代的关系，正式制度强烈影响着非正式制度的变迁轨迹，非正式制度也极大地影响着正式制度的政治功能作用发挥，两者紧密结合时是一种补充关系，两者相分离时

---

① 王文贵：《互动与耦合：非正式制度与经济发展》，中国社会科学出版社2007年版，第51页。

② Grzymal Busse A., "The Best Laid Plans: The Impact of Informal Rules on Formal Institutions in Transitional Regimes", *Studies in Comparative International Development*, Vol. 45, No. 3, 2010, pp. 311–333.

是一种替代关系。①

二 制度功能理论

要把握好制度结构中正式制度与非正式制度在新时代领导干部利益冲突防治中的应用价值及其制约功能，则首先需要了解新制度主义各学派有关制度的功能介绍。哈耶克、诺思、肖特等新制度主义经济学家则认为，制度缘于解决社会合作问题的需要，以界定人们行为选择空间的规则为核心，通过建立一个人们之间相互作用的稳定结构，降低交易中的不确定性，它最根本的作用就是制约、激励和影响环境中的机会主义行为。②但诺思认为："即使在最发达的经济体系中，正式规则也只是构成决定着人们选择的种种约束的总体中的一小部分（尽管是重要的一部分），如果我们稍加思索，就会发现，非正式制度是无处不在的。"③因此，可以说，实际生活中人们行为选择的大部分行为空间是由非正式制度来约束的。并且，随着近年来人们对制度结构中非正式制度研究的不断推进和加深，国内外学者从经济学视角以及社会学、政治学等多学科领域，探讨了非正式制度的作用与功能，具体表现在以下几个方面。

首先，从经济学视角，强调意识形态、文化、道德和习俗等非正式制度要素对经济发展的影响。具体而言：一是强调意识形态要素的经济功能。诺思通过对比第三世界社会主义经济与西方市场经济表现，证实意识形态是影响经济（连同技术）交易和生产成本，

---

① 吉嘉伍：《新制度政治学中的正式和非正式制度》，《社会科学研究》2007年第5期。
② 王文贵：《互动与耦合：非正式制度与经济发展》，中国社会科学出版社2007年版，第26—30页。
③ ［美］道格拉斯·C.诺思：《制度、制度变迁与经济绩效》，杭行译，格致出版社2008年版，第36页。

塑造经济表现的重要因素。[1] 段晓锋（1998）也认为意识形态可以克服搭便车等机会主义行为、节约信息交易费用、减少强制执行和实施法律制度的成本。[2] 二是强调文化要素的经济功能。诺思指出：非正式规约主要来源于我们称之为文化的部分遗产，通过知识、价值和其他要素，一代一代地继承、教诲与模仿从而影响交易行为与成本。[3] 威廉姆森和马瑟斯（Williamson，Mathers，2011）根据"世界价值观"调查，发现文化与自由的经济制度都是影响经济繁荣非常独立的两个因素，并且，当经济自由度不够时，文化对于经济增长至关重要。[4] 三是强调道德规范要素的经济功能。卡拉雅尼斯和哈吉斯（Karayiannis，Hatzis，2012）认为古代雅典经济制度框架有效运转，除了高度复杂的法律框架外，还有基于互惠的社会规范和被广泛接受的商业道德、声誉等非正式制度框架的道德与社会资本等元素，是社会福利和经济发展的关键所在。[5] 四是强调习俗要素的经济功能。康芒斯认为："习俗和习惯假设是构成一切人类关系的基础的原则。"[6] 张雄（1996）也认为市场习俗不仅对于市场经济体制的运行有重要的保障作用，对市场的消费行为有心理上的导向作用，还可以通过制度化，为行为者提供其他当事者的经济活动信息。[7]

---

[1] North D. C., "Institutions, Ideology, and Economic Performance", *Cato Journal*, Vol. 11, No. 3, 1992, pp. 477–488.

[2] 段晓锋：《非正式制度对中国经济制度变迁方式的影响》，经济科学出版社1998年版，第58页。

[3] ［美］道格拉斯·C. 诺思：《制度、制度变迁与经济绩效》，刘守英译，上海三联书店1994年版，第143页。

[4] Williamson C. R. and Mathers R. L., "Economic Freedom, Culture, and Growth", *Public Choice*, Vol. 148, No. 3–4, 2011, pp. 313–335.

[5] Karayiannis A. and Hatzis A., "Morality, Social Norms and The Rule of Law As Transaction Cost-Saving Devices: The Case of Ancient Athens", *European Journal of Law and Economics*, Vol. 33, No. 3, 2012, pp. 621–643.

[6] ［美］康芒斯：《制度经济学》（上），于树生译，商务印书馆2009年版，第86页。

[7] 张雄：《习俗与市场》，《中国社会科学》1996年第5期。

其次，从政治学视角，强调认知结构、文化秩序、信念体系和其他各种思想观念等非正式制度要素是制度变迁的重要内生动力，影响个体的理念和行动。例如，马奇和奥尔森认为，个体往往就根据这一系列依赖于文化的规范和程序采取行动，为个体行为提供了"适宜逻辑"[1]。盖伊·彼得斯认为，个体政治行为受到深层次社会公认规范、符合"适当性逻辑"的惯例等非正式因素驱动，引导和规定着个体哪些行为适合制度要求，哪些行为不适合。[2] 阿扎利亚和史密斯（Azari, Smith, 2012）将非正式制度理解为政治生活中"不成文的规定"，通过美国的政治实例，证明它在民主建设方面具有能填补正式制度的空白；协调重叠和交叉的制度；通过使不相关的正式制度正常运转，来调节和规制政治行为的三个作用。[3] 卡尔松（Karlsson, 2013）通过对欧洲15个国家的428个城镇的比较研究发现，虽然宪法规定的政治体制决定了机构和职位权力的划分，并且规定了政治角色之间的交往，但这个制度框架中有相当大的部分并未被写明，而这部分是由非正式制度规约着政治实践。有大量的非正式制度隐含于地方政府宪法当中，非正式制度至少和正式制度一样，相同程度地影响着地方议会的代表风格，比如拥有精英统治集团的自治市倾向于加强市议员对团体的忠诚。[4]

最后，从社会学视角，强调没有组织形态的规范、象征符号、社会资本等非正式制度要素对个人性格、偏好以及行为方式的影响和塑造。社会学组织理论者鲍威尔和迪马吉奥系统地分析了组

---

[1] [美]詹姆斯·G.马奇、[挪]约翰·P.奥尔森翰·奥尔森：《重新发现制度：政治的组织基础》，张伟译，生活·读书·新知三联书店1984年版，第118页。

[2] [美]盖伊·彼得斯：《政治科学中的制度理论——新制度主义》，王向民、段红伟译，上海世纪出版集团2011年版，第36页。

[3] Azari J. R. and Smith J. K., "Unwritten Rules: Informal Institutions in Established Democracies", *Perspectives on Politics*, Vol. 10, No. 1, 2012, pp. 37–55.

[4] Karlsson D., "The Hidden Constitutions: How Informal Political Institutions Affect the Representation Style of Local Councils", *Local Government Studies*, Vol. 39, No. 5, 2013, pp. 681–702.

织、仪式、神话、文化和认知等因素对组织与个体的深刻影响。[①]斯蒂格利茨（2000）认为在组织理论背景下，包含隐性的知识、集合的网络、聚合的声誉以及组织资本的社会资本，是应对道德风险和激励问题的有效社会手段。[②] 我国学者费孝通（1998）认为中国的传统"乡土社会"是靠经验的，他们不必计划，因为实践过程中，自然替他们选择出一个足以依赖的传统生活方案。依照"礼治秩序""血缘和地缘""差序格局"和"私人道德"等自动维持着正常秩序。[③]

总而言之，国内外学者不但从不同的学科视角分析制度对经济、政治与社会生活等领域行为的约束作用，而且强调非正式制度作为一种规范和价值，重视其对市场经济行为与秩序的作用，影响经济发展和社会制度的变迁；对政治组织中个体理念和行为方式的形塑也有着不可替代的重要作用。这为本书基于新时代背景下探寻利益冲突行为选择影响因素，并全面考察和分析正式制度尤其是非正式制度对利益冲突中领导干部行为判断和选择倾向的影响分析提供了可靠的理论借鉴。

三 制度变迁理论

制度变迁理论是新制度主义制度研究的核心范畴，在制度建构理性主义学者眼里，社会制度是由人们理性设计出来的结果；而制度演进理性主义学者却认为制度的形成和演进不是经由理性设计出来的，而是一个自然进化的过程。简要介绍这两者的分析框架，可以更好地理解和启发本书新时代背景下领导干部利益冲突防治中有关制度供给、变迁、实施以及演化的动因和分析过程。

[①] ［美］沃尔特·W. 鲍威尔、保罗·J. 迪马吉奥：《组织分析的新制度主义》，姚伟译，上海人民出版社2008年版，第3页。

[②] Stiglitz J. E., *Formal and Informal Institutions*, Washington: World Bank Inst, 2000.

[③] 费孝通：《乡土中国》，北京大学出版社1998年版，第135—138页。

一方面，制度建构理性主义学者认为人类可以凭借自己的理性，构建出符合理想目标的社会制度或规范秩序。因此，制度是人们按照自己的意愿或偏好，所设计和制定出来的约束人们行动与相互交往的规则、守法程序和行为的道德伦理规范。具体而言，主要包含以下几个方面的理论内涵：一是认为追求潜在利润是制度变迁的根本原因。也就是说，发动制度变迁的动力来自对自身利益、对别人或对社会利益的追求。制度主体经过成本收益的计算分析后，如果当其认为制度创新和实施的预期收益会高于预期成本时，则会呼吁和推动相关利益主体出台一项新的制度安排，反之，则会尽其所能地阻碍新制度的创新或干扰已经出台制度的实施。二是个人、合作团体和政府是制度变迁的重要主体。政府是这三个主体在制度变迁安排中最重要的一个，通常在制度选择和制度变革中处于主动的地位，起着决定性作用。通过确立变迁目标，选择变迁方式，制定变迁方案等途径，实现由制度打破到制度变更再到制度创立的强制性制度变迁过程，推动制度由非均衡向制度均衡的动态演进。[1]其他个人或利益团体一般作为制度接受和贯彻执行者，通常处于被动的地位，起着从属的作用。三是制度形成与变化中的路径具有依赖现象。也就是说制度变迁一旦走上某一好的或坏的既定路径，就会在以后发展过程中沿着过去作出的选择方向得到自我强化。这也意味着，所有现在或未来的制度发展变迁都会受到社会历史文化、制度环境中原有规则以及制度主体自身学习效应等因素影响，可能进入良性的循环轨道得以迅速优化，也可能顺着旧有错误路径"锁定"于无效率状态中停滞不前，这种路径一旦形成便会不断地稳固和增强。[2]

另一方面，与制度建构理性主义变迁理论不同，以哈耶克为代

---

[1] 林毅夫：《关于制度变迁的经济学理论：诱致性变迁与强制性变迁》，上海三联书店、上海人民出版社1994年版，第390—391页。

[2] [美] 道格拉斯·C.诺思：《制度、制度变迁与经济绩效》，刘守英译，上海三联书店1994年版，前言部分。

表的新自由主义者将制度变迁置于其"自发秩序"的框架内,坚持制度演进理性主义的研究路径。他们从人的有限理性出发,认为制度的生成或变迁不是人为的有意识的理性设计和发明的结果,而是无数个体及人群并未明确意识到,在一定的历史文化环境中,他们之间各自行动、互动博弈所形成的自发演化过程的结果,这种"自发秩序"可以理解为,在人们的社会交往过程中经由"试错过程"和"赢者生存"的实践以及"积累性发展"方式而逐渐形成的一种自我生长、自组织的内生秩序。[①] 在这种自生自发型构出来的秩序演化进程中,较为适应社会制度发展需求的规则得以保留,反之,不适应的部分得以修正或淘汰,从而形成一种渐进演化。

综上所述,我们可以发现制度建构理性主义学派强调人在制度设计中的能动作用,而制度演进理性主义则着重突出制度变迁过程中历史和文化环境的重要性。正如马克思主义宏观制度变迁理论给我们的启示一样,人类社会发展是一个不以个人或群体意志为转移的自然的历史过程。而社会制度就是身在其中的人的社会发展实践过程的产物,受到生产力和生产关系这一社会发展规律的制约,从这个意义上,制度是一个自然演进的历史过程。但从另一个角度来看,人类社会的发展又有赖于人的创造性和能动性实践活动的进一步展开,而基于经济基础之上的上层建筑中某些具体制度又是人类对自身社会关系进一步明晰和确定化控制形式的产物,从这个意义上说,它又是理性建构的结果。基于此,研究新时代背景下领导干部利益冲突防治分析中,认为利益冲突防治中的制度安排既是政府机构及其领导干部创新推动和制定设计的结果,也是长期社会交往过程中文化传统积淀和演化形成的产物,也就是说,既有建构的制度,也有演进的制度,是两者协调统一的演进过程。

[①] 唐绍欣:《非正式制度经济学》,山东大学出版社 2010 年版,第 206—210 页。

第二节　美国联邦政府利益冲突防治的实践探索

20世纪50年代以来，随着美国社会财富的急剧积累、政府规模的日益膨胀以及公共决策的权力扩张，发生了一系列如"水门事件"的利益冲突丑闻事件。美国联邦政府逐渐认识到，利益冲突是一种政府官员和雇员等公职人员私人利益足够影响或可能影响其履行公共职责的实际或潜在"情形"。现实政治实践中，由于公职人员自身公私利益边界的模糊性和人性自利动机的倾向性，导致私人利益与其公职所代表的公共利益之间的冲突在所难免，如果不及时加以有效制约就会成为引发腐败行为、公众愤怒和政治分裂的一颗毒瘤。因此，美国联邦政府通过一系列解决和预防"利益冲突"的制度约束设计，以及保障这些制度实施的机制安排，从源头上形成有效阻断腐败发生的制度约束框架，有效化解了公职人员利益冲突矛盾的廉政风险。根据"透明国际"组织发布的"清廉指数排行榜"，美国近十年来一直位于前25名内。一定程度上，美国联邦政府公职人员利益冲突防治的经验为我国现阶段"制度反腐"进程提供了一个可资借鉴或批判性基础上参考的方案。而新制度主义经济学家诺思认为，制度是一个社会的博弈规则，它们是一些人为设计的、形塑人们互动关系的约束，由正式制度、非正式制度及其实施机制构成。因此，本书一方面梳理和分析了美国联邦政府公职人员利益冲突的正式制度和非正式制度约束框架，另一方面归纳阐述了保障双重制度约束有序高效执行的实施机制，希望引发新时代我国全面深化改革背景下对领导干部利益冲突制度约束建设的反思，推进我国腐败治理的法治与道德进程。

一　美国联邦政府利益冲突的正式制度约束

正式制度是指人们有意识建立并以正式形式加以确定的明文规则，如各种成文的法律、法规、规章和契约等，它们共同规制和约束着人们的行为。[①] 20 世纪 70 年代以来，美国为解决层出不穷的利益冲突丑闻现象，在联邦政府层面确立并安排了一套严密的公职人员利益冲突正式制度约束，主要包括一部注重震慑利益冲突犯罪行为的刑事法律《美国法典》，两部注重预防利益冲突行为发生的伦理法规《政府道德法》和《1989 年道德改革法》，以及一部明晰指导利益冲突风险领域利益选择的行为准则《行政部门雇员道德行为准则》[②]，最终构建起一套识别和威慑公职人员利益冲突的刚性约束篱栅（见表 4.1）。

表 4.1　美国联邦政府规制公职人员利益冲突的主要正式制度

正式制度约束	颁布时间	主要法案名称	对利益冲突行为的规制
刑事法律	1962	《美国法典·刑事利益冲突卷》	明晰从事有损政府事务罪，非法收受报酬、薪酬罪，以权谋私罪等利益冲突犯罪行为，若触犯将被判处 1 年或 5 年内徒刑或罚款或并罚
伦理法规	1978 1989	《政府道德法》 《1989 年道德改革法》	建立财产申报制度，提前揭露可能存在的利益冲突；建立特别检察官制度，独立调查和起诉高级官员违法失职行为；完善离职活动限制等
实施准则	1992	《行政部门雇员道德行为准则》	严控礼品收受行为、回避引起质疑的财务经济利益、严格限制介入外部活动等利益冲突行为，对重点风险领域"精准"防治

1. 健全震慑利益冲突犯罪行为的刑事法律

美国是西方国家中较早将公职人员利益冲突犯罪行为明确写入

[①] 卢现祥：《新制度经济学》，武汉大学出版社 2011 年版。
[②] 《美国政府道德法、1989 年道德改革法、行政部门雇员道德行为准则》，蒋娜、张永久等译，中国方正出版社 2013 年版，第 5—6 页。

刑事法规的国家之一。从1853年国会颁布一项法律禁止联邦政府议员和雇员为美国南北战争时期的赔偿起诉问题提供私人帮助，到1962年《美国法典》第18编"贿赂、贪腐和利益冲突"章节中专门对"利益冲突"犯罪行为及其处罚做了详细规定，筑起了一道威慑警戒的高压红线。在这部法律中主要明晰了：一是实施有损公共事务罪。第204条、第205条和第207条分别严厉禁止国会议员在美国联邦索赔法院或联邦巡回上诉院从事法律业务，官员和雇员协助针对美国的索赔诉讼接受任何报酬，以及前政府官员或雇员试图在离任限制期限内就某一特别事务对任何部门公职人员施加影响。二是非法收受报酬及薪酬罪。第203条既不允许国会议员、官员从事代理服务直接或间接地索取报酬，也不允许其他人向他们许诺或提供代理报酬。第209条还规定一般情况下不允许公职人员从美国政府以外的来源收取任何薪水、捐款或补偿金作为工作报酬，其他人也不能以任何方式对其补贴薪水。三是以权谋私罪。第208条不允许以公职人员身份通过决策、批准等任何方式，亲自并实质性参与同自己配偶、未成年子女以及合作伙伴的组织等有关影响个人财务利益的特别事项。第210条和第211条既禁止公职人员提供任命到政府办公室工作的机会，也不准他人接受或者寻求获得任命官职的行为。四是规定了强制惩处办法。凡是触犯上述利益冲突犯罪行为条款的，都将处1年内监禁或判处罚金或两者并罚，对于蓄意犯罪的处5年内监禁或判处罚金或两者并罚，并且为提高震慑力，还规定司法部长对违法行为可以提起民事诉讼，这些处罚可以与其他法律法规的处罚同时进行。①

2. 颁布预防利益冲突逾矩行为的伦理法规

到20世纪70年代末，美国转向事前预防的制度设计理念，掀起了从政道德的法制化进程，1978年出台第一部专门性伦理法规

---

① Dunathan A. F. and Sanghvi N. A., "Federal Criminal Conflict of Interest", American Criminal Law Review, Vol. 38, No. 3, 2001, pp. 733-776.

《政府道德法》，之后又通过《1989年道德改革法》将国会议员也进一步纳入了规制范围，旨在帮助联邦政府变成一个公开的、诚实的、不为利益冲突困扰的政府。这一伦理法规体系中主要包含的亮点有：一是建立财产申报制度，提前揭露公职人员的财务经济利益。要求包括总统、副总统在内的政府高级官员，在就职前30天以内以及离职时，都要向公众公开涵盖本人、配偶和子女的财产及收入、买卖交易、股票、债务等财务具体来源、数量及属性状况。某些涉及敏感领域的中层官员财务状况虽不需向公众公开但必须向主管部门秘密报告。对报告显示的潜在可能俘获和侵害公共利益的私人财务经济利益，要求合理采取资产剥离、自动放弃或自愿信托等方式予以资产处理，提前规避以权谋私风险。二是建立特别检察官制度，独立调查和起诉高级官员的违法失职行为。当司法部长在结束初步调查时发现事项需进一步调查或控告，或超过90日因缺少事实依据未完成的，应当任命一名独立于立法、行政、司法系统之外的特别检察官继续调查，无充分理由不得撤换。其职权包括：享有独立行使所有调查和诉讼权；向任一联邦法院提出证人豁免或传唤权；有权安排人员及发放必要补贴的组织人事权等。如今它由司法部法规取代，继续在调查高级公职人员的敏感案件中发挥着不可替代的作用。三是进一步限制公职人员离职后的"旋转门"行为。对《美国法典》中的离职限制条款进行了修订，针对离职后的前政府部门公职人员，永久限制其代理特殊事宜，两年限制其前职责范围内的特定事宜，以及一年限制其协助或咨询行为。还限制离职后重新就业的问题，禁止前联邦高级官员在离职后一年内，以代表私人团体游说其工作过的前政府部门或与其签订合同。①

3. 出台规避利益冲突风险行为的实施细则

到20世纪90年代，美国联邦政府立法、行政和司法各部门依

---

① Stark A. ed., *Conflict of Interest in American Public Life*, Cambridge: Harvard University Press, 2000.

照上述伦理法律体系制定了相关配套的法规及其实施细则。其中，最重要也是最具代表性的当属1992年政府道德办公室颁布的《行政部门雇员道德行为准则》，内容翔实具体地囊括了一系列易发生利益冲突的行为限制，并附有更易执行的大量司法判例，形成对重点风险领域"精准"防治的行为导向。这些行为限制主要包括：一是严控礼品收受行为。除了每次不超过20美元，同一途径历年总额不超过50美元等例外情形，禁止雇员利用其公职身份从被禁止的来源索取或收受外来礼物。除了总价值低于10美元的非现金物品、办公室分享食物与饮料等特殊非频发的类似例外情形，禁止雇员之间向上级赠送或接受下属赠送的礼物。二是回避引起质疑的财务经济利益。雇员在未授权情况下，应回避参加对自己或其利害关系人的财务利益，产生直接或可预期影响受益的特定活动；同时，政府雇员以及他的配偶和未成年子女也不能取得或持有那些被认定将引起社会公众对其公正性和客观性产生质疑的财务利益。例如，联邦通信委员会禁止他们的员工在任何公司拥有从事广播或电信通信的股票。[①] 三是严格限制介入政府外部活动。在未获得事先批准的情况下，雇员不得介入与其公职有冲突的外部就业或任何其他活动。无论有没有报酬，雇员都不得作为专家证人参加实质性利益诉讼、不得从政府以外的任何来源获得与其公职有关的教学、演讲或写作的报酬。部分高级非职业性的雇员可以获得不超过其年度基本工资15%的外部收入，但不可以涉及信托关系、受雇于担任任何协会董事会董事等职业。此外，还对寻求兼职、滥用职权等风险行为作出了规定。

总之，虽然本书无法全部罗列并完全详述美国联邦层面的所有利益冲突相关法条，但毋庸置疑的是美国联邦政府通过出台并不断完善这一系列正式法规制度框架，为公职人员可能面临或已经发生的利益冲突行为设定了明确限制，这种法律强制威慑力有效地约束

---

① Chapman B. C., "Conflict of Interest and Corruption in the States", Ann Arbor: Southern Illinois University at Carbondale, 2014.

了 20 世纪后半叶以来频发的利益冲突政治丑闻。

二 美国联邦政府利益冲突的非正式制度约束

新制度主义经济学派认为，即使在现代社会，正式制度约束也只占整个约束的一小部分，人们生活的大部分空间仍然由非正式规则来约束。非正式制度主要包含传统文化、精神价值、伦理道德、风俗习惯等要素，它与正式制度相互影响、相互支持和相互转化，共同组成约束组织和个人行为的制度环境。① 自 20 世纪 50 年代以来，美国社会围绕利益冲突防治的腐败治理进程也伴随着非正式制度各要素的建设及渐进变迁，积淀起凝聚利益冲突改革共识的社会生态文化，重塑了追求维护并增进社会利益的组织公共精神，培育出自觉认同并遵循正式制度规范的个人伦理道德，形塑起一道（见图 4.1）与正式制度约束相契合并内在规约公职人员利益冲突心理和行为倾向的柔性约束防线。

1. 积淀凝聚利益冲突改革共识的社会生态文化

非正式制度中的社会生态文化是制度之母，它通过长期积累沉淀为社会个体或群体提供共同享有的认知或规范，影响整个政治生态环境、社会舆论导向与个人价值取向，进而影响制度变迁的进程和方向。② 随着 20 世纪初美国进步主义运动的推进，整个社会逐渐积淀出一股推动利益冲突制度改革的文化共识。首先，通过领导改革决心和魄力，引领清正廉洁的组织氛围。从罗斯福到里根、布什等美国总统，以铁腕反腐的政治改革形象，大刀阔斧地将改革触及类似邮政部等利益冲突严重的关键领域，并引领推动全美各州的利益冲突防治改革。包括总统在内的高级政治领袖依法申报财产，向公职人员示范了符合公正廉洁的国家行为、决议和程序。这种被大

---

① ［美］道格拉斯·C. 诺思：《制度、制度变迁与经济绩效》，杭行译，格致出版社 2008 年版。

② Williamson C. R., "Informal Institutions Rule: Institutional Arrangements and Economic Performance", *Public Choice*, Vol. 139, No. 3 – 4, 2009, pp. 371 – 387.

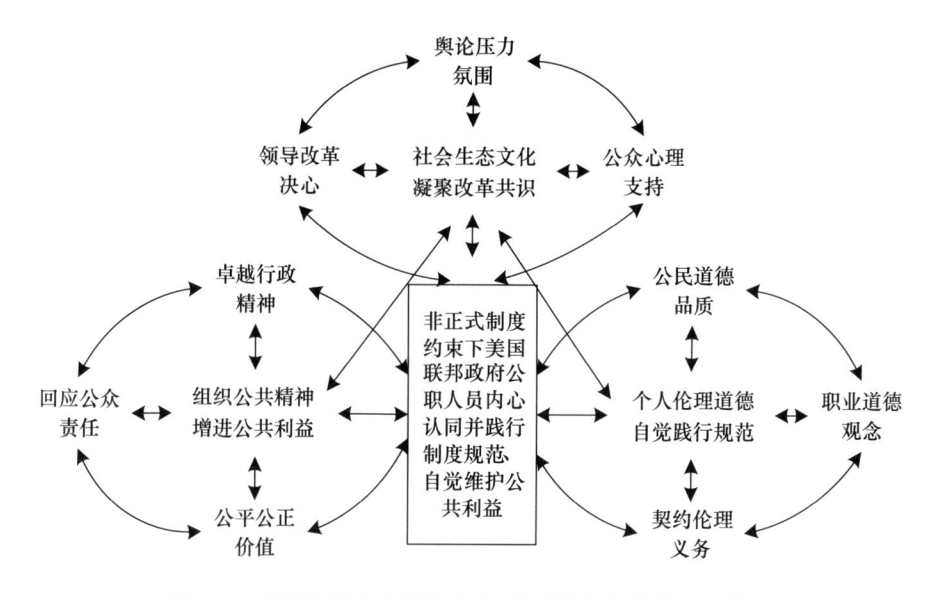

图4.1 美国联邦政府形塑与正式制度相契合的非正式制度

多数人认可及模仿的道德典范感召力，在组织内引领和塑造了一股共同遵守廉政价值观念和诚信行为的政治风气。其次，通过新闻揭露和舆论抵制，营造"零容忍"的社会压力环境。美国社会无法忍受政府的贪婪与腐败，连总统等高级领袖也不例外，媒体无孔不入地刺探官员以权谋私行径，通过舆论在社会各个层面创设一种社会褒贬评价，崇尚公共服务和公共利益，贬斥以权谋私、离职后游说等利益冲突行为，形成舆论批判和谴责的耻感压力氛围，从而引导树立"重契约、守诚信"的社会风尚。① 最后，公众的廉政观念觉醒，形成对利益冲突改革的心理支持。随着一系列政治丑闻报道的曝光，公众意识到国家法律秩序、民主精神价值以及公民权利不断受到威胁。他们对公职人员利用公职以权谋私的利益冲突行为疾恶如仇，强烈要求财务利益公开化、公共决策透明化，加快预防公职人员渎职的改革呼声日益高涨，全社会对推动利益冲突正式制度约

---

① 张深远、张惠康：《美国财产申报制度的文化依托》，《理论探索》2014年第1期。

束的出台并朝着治理绩效正效应方向演进的改革达成一致共识。

2. 重塑追求维护并增进社会利益的组织公共精神

非正式制度中的组织公共精神意味着组织成员按公共理性的要求合理运用公共权力，使之回归到维护和实现社会公共利益的责任担当。20世纪60年代美国联邦政府启动了以"重塑政府"为核心的新公共管理运动，到2000年又伴随着新公共服务理论的兴起，它们所强调的行政精神和责任使命，久而久之促使公职人员养成理性优先并自觉维护公共利益的行为习惯。首先，追求卓越的行政精神，驱动公职人员高效兑现维护组织公共利益的目标。联邦政府为逾越韦伯科层式管理体制下追求个人或部门利益的官僚主义作风，引入"企业管理"理念，强调效率优先，向市场和社会组织下放权力，压缩公职人员以权谋私的寻租空间。并且这种"务实、行动、实效、进取"的美国实用主义精神，融入"学习型组织"建设中，提供无缝隙、扁平化的社会公共服务，以更高服务质量效率实现组织公共利益。其次，回应公众的责任使命，驱动公职人员积极兑现公共服务承诺。明确政府是"掌舵"而非"划桨"的角色定位，要求政府雇员保持公共服务中以"公民满意"为宗旨，关注社会价值，建立真诚的公共协商对话，公正、不偏私地及时回应并帮助公众实现对公共产品的诉求。最后，公平公正的价值追求，驱动公职人员致力于增进社会整体福利。要求公职人员在面临私人利益可能影响或俘获公共决策时，以促进社会公正作为决策制定的价值坐标，以确保个体权益得到公正一致性的平等对待，使公共决策实现增进社会整体福利的价值归宿。例如，旨在促进和提升行政人员专业精神的美国公共行政协会，首先就要求成员回避部门和个人利益，尽职尽责、公正客观地合理行使自由裁量权，作出那些可能不受利益集团欢迎却对公众最佳利益的政策决定，致力于实现权力委托人的合法合理权益。[1]

---

[1] [美]特里·L.库珀：《行政伦理学：实现行政责任的途径》，张秀琴译，中国人民大学出版社2001年版。

3. 培育自觉认同并践行制度规范的个人伦理道德

非正式制度中的个人伦理道德是调节公职人员利益冲突行为倾向时所依据的道德观念和伦理要求。20世纪70年代末，美国联邦政府掀起了一场行政伦理改革运动，不仅制定了前面所述的伦理法规，而且鼓励和培育公职人员内在的伦理道德，实现了法制他律与道德自律刚柔相济。首先，公职人员自身公民道德品质，激发其积极维护公共利益。美国政府通过对官员德才兼备、个人诚信等公民角色的素质考核，以及社区和宗教的传统影响，激发公职人员的横向参与意识、公共利益意识、公民教育意识和社区意识等公民道德品质，使公职人员积极履行参与维护社会公共利益事务的公民角色义务。其次，以诚实和正义为核心的道德观念内化为自觉认同公共利益优先的价值判断。诚如蒙哥马利·范瓦特所认为的，"公职人员所具有的正义感可以带来强烈的社会责任心，表现出信仰和行动的一致"[1]。可以说，诚实和正义是指导着联邦政府工作人员以公平、公正方式实现个人利益需求，以诚实正义提升个人价值的伦理准则。美国公共行政协会就要求公共管理者必须坚持信任与诚实，不因追求成就、荣誉或个人利益而动摇，保证自己的工作能够得到他人信任，等等。最后，恪守法规的伦理义务外化为自觉践行制度规范的行为。美国类似《行政部门雇员道德行为准则》的诸多法律，都会明确公职人员应当将宪法、法律和道德规范的忠诚置于个人利益之上；不得有与恪尽职守相冲突的财务利益；应当向当局揭发滥用职权和贪污腐败行为等伦理义务。它们以尊重法律权威和践行责任承诺的契约法理精神为核心，渐渐形成主动施加约束的法律信仰，以及自觉遵循维护公共利益法治秩序的守法信念。

总之，在公私利益冲突的道德困境中，公职人员究竟是选择公共利益还是选择私人利益，不仅仅是正式制度制约的结果，同时也

---

[1] Mafunisa M. J., "Conflict of Interest: Ethical Dilemma In Politics And Administration", *South African Journal of Labour Relations*, No. 4, 2004.

是公职人员内心价值观念驱使的选择。美国联邦政府通过非正式制度建设加以伦理关怀，引发公平正义的公共精神思考，引导公职人员形成内心认同并自觉遵从正式规则的价值偏好，依靠内在的自觉性保证廉洁从政要求。

三 美国联邦政府利益冲突制度协同的实施机制

可以说，正式制度和非正式制度能否有效发挥行为约束作用，还有赖于保障它们贯彻执行的系列配套实施机制，否则将出现有法不依、有令不行等制度锁定和制度冲突问题。[①] 美国联邦政府除了建立起上述健全的制度约束框架，还通过组织保障机制确保强制执行正式制度，教育培训机制激励自我实施非正式制度约束，以及监督惩戒机制提升正式与非正式制度执行效度和约束效力，实现制度之间的相互融合与相互强化。

1. 健全确保利益冲突正式制度强制执行的组织保障机制

可以说，如果没有健全的组织基础确保正式制度贯彻实施，制度只会形同虚设，很难发挥其制度刚性约束功效。美国联邦政府利益冲突正式制度约束体系的执行职责，分散到立法、行政和司法的各系统部门机构之中，既分工明确、各有侧重，又相互制衡、互相配合。具体来说大致分为两大类：第一类是，健全联邦刑事调查和起诉机构确保刑事法律实施。一般情况，在公职人员利益冲突犯罪案件的审查过程中，政府道德办公室如果发现有违纪举报或线索，会交给各部门和各独立机构监察长办公室，监督调查本部门公务员的欺诈、滥用职权等利益冲突行为，涉嫌刑事犯罪的移送司法部，司法部可以指派特别检察官进一步发起跨部门独立调查和起诉，联邦调查局负责专职调查包括总统在内危害国家安全和公共利益的机构和官员，最后法院负责司法判决工作。这种权力执行体系，有利

---

① ［美］道格拉斯·C. 诺思：《制度、制度变迁与经济绩效》，杭行译，格致出版社 2008 年版。

于保证赋予各部门独立的执法能力,遵照相关程序规定,互不干扰并互相牵制,避免出现集体不作为或互相推诿的现象,是凸显制度刚性权威,发挥事后制裁和惩治功能的重要保障。第二类是,成立专门伦理管理机构确保伦理法规及其行为准则执行。包括政府道德办公室、参议院道德委员会和众议院道德委员会等在内的这些机构,侧重事前预防,制定、实施并帮助公职人员理解相关道德行为准则。其中,最重要的是直接向总统和国会负责的政府道德办公室,在行政系统各部门都得任命一名"指派的政府道德官",专职审查财务公开报告和开展伦理教育,对伦理法规与道德计划的执行情况进行全面的定期检查,并对其进行评价,形成了一套自动纠错机制,可建议采取进一步合适的立法行动。[①]

2. 重视激励利益冲突非正式制度自我实施的教育培训机制

一般来说,由于非正式制度具有渐进性、缓慢性演进的变迁特征,容易形成滞后正式制度变迁的"路径依赖",因此,通过外在激励机制促进生成新的制度支持观念、认同意识和行为习惯尤为重要。美国联邦政府道德办公室主要通过教育培训与伦理咨询等方式,激励公职人员公正廉洁的内在自觉性和自我约束力。一方面,通过廉政教育培训提高公职人员的从政道德自律水平。政府道德办公室下属的教育处,每次历时三个半小时,由管理分析员和律师通过讲课、音像教学、网络互动、情境案例分析等形式,主要对行政系统各部门负责制订、执行、监督道德培训计划的政府道德官员,进行有关行为准则和利益冲突法方面的教育培训,这样确保行政系统其他近500万公职人员也可以接受高质量的道德教育。这种长期的法制观、价值观和利益观教育,可以激励和培养公职人员的廉政意识与公平正义的价值取向,引导公职人员内心自觉维护公共利益。政府道德

[①] Robert R. N. and Doss M. T., "Public Service and Private Hospitality: A Case Study in Federal Conflict of Interest Reform", *Public Administration Review*, Vol. 52, No. 3, 1992, pp. 260-263.

办公室的一项截面调查评估也显示，接受了培训的员工，具备更加伦理自主的行政人格，以及依法行政的职业素养。另一方面，通过伦理咨询引导正确的道德行为倾向。美国联邦政府道德办公室通过出版《政府道德通讯》及《利益冲突与政府就业》等其他宣传资料，为公职人员利益冲突行为选择提供行动参考。① 并且还鼓励他们在面临模糊不清、存在争议或无明文界定的利益冲突困境时，向机构专职道德官员寻求援助，协助认识并避免不道德的行为，从而引导形成公共利益优先选择的正确道德行为倾向。另外，公职人员如果采用咨询建议而最后是错的也不会为此承担责任和遭遇惩罚。

3. 强化促进利益冲突正式制度与非正式制度相容的监督惩戒机制

毫无疑问，完善有力的监督惩处制约机制是提高利益冲突正式或非正式制度执行力度的根本保证。美国联邦政府注重对利益冲突正式制度强制执行与非正式制度自我实施情况加强监督管理，对有法不依、执法不严的执行乏力现象和非理性私人利益偏好的消极思想加以惩戒。一方面，通过多元监督提升正式制度执行力与非正式制度驱动力。美国联邦政府内部隶属于国会的非党派独立机构政府责任局，负责检查整个联邦政府的执法工作表现，根据实施情况推动国会采取大量新的立法行动。督察长办公室通过独立审计调查，向总统廉正和效率委员会汇报，促进政府廉洁，提高政府制度实施效益。政府外部称为"第四权力"的新闻媒体，坚持正义，不断揭露和曝光公职人员的违法失职、以权谋私等丑闻，大量如"公共廉政中心"等非营利组织和公民在《吹口哨人保护法》下也有着强烈监督公共服务水平和检举政府服务质量的责任使命，对正式法规的执行情况和非正式文化道德约束情况形成舆论压力和社会动力。另一方面，通过严刑惩戒增加正式制度违背成本，消减非正式制度滞

---

① 马国泉：《行政伦理：美国的理论与实践》，复旦大学出版社 2006 年版，第 110 页。

后要素。前文提到《刑事利益冲突法》明确了多种利益冲突犯罪行为，分别处以不同的监禁及罚金。《政府道德法》对于违反财产申报者将提起民事诉讼，严重的还可提出刑事诉讼，判处最高25万美元的罚款或5年监禁。《行政部门雇员道德行为准则》则严格实行责任追究制度，详细规定辞退、罢免等行政纪律处分。可以看出，美国联邦政府通过严肃且周密的刑事处罚、经济罚款、行政处分还有道德惩处等手段，加大政治与经济违法成本，严厉惩治不认真、规避或虚假执行制度的情况，以此打消公职人员利益冲突侥幸心理，使公职人员基于守法收益提升的自利考量，形成自觉遵循正式法规的非正式制度观念和心理。

总之，由于美国联邦政府的利益冲突正式制度约束本身就是依据一定的伦理价值、道德目标等而设定的，对人的行为具有导向和形塑作用，随着组织机构的强制执行及保障落实，也深刻地影响着利益冲突非正式制度要素的演变，逐步形成新的文化传统、新的伦理道德和新的行为习惯，两者相互影响和相互转化。又通过教育培训的引导促进形成公职人员观念认同、习惯遵守和伦理配合的内在自觉性，反过来又促进正式制度的变更、替代以及实施变迁，两者相互支持和相互促进。最后通过有力的监督惩处创设了促进正式与非正式制度相容制约的制度环境，两者协作合力共同提升了利益冲突约束绩效。

第三节　国外公职人员利益冲突防治的实践经验

国际社会普遍认为，利益冲突是产生腐败的重要根源，防治利益冲突有助于从源头阻断以权谋私的通道。防治利益冲突是一项系统的、复杂的综合性工程，世界各国由于基本国情、政治制度、历史传统等差异，发生利益冲突的原因也不尽相同，各国根据本国的国情在可能发生的利益冲突的全过程都进行了丰富的探索,形成了相对成熟的制度设计和立法实践,积累了相当丰富的公职人员利益冲突防治经验。总的来看,在各国利益冲突的防治实践中,主要集中在伦理约束、制度预防以及严刑惩戒三个方面。伦理约束和制度预防主要起到的是"防"的作用,严刑惩戒主要起到的是"治"的作用。他山之石,可以攻玉,梳理各国利益冲突防治的经验能为新时代我国领导干部利益冲突防治和反腐倡廉建设提供有益借鉴。

一　以实施道德工程基础战略引导树立核心伦理价值

道德伦理约束是防治利益冲突的基础和前提。世界各国防治利益冲突的举措中都十分注重行政人员的道德伦理文化建设,通过教育宣传、价值引导甚至制度化建设,使得公职人员在公共组织系统内自觉形成防治利益冲突的公共伦理文化,为防治利益冲突营造良好的政治文化环境。其中最具代表性的就是OECD成员国对于行政伦理的重视。20世纪下半叶以来,OECD国家为防治利益冲突以公共伦理建设为切入点,探索出较为丰富的伦理干预方法和手段,并形成了引导、管理和控制三个防治利益冲突的公共伦理建设工程体系。

首先,就是通过灌输教育进行价值引导,帮助国家公职人员树立正确的核心伦理价值,引导公职人员提高主观责任意识,增强其主观责任感。并通过教育培训进行伦理干预,将这些价值观内化为公职人员的自觉行动。其中最为典型的就是德国。德国是一个十分重视教育的国家,对于公职人员宣传教育和防范力度很大,始终坚持行政道德教育。一方面,各级各部门领导干部出于对本级、本部门的声誉考虑经常自发向下属员工宣传有关的法律法规,宣传"防止利益冲突"的内容要求,引导其真正认识到利益冲突是导致腐败的重要根源;另一方面,十分重视岗位培训,公务员从任职之日起,就要求接受岗位腐败风险教育,轮岗后还要再培训。这些举措对利益冲突起到很好的预防作用。日本也非常注重对公职人员的伦理教育、职业道德培训，培养奉公守法的廉洁文化，强调通过内在教育和观念的改变树立公职人员价值取向。同时，日本还通过扩大廉政教育受众，将廉政教育的受众范围从公职人员扩大到整个社会，将廉政文化提升到社会公知的地位。基于其高度强调公私有别、遵守服从的道德传统和秩序观念，日本公民认为腐败就是对其社会道德和公共秩序的公然践踏，这样就形成了整个社会对于每一个贪公谋私的公职人员的谴责与孤立，进而形成廉洁奉公的社会政治文化氛围，为防治利益冲突营造出清正廉洁的社会政治文化环境。其次，以专门伦理机构的成立和授权为标志加强管理，这些机构承担着咨询顾问、监督巡查和沟通协调利益冲突的职能。如美国的"政府道德署"、日本的"国家公共服务委员会"、加拿大的"行政伦理咨询专家局"等。最后，控制则是将伦理要求上升为法律规范，将行政道德制度化，以法济德，从而规范公职人员在利益冲突情境下的行为选择。日本通过道德法制化实现对公职人员的价值引导，从而更有效地预防利益冲突的发生。其中，行政伦理、政治家伦理等伦理法和伦理规程是日本制定的重要廉洁法规。其将现代西方民主、法制、自由等政治思想与以"和、信、忠、诚、礼"为核心内容的传统伦理相结合，通过"忠孝为本"思想培养公职人员忠于国家、忠于人民，通过提高公职人员个人修养和内省精神，培养自律、自省、谦和、宽容的心态等。还将行政伦理道德与法有机结合，注重公职人员的道德建设，强化人本主义，切实提高公职人员的道德水准，专门制定了《国家公务员伦理法》《国家公务员伦理规程》等，对公务员提出了更高的道德要求。

通过引导、管理和控制这三大公共伦理建设防治利益冲突的工程体系，OECD成员国根据本国情况采取相应的措施，有效地将教育、文化、立法和伦理等内容融为一体，提高了针对性和可操作性，为防治利益冲突打下了良好的思想基础，营造出清正廉洁的政治文化环境。

二 以健全法规制度重要战略阻隔压缩以权谋私空间

制度是确定利益界限的基本依据，也是压缩利益冲突的重要保障。虽说道德约束是防治利益冲突的基础，但是伦理道德只是一种抽象的软约束，只有通过合理的制度安排，将抽象的软约束转化为具体的严要求，才能使利益冲突防治机制发挥最大的效用。

对于防治利益冲突问题，首先要明晰公私，划清禁区，域外立法都在总则中从利益冲突的公职人员、利益范围、基本原则等方面对利益冲突的相关概念作出清晰的界定。加拿大《利益冲突法》在立法之前就先对"专员""普通法伴侣""非独生子女""前报告公职人员""礼物或其他利益""个人利益"等"利益冲突"的相关概念进行清晰的界定，明确划分公共利益和个人利益，规定了公职人员的利益禁区。[①] 德国《基本法》进一步对公务员选聘和岗位职责定位作了明确的规定：公务员的选聘需经过一个严格程序，其中一个必经的环节就是对应聘者作专门提示，明确告诫其所在岗位能干什么、不能干什么，追求的哪些利益是正当利益、哪些是不正当利益，使得每个公务员都对自己所从事的岗位有较为明确的认识。

同时国际社会普遍认为"防病胜于治病"。域外立法都强调预防，许多国家都把健全预防性配套机制作为防治利益冲突的重中之重，从财产申报、利益回避、利益处置、限制兼职、离职后从业限制等管理性制度方面对公职人员提出相应的法律限制。但是，不同国家根据自身的基本国情对于各项制度的具体规定各有偏重，接下来通过比较来汲取各国关于利益冲突防治立法的有益经验。

关于财产申报制度，世界各国普遍对财产申报作了严格的规定。其主要是为了避免有可能出现的利益冲突情况，要求公职人员根据一定的申报程序向部门首长或专门机构汇报自己以及配偶子女的财

---

① 中央纪委法规室、监察部法规司：《国外防治腐败与公职人员财产申报法律选编》，中国方正出版社2012年版，第277—279页。

产。1883年，英国议会通过了《净化选举，防止腐败法》，建立起世界上最早的官员财产申报制度。土耳其的《财产申报与反贿赂腐败法》明确对财产申报、申报时间、申报更新、接受部门以及申报秘密性等方面作了严格的规定。日本对于财产申报的对象限定在担任特殊职责的公务员，如内阁官员、议员等政务官范围，不要求普通公务员财产公示。2001年日本内阁会议通过的"大臣规范"，要求大臣就任和离任时公布包括配偶、子女在内的所有家庭成员的资产状况。另外，日本内阁官员、议员每年进行财产申报，公布持有的定期存款、房产、股票等信息。

关于利益回避制度，为了减少用公共权力谋取私人利益的机会，普遍要求政府公职人员应避免处理与自己个人、亲属等利益挂钩的公职行为。加拿大《利益冲突法》明确要求公职机构负责人退出会将其置于利益冲突事务的决议、辩论或投票活动。美国《利益冲突法》明确规定，任何政府官员或雇员都不得故意亲自或实质上参与同自己有着财产利益的特别事项，甚至要求政府公职人员必须作出书面保证，保证自己在工作中如果遇到涉及自己股份利益的事务时，就不再参与这项工作。德国《联邦公务法》对公务员回避制度有更为严格的规定，其要求由政治公职转向公务员岗位时，必须经过3年考察等待期，以避免政党的派别倾向影响造成利益冲突。在公职人员正式掌握权力之后，无论是为党派、自己还是亲朋好友用公共权力谋取私人利益，都会受到严格的限制。对容易产生利益冲突的内政、建设、财政、规划等部门实行岗位轮换制度，使得利益冲突的机会大为减少。

关于利益处置制度，各国为防治利益冲突不同程度地建立起礼品、赞助和捐赠等利益处置制度，明晰操作范围，防止公务人员利用职务捞取好处。关于利益处置主要采取两种手段，一种是公开，另一种是限制。日本采取花费公开制度，要求助理科长及以上职位的官员接受任何法人机构的现金、礼物、请客邀请、酬金等，每次超过5000日元时，必须向各部门或者机构的负责人汇报，并采取苟刻的官员报销制度，改变了日本的送礼请客不良文化，打击了贪污腐败行为。德国公务人员接受小礼品不受限制，但《刑法》对公务人员接受礼品馈赠的行为一般以5欧元为限，5欧元以上即为受贿。也有的地方法规规定一年受礼不能超过25—30欧元，现金和酒类不能接受。

关于从业限制制度，不同国家有不同的态度，以日本为代表的一部分国家禁止政府官员从事除政府职务之外的营利性社会兼职。以德国为代表的国家允许公务员有限制的兼职行为。《联邦公务员兼职法》对公务员兼职进行限制，明令禁止一切能够妨碍主职业务、有可能给主职业务构成冲突、与主职业务领域相同、有损公共管理机构形象的兼职行为。除此之外，还规定了兼职必须向领导报告。规定了兼职收入的额度，超额的部分或者利用了公职便利的部分必须上缴，如果在兼职中用了单位的汽车、电脑、文件印制设备等，必须按规定交费。这样就有效地避免了公职人员利用职务、职称、公共设施等谋取私人利益。

关于离职后从业限制制度，早在1946年，法国就制定了《法国公务员总章程》，规定任何已退职的公务员离职5年后才可到私营企业工作、咨询或参与资本活动。加拿大《公务员利益冲突与离职后行为准则》要求政府公务人员在离职后一段时间内不得利用以前职位和关系捞取个人好处。日本《国家公务员伦理法》规定公职人员离职后2年内，不得在与自身曾任职部门有密切关系的企业任职。针对高官离职后存在的弊端，2007年《国家公务员法》修正案提出禁止政府部门为高级官员退职后的再就职进行不正当斡旋。

除此之外，近些年来许多国家和地区为防治利益冲突以及反腐败，重视权力行使全过程的监督，并扩大监督主体，鼓励保护投诉举报者。中国香港就建立健全保护投诉举报者的法律制度，鼓励群众以零容忍的态度对待身边的腐败，从而有利于形成腐败行为全民讨伐的社会风气。

三 以严厉监督惩戒关键战略减少利益冲突腐败发生机会

严刑惩戒是遏制利益冲突滑入腐败的重要举措,也是防治利益冲突的最后防线。根据成本—收益的反腐败原理,加大严刑惩戒力度是增加利益冲突腐败成本,减少利益冲突腐败收益的重要手段,这样一来,将防治利益冲突与严肃惩戒有机结合形成防治利益冲突惩戒机制,不但可以维护社会公平正义,而且在一定程度上对政府公职人员具有一定的警示、教育作用。

第一,建立防治利益冲突的专门监督机构。美国、法国、爱尔兰、日本、加拿大、德国等国家都设立了防治利益冲突和反腐败的专门监督机构,细化职能、权限和运作程序,为防治利益冲突滑向腐败提供了组织保障。德国《联邦政府关于在联邦行政机构防范腐败行为的条例》要求,各级行政机关、企业单位都要设立反腐败专员,对机关人员提供防治腐败咨询,监督机关人员行为,向上级报告有关情况、提出预防措施,参与培训指导等。各单位还设立了外部反腐败仲裁人,仲裁人负责从匿名举报或有关信息中提取相关信息,对有可能涉及腐败的信息,转交给相关政府部门或者检察院处理,通过内外两个渠道对利益冲突进行监督。

第二,加大经济处罚力度,增加利益冲突腐败的成本。乌克兰《预防和惩治腐败法》规定,由于腐败给国家造成的损失应按法律规定的程序予以赔偿,因腐败违法行为而签订的合同无效;因腐败违法行为所获得的资金和财产,按照法律规定应予没收;非法所得的服务和优惠,则从国际利益考虑予以追偿。德国法律对于利益冲突腐败行为规定的经济责任赔偿往往是违法违规金额的数倍,出现问题将会倾家荡产,有效地避免了一大部分人铤而走险。《美国法典》也规定了任何政府官员或雇员违反利益回避制度行为,可处以最高25万美元的罚款或接受其他形式处罚。

第三,加大刑法惩罚力度。很多国家在完善利益冲突防治的伦理立法和管理性法规的同时,还十分重视完善相应的刑法法典,对利益冲突腐败犯罪处以较为严厉的刑罚。美国的《利益冲突法》就是一部刑事法律，针对各种利益冲突行为都作了相应的刑事处罚。印度尼西亚的《肃清贪污罪行法令修正案》，规定当给予公务员或国家行政人员的每笔特别酬金是与其职务有关，并且违反其职责或义务的，当被认定为利益冲突腐败行为的公务员和国家行政人员，可判其终身监禁或入狱最短 4 年，最长 20 年，最低罚金 2 亿印尼盾，最高罚金 10 亿印尼盾。

  总的来看，世界各国在利益冲突防治上基本上都是运用以上三大战略对利益冲突腐败进行防治。首先，以公共伦理道德建设为基础性战略，通过道德伦理建设，树立核心伦理价值观，在全社会形成反对利益冲突腐败的社会风气和行为自觉，从而营造风清气正的社会政治生活环境。其次，在伦理道德约束乏力的情况下，完善利益冲突相关制度建设便成为利益冲突防治的重要战略，最大限度地弥补伦理道德软约束的不足，对利益冲突腐败进行制度预防，企图将利益冲突空间压缩到最小。最后，在利益冲突腐败行为易发多发高发的情况下，严刑惩治便成为利益冲突防治的关键战略，不断增加利益冲突腐败成本。这样，通过"软硬约束"的"防"和"严刑惩治"的"治"双管齐下，达到"标本兼治"，最大限度地避免利益冲突腐败的发生。

第五章

新时代领导干部利益冲突防治的正式制度体系构建

健全新时代领导干部利益冲突防治制度，本质上就是防止公权力在运行中与私利发生冲突，从而避免以权谋私的腐败现象发生。十七届四中全会报告首次提出要建立健全防止利益冲突制度；中央纪委向十八大作报告时再次强调，要建立健全防止利益冲突制度；十八届三中全会又着重强调"健全反腐倡廉法规制度体系，完善惩治和预防、防控廉政风险、防治利益冲突、领导干部报告个人有关事项、任职回避等方面法律法规，推行新提任领导干部有关事项公开制度试点"[①]。因此，建立健全领导干部利益冲突防治制度责任重大、意义深远，我们要认真贯彻落实党中央精神，要在领导干部利益冲突的产生根源、形成条件、形成基础等深入分析，以及总结新时代领导干部利益冲突的表现和规律基础上，通过设想治理目标、构建总体框架、解析构成要素来架构领导干部利益冲突防治的正式制度体系。

---

① 《中共中央关于全面深化改革若干重大问题的决定》，《人民日报》2013年11月16日第1版。

第一节　新时代领导干部利益冲突防治的正式制度体系构建思路

一　设想目标

站在新的历史方位，面临百年未有之大变局，中国能否顺利完成社会转型，关键在于处理好利益主体多元、利益矛盾复杂的这个时代课题。首先，面对各利益主体都力求自身利益最大化的条件下，如何实现领导干部廉洁用权至关重要。其次，我国在新时代没有变的是基本国情，即我国仍处于并将长期处于社会主义初级阶段，各方面体制机制仍然存在较大短板，在经济社会等领域为领导干部发生利益冲突制造了机会，如何填补制度漏洞，铲除滋生利益冲突的土壤也是较为紧迫的任务。我国反腐败这么多年却没有根治腐败的主要原因就在于领导干部的主观利益动机和客观利益冲突机会并存的情况并未得到真正解决。比如，改革开放以来，中国经济快速发展的同时，在国家治理中资本参与到政治的现象屡见不鲜，利益关系错综交杂，领导干部手中掌握较大权力，使得绝对权力带来绝对腐败。当领导干部不断受到各种经济利益的诱惑和各种利益关系的困扰时，加上人情关系的影响，腐败的发生就变得轻而易举。

前文介绍了利益冲突是腐败的根源，腐败是利益冲突的结果，避免利益冲突将有效降低腐败的发生率。预防腐败的一项重要措施就是建立个人利益和公共利益的隔离带，因此，建立新时代领导干部利益冲突防治制度就是一项重要的前置性预防腐败制度，而新时代健全领导干部利益冲突防治制度首先要全面从严治党。党的十八大以来以习近平同志为核心的党中央将全面从严治党作为"四个全面"战略布局的重要保证，明确提出全面从严治党的要求，即基础在全面，要全面覆盖9000多万党员。关键在严，即从严肃党内政治生活做起，重点从领导干部这个"关键少数"抓起，以严的标准严肃党内政治生活，严的措施管理领导干部。坚持"真管真严"对领导干部真正管理到位；坚持"敢管敢严"做到不畏领导干部的威严，敢于用党内法规管理领导干部；坚持"长管长严"要明白管理领导干部不是一朝一夕就可完成的事情，不可能一劳永逸，而需要不断长时间地对领导干部实施动态管理，不能有懈怠心理，需要久久为功。要害在治，党内法规在不断完善，依规治党迫在眉睫，要求各级党委以强烈的政治担当肩负起管党治党主体责任，各级纪委以巨大的政治勇气主动担当起监督责任，真正把纪律挺起来、立起来，让纪律挺在国法前，以保持党的先进性和纯洁性。

同时，党的十八大以来，以习近平同志为核心的党中央对于新时代的反腐败提出"标本兼治"的治理目标，通过"铁腕治吏"的强力手段来解决领导干部思想问题。对此，2012年党的十八大报告指出坚持"标本兼治、惩防并举、注重预防"的方针；2013年中央纪委二次全会上，习近平总书记首次提出把权力关进制度的笼子里，形成"不敢腐的惩戒机制、不能腐的防范机制、不易腐的保障机制"；2019年10月31日，十九届四中全会再次强调指出要构建"不敢腐、不能腐、不想腐"的体制机制。因此，新时代建立领导干部利益冲突防治制度的总体目标就是建立具有严密逻辑性和内在联系性的科学防治利益冲突制度体系，凭借严密的正式制度以阻断利益冲突通道，巩固反腐败斗争压倒性胜利，率先达到不敢腐、不能腐的阶段性标志性目标，最终实现从思想上不想腐的根本性目的。

二 总体框架

制度是一种系统，它存在于一切社会中，其主要构成要素包括组织、规则和信念等。其中，规则最为关键，它常常体现为一系列明文的或非明文的规定。制度中的信念包含两层含义：其一，制度主体的价值追求、基本立场；其二，制度客体对规则本身以及他人面对制度规则时可能作出何种回应的认知。制度中的组织是指制度制定的主体。通过对制度的分析，我们得出制度是一种系统，因此新时代防治领导干部利益冲突的正式制度不仅包括国家法律体系中与惩治和预防腐败相关的法律条文，还包括党内法规和规范性文件。

  新时代，我们建立的中国特色领导干部利益冲突防治制度体系是一个横向上涵盖各领域，纵向上涉及多环节，其中各要素和各环节间紧密联系且相互贯通的科学制度体系。这一制度体系的框架结构包括建立基础制度、重点制度、保障制度等前后衔接的制度体系，例如利益限制制度、利益回避制度、利益公开制度、利益处理制度等具体制度体系，只要这些制度能够良序地交互运行，协同发力，就能更好地实现正式制度的刚性约束力。首先，提高基础制度的成熟度，增强基础制度的兜底功能。在建立防治利益冲突制度上，第一步就是要建立利益限制、利益回避、利益公开、利益处理制度，通过基础制度的构建为制度运行打下良好基石。当领导干部陷入利益冲突境况之时，有基础的刚性制度对其进行约束。其次，提高重点制度的精准度，强化重点制度的关键作用。由于在某些公共领域领导干部产生利益冲突的频率较高，是领导干部发生利益冲突的重灾区，因此建立制度要向重点领域倾斜，抓住重点制度建设的主要矛盾。最后，提高保障制度的严谨度，增强保障性制度的保障功能。基础制度、重点制度建立之后，解决了无规可依的问题，但是具体到制度执行效果是否完善，则需要对制度进行及时评估，这就是保障制度的作用所在。保障制度的建立要坚持效果导向、需求导向的原则，当制度运行良好，达到预定目标，就可以继续推行；当制度运行不力，没有解决问题，就要及时对其进行修改或废除。由此，形成新时代领导干部利益冲突防治正式制度的框架。

三　设计原则

  新时代领导干部利益冲突防治制度的构建，需要在实践中减少制度漏洞，合理安排制度的运行。围绕公权力和利益的分配进行顶层设计，统筹规划制度方案，推动制度之间的无缝对接，铲除发生利益冲突的土壤，阻断利益输送通道。

首先，严格厘清公私利益的界限，找到制度漏洞。领导干部发生利益冲突主要在于对个人私利和公共利益的界限认识存在模糊。要逐渐从法理上对个人私利和公共利益的界限明晰化，找到各项制度之间存在的漏洞，并在此基础上列出行使公权力负面清单，规定领导干部能干什么、禁止干什么，哪些利益的谋求是合理合法的、哪些利益的谋求是不合理合法的，对界限作出具体详细的区分，为每个领导干部在行使公权力方面提供明确合理的利益规则，避免因利益越界发生利益冲突。

其次，抓住弥补重点领域的制度漏洞，建立严密的制度体系。新时代，面对新世情、国情、党情，公共资源配置、公共资产交易、公共产品生产领域存在较多发生利益冲突的制度漏洞，要加快将市场竞争机制引入"三公"领域，贯彻市场对资源配置起决定作用的经济决策，实现资源的最优化配置。同时，推动公共资产交易市场制度体系建设，促进生产要素的合理流动和公平竞争，明晰产权制度，让公共资源交易在阳光下进行，进一步扩大产权交易制度的覆盖面，减少权力寻租的制度盲区。

最后，坚持把握时机、适度推行。领导干部利益冲突防治制度治理对象是领导干部，某种程度上讲这属于一种政治改革，因此要慎重推行。在具体实践过程中，要坚持从点到面的推广模式，先在试点进行实践，再总结经验、不断扫除制度盲点，最后逐步推广；坚持先易后难，自下而上的原则，更要坚持先党纪后国法的原则，在党纪方面达到最大范围共识的基础上，上升到国家法律层面。此外，为解决党内建设与实践活动相脱节、党内制度老化等问题，党中央组织专门工作队伍对党内现存制度进行立、改、废、释工作，制定或修改了一系列适应新时代管理党政领导干部的党内法规制度，推进党内法规制度由数量优势转变为质量效能。例如，党的十八大以来，中共中央以巨大的政治决心和坚定的清理信心，花费两年时间对党内法规进行集中清理工作，这为之后构建新型党内法规制度做好了基础性工作。

第二节 新时代领导干部利益冲突防治的正式制度体系基本框架

新时代领导干部发生利益冲突，从内因看，主要是领导干部追逐利益的本性使然；从外因看，主要是政治权力对微观经济的干预为利益冲突埋下的种子。因此，建立防治领导干部利益冲突制度的关键在于制度层面合理配置公权与利益，减少经济利益与政治权力的交叉，从而阻断领导干部以权谋私的通道，在源头上有效遏制领导干部发生利益冲突的诱因。由此，本节围绕利益限制制度、利益公开制度、利益回避制度、利益处理制度构建起防范利益冲突的正式制度体系框架。

一 利益限制制度

完善利益限制制度是防治领导干部发生利益冲突的关键环节。在我国，关于领导干部利益限制制度方面主要包括在职行为约束制度和离职后行为限制制度两大类。新时代约束领导干部在职行为制度建设方面，主要实行负面清单制度。在对领导干部职务活动等情况进行调查研究之后，开设如下清单：其一，在执行公务过程中不论境内还是境外都不得接受礼物；其二，在执行公务时间内不得参加宴请、旅游、健身、娱乐等与公务活动无关的活动；其三，在执行公务活动过程中不得有借钱借物、财产交易等特别的利益优惠活动；其四，不得利用国家赋予的职务和职权的公权力去违规插手、干预市场经济的正常活动以为他人或自己谋取利益；其五，不得在未经允许的情况下从事营利性商业活动；其六，在职的领导干部不得有偿在非公企事业单位取酬兼职。

关于约束在职领导干部的行为，党的十八大之后党中央作出新的部署。例如，中央巡视组在巡视之后多次指出领导干部"一家两制"的问题是新时代领导干部发生利益冲突的重灾区。同时，为斩断领导干部与从事营利活动的家庭成员及亲朋好友间形成权力与资本相勾连的隐形利益输送链条，中共中央对《中国共产党纪律处分条例》（以下简称《条例》）进行了重大修订，新《条例》中关于禁止公职人员及其近亲属利用职权谋利的规定达到二十多条，足以显示出新形势下对领导干部利益冲突阻断的重视程度。新《条例》还明确规定领导干部发生利益冲突的惩处措施，为依法惩处发生利益冲突的领导干部及机关提供制度依据。

在贯彻执行新《条例》要求的工作方面，北京市和广东省为我们提供了利益限制制度的良好范例，斩断了领导干部隐形的利益链条。北京市政府根据新《条例》的指导精神，迅速作出反应，在2016年率先出台《关于进一步规范北京市领导干部配偶、子女及其配偶经商办企业行为的规定（试行）》（以下简称《规定》），这项规定突出表现的是对级别越高、岗位越关键、权力越大的领导干部，对其管理力度就越大。《规定》运用负面清单形式，罗列领导干部近亲属经商办企业的禁止性限制性事项，让领导干部明晰自己哪些事情可以做、哪些事情不可以做。此项《规定》一经颁布，北京市就开始采取实施措施，分批次对领导干部进行抽查。抽查过程中，北京市同时制定抽查标准及实施程序意见。北京市按照领导干部的职务级别，将领导干部划分为省部级干部、正局级干部、副局级干部三个等级，每次抽查都涉及各层级领导干部，并且职务级别越高，越要严查。同时，对需要经常性使用公权力的集中领域，比如北京市政法委、公检法系统等的市管领导干部纳入抽查范围，且抽查标准与党政部门正局级干部的抽查要求一致，禁止他们的配偶从事经商办企业的经济活动。针对北京现在有很多外国驻华机构的情况，《规定》明确提出禁止领导干部配偶、子女及子女配偶，担任外国企业驻华代表机构首席代表等。北京市自开展这项工作以来，有的领导干部已经自觉主动规范亲属经商行为，有的领导干部积极督促亲属注销其注册的公司。

处于南方的广东省，也根据本地区突出的"一家两制"问题，制定了《关于进一步规范广东省领导干部配偶、子女及其配偶经商办企业行为的规定（试行）》。该规定和北京市的做法相似，首先对规范对象范围进行扩大，明确列出规范对象范围，其中包括广东省人大机关、政府机关、政协机关、审判机关、检察机关、人民团体、授权行使行政权力的事业单位中厅级副职（含同级非领导职务）及以上领导干部和省属国有企业领导班子成员。其次，对禁止行为也一项一项列到负面清单之中，其中主要包括：（1）三种投资行为，分别是领导干部配偶、子女及其配偶注册个体工商户、个人独资企业或合伙企业，投资非上市公司、企业，在国（境）外注册公司后回国（境）内从事经营活动等情况；（2）两种从业行为，分别是领导干部配偶受聘担任私营企业的高级职务，在外商投资企业担任由外方委派、聘任的高级职务等情况。再次，广东省又及时制定相应的实施办法及规定，即《关于退出经商办企业有关问题的答复》以及《领导干部选择退出现职工作原则》等，明确操作程序，使得该项规定有效运行。最后，加强制度执行的监管工作。在退出经商办企业方面，坚持"过程留痕、全程监督"，广东省的该项规定具有划时代的意义。

关于领导干部离职后行为限制制度，党的十八大后党中央也作出积极反应。领导干部利用手中权力，前期给某个单位特殊关照，在离职或退休后再到这个单位任职，领取高额工资、"咨询费"等，这种现象被叫作期权腐败，同时也是利益冲突的一种具有新时代特征的表现形式。目前，中国关于限制领导干部离职后行为的制度主要是2008年6月25日颁布的《关于规范中管干部辞去公职或退（离）休后担任上市公司、基金管理公司独立董事、独立监事的通知》（以下简称《通知》），主要针对的对象是中管干部，限制的行为对象主要是领导干部离职后不得在一定期限内担任公司的独立董事。《通知》在一定程度上对"期权腐败"行为有所限制作用，但是存在限制利益冲突主体涉及面小、限制行为不明晰的问题，同时也具有内容分散、管理对象身份各异、惩罚措施不明、执行力度薄弱和可延续性较差的弊端。

面对领导干部发生利益冲突行为更为隐蔽的新挑战，要及时加强规范领导干部离职后的行为，并运用严格执行党纪处理、及时利用留置措施等办法，确保制度落实。为此，需要做到以下几方面：其一，从就业限制的角度出发，借鉴法官、检察官离职后禁止在指定时期内担任律师的制度，规定所有领导干部在退休或离职后的指定时期内不得担任其任职期间主管领域的企业职务；其二，当领导干部离职后需要担任与原业务工作无关的上市公司、基金管理公司独立董事、独立监事，必须按照有关规定进行申报审核并保留档案以备查询，保证程序正当，过程可追溯；其三，通过建立并完善上市公司信息公开制度，明确规定上市公司需要对独立董事的薪酬和其他福利、报酬进行详尽的公告，并将此做法延伸运用到非上市企业任职情况上。

二 利益公开制度

构建防治领导干部发生利益冲突的利益公开制度，在于实施领导干部财产申报制度。领导干部财产申报制度不仅是预防和管理领导干部利益冲突的前提条件，更是健全防治利益冲突制度的重要抓手。

党的十八大以来，党中央、国务院对于防范领导干部利益冲突的制度安排作出重要动作。2017年4月，中共中央办公厅、国务院办公厅印发《领导干部报告个人有关事项规定》（以下简称《规定》），并发出通知，要求各级党委（党组）认真遵照执行。此项《规定》是在2010年印发的《关于领导干部报告个人有关事项的规定》基础上修订的，它是在总结党的十八大以来贯彻执行报告制度的实践经验基础上，坚持重点突出原则，对报告主体、报告内容、抽查核实及结果处理等内容作出合理合法细化修订，以求加大监督约束力度。新制定的《领导干部个人有关事项报告查核结果处理办法》也在此期间颁布。这两项党内法规的同时出台，是贯彻党中央全面从严治党战略布局，加强领导干部管理监督的重大举措，对于进一步严明党的政治纪律和政治规矩，对领导干部的管理监督产生巨大震慑作用，对防治领导干部发生利益冲突具有十分重要的意义。

  修订后的《规定》有三大亮点。首先，报告主体更加突出领导干部这一"关键少数"群体。新《规定》指出，党政机关县处级副职以上的干部对于报告的个人有关事项要真实可靠，不得谎报、瞒报。对于参照公务员法管理的人民团体和事业单位的领导干部也要纳入报告对象范围，且报告内容和报告要求同党政机关的领导干部一致。这充分体现了中央对党政领导干部从严管理，对公共权力从严监督的要求。这次修订，将事业单位和人民团体的领导干部也囊括进来，是一重大创举。同时，对于未列入参照公务员法管理的人民团体、事业单位的领导班子成员及内设管理机构领导人员、中央企业的领导班子成员及中层管理人员、省管和市管国有企业的领导班子成员也列入规范对象范围。这次对规范对象所作的调整，突出重点，精准科学，坚持分类管理原则，是适应领导干部管理的正确抉择。其次，报告事项内容有所调整，主要明晰了对与领导干部权力行为紧密关联的家事、家产等汇报事项的内容。修订后的《规定》，主要汇报事项仍然是报告8项家事、6项家产，共14项内容，但对于某些具体的项目汇报内容要求作了进一步明晰、补充、完善，对于一些个别项目作了合并调整。汇报的家事事项主要包括婚姻情况、因私出国（境）证件和行为、移居国（境）外、从业、被司法机关追究刑事责任等情况。汇报的家产包括工资收入、劳务所得、房产、持有股票、基金和投资型保险、经商办企业以及在国（境）外的存款和投资等情况。最后，新《规定》增加了抽查领导干部汇报内容是否属实的内容。这是此次《规定》修订的一个重要亮点所在，新《规定》中专门罗列5条内容，这5条内容用详细的语言对查核领导干部汇报内容的方式、查核比例、查核对象以及查核结果的程序性和实体性运行进行细节性描述，对家庭财产来源合法性验证、查核结果的运用等作了原则性规定。同时，对于核查联系工作机制和抽查核实纪律进行了有效调整和合理安排。特别是在此次修订《规定》的过程中，一并研究制定的《领导干部个人有关事项报告查核结果处理办法》（以下简称《办法》），为今后严肃处理某些领导干部瞒报、谎报、漏报等错误报告的行为划出了底线，亮出了红线。《规定》的修订和《办法》的出台，顺应新时代对于领导干部利益冲突管理的新要求，符合领导干部利益公开制度进一步发展的新趋势，是新时代防治领导干部利益冲突在利益公开制度方面的重大创新。

对于利益公开制度的健全，修订《规定》只是第一步，第二步就是要不断完善配套的公民举报制度、舆论监督制度、巡视监督制度等，在实施过程中进一步细化申报环节，合理配置监督资源，推动领导干部财产申报与就任职务、现任职务、离任职务申报的时间有效对应。制定动态申报措施，领导干部要做到平常每半年定期申报一次的最低标准，对于拒报、瞒报、虚报等行为严惩不贷。第三步就是要按照《规定》严格落实各项制度，真正实现用制度管权、管事、管人。

三 利益回避制度

利益回避制度是程序正义的关键一环，利益回避制度就是要最大限度地减少私人因素对公务活动的影响，其核心是将恣意、私欲等可能影响领导干部公正地作出决策的因素予以最大限度的排除。

我国在利益回避制度的制定方面主要包括干部任职回避、地域回避、人事回避、公务回避等。建立利益回避制度需要做好这几方面的工作：其一，罗列需要进行利益回避的关系人员名单。利益回避的关系包括夫妻、父母、子女、兄弟姐妹、祖父母、外祖父母、孙子女、外孙子女等近亲属关系，配偶的父母、配偶的兄弟姐妹及其配偶、子女的配偶及子女配偶的父母等近姻亲关系，养父母、养子女、继父母、继子女等拟制血亲关系，同时也要关注战友关系、同乡关系、同学关系等，这些关系都有可能影响领导干部廉洁用权，都需要列在进行利益回避的人员名单之中。其二，不断细化重点领域和关键岗位需要进行利益回避的措施。在干部人事、纪检监察、财务审计、市场监管、司法执法等一些重点领域和关键岗位，领导干部发生利益冲突是常有之事，要认真制定详细的、可操作的利益回避措施。其三，需要重点监管领导干部身边人情关系的利益回避。在中国现代社会中，熟人社会是中国社会的突出特征，因为熟人关系而造成的领导干部利益冲突的案例不胜枚举，因此，对于防治领导干部利益冲突的利益回避制度范围，要扩大到与领导干部存在各种关系的人员领域。其四，建立并完善领导干部利益冲突回避信息档案保护制度。各级纪检监察部门牵头，组织部门进行配合，根据干部管理权限建立领导干部利益冲突回避信息档案。对于档案的管理要按照专人保存、分级管理、定期更新的要求进行管理，同时要规定领导干部必须对需要回避的事项主动向组织部门和纪检部门报告。对隐瞒不报或不能如实报告的领导干部要有明确的处罚措施，并与其犯错程度一一对应，对于拒不执行回避决定的领导干部要进行严肃惩处。

对于领导干部利益回避制度的实施方式，主要是强制回避和申报回避。强制回避制度实施得比较好，领导干部对于直系亲属、三代以内旁系血亲的信息，报告比较详细完整，使党政领导干部的回避信息档案得以完善并及时更新。而申报回避的制度则有所漏洞，申报回避需要领导干部自觉主动将与其存在重要联系的人员的个人信息进行申报，让组织审查，在实践环节依旧存在不足之处。这两种回避制度的共同目的就是要查清领导干部的人际关系网络，监督规范领导干部的行为，对领导干部的职务行为与亲情、人际关系进行物理隔离，阻断利益输送通道，防止领导干部用公权谋私利，净化公权力的运用生态。此外，党的十九届四中全会指出要进行干部交流轮岗制度，领导干部要进行在职审计、离任审计，审计未完成不得离职。① 同时，不断完善干部任期制度、考试录用制度、职务晋升制度，这些也能够促进利益回避制度的不断巩固及完善。

四 利益处理制度

利益处理制度是防治领导干部利益冲突的重要强制性刚性举措，也就是要完善涉及利益冲突有关事项的处理制度，从而起到预防和保护作用。

关于利益处理制度，党中央出台的《中国共产党党员领导干部廉洁从政若干准则》《国有企业领导人员廉洁从业若干规定》等重要法规制度都包含着关于利益处理方面的规定。同时，在党中央作出各项规定时，各地方也积极出台相关规定、办法。比如，浙江省《党员领导干部防治利益冲突暂行办法》、杭州市《关于防治国家工作人员在公共资源交易、公共产品采购、公共资产管理中发生利益冲突的若干规定（试行）》、温州市《国家工作人员利益冲突回避暂行办法》。这些规定、办法的共同之处在于：其一，提高发现、查处利益冲突的概率。这是因为利益冲突是领导干部发生腐败的前奏，如果能在领导干部发生利益冲突之前就阻断这个链条，将极大地降低腐败发生率。其二，增加领导干部发生利益冲突的成本。当领导干部一旦发生利益冲突行为，及时对其进行降职处理，提高政治成本，并处一定数量的经济处罚，增加其经济成本，同时，让群众积极参与到检举之中，提高舆论监督效力，增加其精神成本。

新时代以习近平同志为核心的党中央提出建立"两个责任

---

① 《中共中央关于坚持和完善中国特色社会主义制度 推进国家治理体系和治理能力现代化若干重大问题的决定》，《人民日报》2019年11月6日第1版。

制"，即发挥好党委主体责任和纪委监督责任。落实党委的主体责任需要加强对领导干部利益冲突报告的管理，对于领导干部的述廉报告要与年度考核挂钩，切实压实党委管理的主体责任。[①] 其一，各级党委要做好对领导干部近亲属经商行为的核查工作，尤其是领导干部的近亲属及其关系人在参与市场经济活动中获取资源、承接项目等程序是否合法、是否存在暗箱操作的情况等进行严格监督，若证据确凿，必须加以严肃惩处。例如，十八大中纪委反映的领导干部去饭局后参加其他活动，为亲近亲属开办的企业"站台"等，这种饭局表面看似很正常，并未违规，但是利用领导干部职位与权力的影响，一场饭局就能够解决一系列的审批，因此，要严查领导干部参加类似活动，以防止利益冲突的发生。对于党委知情不报的情况，也要建立一种制度，对相关责任人进行问责追责。其二，各级纪委要严肃查处领导干部发生利益冲突的案件。各级纪委要建立和完善领导干部发生利益冲突活动投诉处理机制，对反映领导干部参与经济活动中以公权谋私利的违法违纪行为，进行严格认真的调查处理。同时，行政监管部门要对公共领域的资源配置活动进行前置性监督，在领导干部参与公共领域资源配置活动之时做好相应的登记报告，保存证据，为纪委查处案件提供重要支撑。其三，纪检监察部门要对领导干部的财产个人申报情况是否属实进行查验，对于领导干部申报的财产，如果发现有可能构成实际或潜在利益冲突的资产或人员等情况要进行及时处理。对可能促使领导干部发生利益冲突的资产等，采取出售、委托、信托等方式处理；对可能存在利益冲突问题的领导干部，要适当采取轮岗交换、挂职锻炼及其他方式处理；对可能存在利益冲突风险的倾向性和苗头性问题，采取谈话提醒、教育疏导、函询等方式处理。与此同时，纪检监察部门要及时建立

[①] 《中共中央关于全面深化改革若干重大问题的决定》，《人民日报》2013年11月16日第1版。

利益冲突处理申诉制度，保护领导干部的合法权益。

此外，《中华人民共和国监察法》的出台，有力推动防治领导干部利益冲突处理制度的不断完善，为建立领导干部利益冲突制度打下了坚实的法律基础。不过，建章立制是第一步，制度的生命力关键还在于实施，只有将利益处理制度真正落到实处才能使利益冲突防治制度势能转化为真正的治理效能，从而营造良好的领导干部用权环境。

第三节 新时代领导干部利益冲突防治的正式制度体系制约功能

建立领导干部利益冲突防治的正式制度体系对于国家廉政制度体系的建设起到基础性作用。尤其是党的十八大以来，我国防治利益冲突的正式制度如雨后春笋般出台，对于推动全面从严治党，并巩固反腐败斗争压倒性态势具有重要效能，主要功能表现在促进发挥"不敢腐"的惩治功能、"不能腐"的约束功能、"不想腐"的预防功能。

一 促进干部"不敢腐"的惩治功能

2012年党的十八大报告明确提出反腐败的方针是：标本兼治、综合治理、惩防并举、注重预防。2013年国务院召开的第一次廉政工作会议指出：对腐败分子不手下留情，对制度建设要深化改革，以形成不能腐、不敢腐的反贪机制。中央纪委巡视巡察制度在党的十八大后得到不断完善，纪委人员坚持用监督执纪"四种形态"管党治党。习近平总书记在十八届中央纪委二次全会上进一步强调，从严治党，惩治这一手决不能放松，针对腐败势头的发展，要加强惩治手段的运用。

可以说，从2012年起习近平总书记就针对防治领导干部利益冲突的反腐倡廉工作做了许多创新性的部署：第一，在对腐败问题认识层面的创新。习近平总书记警告全体党员如果任由腐败蔓延，必将亡国亡党，这一论述给全体党员干部特别是腐败分子当头一棒，有助于党员干部形成对腐败的清醒认识，遏制腐败蔓延之风。第二，在腐败治理层面的创新。习近平总书记提出要坚持"标本兼治"的指导方针，明确指出要构建"不敢腐、不能腐、不想腐"的"三不"反腐倡廉保障机制。三者之间遵循了反腐的理论逻辑和实践逻辑，以猛药去疴的毅力来实现不敢腐的初步目标，在此基础上不断完善制度反腐建设，修补各项反腐倡廉制度漏洞，进而实现不能腐的目标，最终通过廉政教育实现不想腐的反腐倡廉保障机制。因此这三种措施是有机统一的整体，而以往的反腐倡廉工作往往存在某方面的短板，使得反腐倡廉工作难以形成合力。第三，在制度反腐方面的创新。习近平总书记注重制度反腐建设，在继承我国古代反腐制度以及马克思主义反腐倡廉制度的基础上，不断完善创新反腐巡视制度、教育制度、监察制度等。并且特别重视各项反腐倡廉制度之间的有效衔接配合，各项制度多点发力形成了制度反腐合力，提升了我国制度反腐工作的效率和效益，进一步完善了我国反腐倡廉制度体系。第四，反腐败部署落实层面的创新。习近平总书记强调指出，党风廉政建设"要落实党风廉政建设责任制，党委负主体责任，纪委负监督责任，制定实施切实可行的责任追究制度"[1]。新时代习近平总书记从亡国亡党的高度看待腐败问题，给予了制度反腐工作前所未有的重视，对腐败问题的危害程度把握精准，在腐败治理方面进行了创新，提出了构建"不敢腐、不能腐、不想腐"的"三不"反腐倡廉保障机制。这既是我国反腐倡廉的工作目标，也是我国制度反腐工作的根本遵循，这一科学的战略部署体现了习近平总书记制

---

[1] 《中共中央关于全面深化改革若干重大问题的决定》，《人民日报》2013年11月16日第1版。

度反腐论述的科学性、战略性和创新性。将正式制度之网织密，党中央作出巨大努力。反腐态势强高压使得制度成为带电高压线，让领导干部心存敬畏，真正起到不敢腐的惩治功能。目前，从人民对防治腐败的评价结果来看，不敢腐的惩治功能已经发挥，腐败势头得到有效遏制。总之，党的十八大以来，党中央坚持对反腐败"重遏制，强高压，长震慑"，以零容忍态度全面推进形成反腐败斗争压倒性态势，但防治领导干部利益冲突这项工作仍需不断巩固发展。

二 促进干部"不能腐"的约束功能

党的十八大以来，以习近平同志为核心的党中央提出全面从严治党，创造性地提出思想建党和制度治党同向发力的重要论断，新出台了一系列党内法规制度，严格净化党内政治生态，防控领导干部发生利益冲突。《关于新形势下党内政治生活若干准则》（以下简称《准则》），抓住"关键少数"，明晰党的政治路线、思想路线、组织路线、群众路线，做到制度制定与党的各方面建设相结合，同时在聚力增强党的政治性、时代性、原则性、战斗性、自律性上发挥了重要的作用。《准则》从十二个方面对党员提出具体要求，力求保证良好的政治生态。正是由责任"使命"衍生责任"职责"，《准则》中规定的一系列新举措，将举措变成实实在在的制度，全面覆盖到各个级别的党委和纪委，充分落实全面从严治党党委主体责任和纪委监督责任。同时，《准则》的出台将教育、监督、查处和问责几个方面有效地结合起来，具有较强的操作性，确保了《准则》成为"带电的高压线"。

习近平总书记还强调"打铁还需自身硬"，管党治党要以民主集中制为核心，以党内法规的固化为保障，以巡视审查为重要形式，在监督的成效上着重强调抓住"关键少数"，破解"一把手"监督的难题，使得监督机制更加具体、更加具有操作性。对此，《中国共产党纪律处分条例》与《准则》配套实施，同向发力，针对当前出现的监督主体责任不清晰、责任使命感弱化、监督程度不整体配套的新问题提出了新实践经验。同时，提高法规制度的执行力还必须把监督检查和责任追究统筹起来，加大对执行主体的责任问责，让问责成为常态。对此，及时部署制定《中国共产党问责条例》，在《中国共产党问责条例》的实施要求上强调了其与其他党内法规的衔接协调性，强调制度治党的整体性。例如在责任追究的制度上，《中国共产党纪律处分条例》与《中国共产党问责条例》是不同的，前者针对的是"乱作为"，后者针对的是"不作为"。因此不管是《中国共产党问责条例》还是其他党内法规，习近平总书记在制定相关治党制度时注意各项规定的衔接和避免法规之间的"打架冲突"，强调各项规范各显作用，同向发力，整体一致。总之，在《关于新形势下党内政治生活若干准则》《中国共产党纪律处分条例》《中国共产党问责条例》三项关键制度的有效衔接和同向发力的基础上，充分发挥了领导干部"不能腐"的防治功能。

三　促进干部"不想腐"的预防功能

党的十八大以来，党中央积极推动开展党的群众路线教育实践活动、"三严三实"专题教育活动、"两学一做"学习教育活动、"不忘初心、牢记使命"主题教育活动等，建立起主题教育学习的常规化、常态化制度。真正使得领导干部补足精神之钙，筑牢思想根基，使得共产主义远大理想和中国特色社会主义共同理想在领导干部心中生根发芽，起到不想腐的预防功能。在全国宣传思想工作会议上、在群众路线教育实践活动总结大会上，习近平总书记都强调，要加强对领导干部的党性教育，并深刻指出领导干部的问题，尤其是近些年"一把手"的落马现象，令党中央十分痛心。因为培养一个领导干部很不容易，当这些领导干部因为党性丧失，作风败坏，以权谋私现象盛行之时，对党的干部队伍建设的政治生态是一种极大的污染。其中，刘志军是一个典型案例。刘志军在我国经济发展过程中，在金钱、权力等的诱惑下，丧失自己做人的底线，改变共产党人人民公仆的本色，出现"只讲实惠，不讲理想；只讲索取，不讲奉献；只讲钱财，不讲原则"的现象，由此一步步堕入罪恶的深渊，从谋小利到大贪污，如果每个官员都出现这样的问题，就是作风建设不到位的表现。通过主题教育实践活动，加强领导干部的党性修养理论学习，并根据时代变化将教育的内容方式进行创新改造。根据教育对象思想的多元化、需求的多层次化和思维的独立化，制定具有针对性的主题教育内容，真正做到教育内容"入耳、入脑、入心"。不断创新教育培训的方式方法，多一些以案说法，多一些实地实践，多一些头脑风暴，充分结合社会实际和现代科技，使教育的形式更加灵活、生动、深刻，最终达到直击灵魂的震撼效应。做到"真学、真懂、真信、真用"，将人民公仆意识内化于心、外化于行，真正与人民群众心连心，想民众所想，急民众所急，坚决过好权力关、金钱关、人情关，真正成为理论学习有收获、实践活动有实效的人民口中的好干部。

第六章

新时代领导干部利益冲突防治的非正式制度体系构建

随着经济、政治和社会环境对防治利益冲突的需求，在正式制度及其实施机制的创新和调适方面，已经取得了一定成就。然而，在利益冲突防治中仍存在着制度创新诉求不足及执行不力，正式制度供给过剩与供给不足的双重失衡困境；并且出台的正式制度如果缺乏内在价值观念接受和认可、政治生态文化认同与支持，以及廉洁行为习惯遵循等非正式制度要素的协调变迁与系统支持，将使得制度实施面临巨大的成本和费用，难以实现利益冲突制度治理绩效的预期水平。因此，本章将基于马克思主义政治经济学与新制度主义学科交叉视域下的非正式制度约束相关理论，着重探讨非正式制度约束视域下领导干部利益冲突防治的作用机理。其目的在于更加清晰地认识影响领导干部利益冲突行为选择的非正式制度价值观念、文化传统、伦理道德和风俗习惯等关键要素及其内在因子，并且探讨它们与利益冲突防治中制度供给、变迁、实施与演化间的内在关联与影响机制，剖析非正式制度约束如何综合作用于领导干部谋取私利行为的动机、机会与风险，从根本和源头上达到预防和治理新时代领导干部利益冲突的效果。

第一节　新时代领导干部利益冲突防治的非正式制度体系构建思路

一　基本方针

马克思主义经典作家虽没有对非正式制度下过明确的定义,但他们从不同角度、不同层次使用过制度的概念。一方面,从生产力—生产关系—上层建筑的关系中看待制度,生产力是制度发展的初始力量,通过生产而形成的生产关系构建了道德、伦理、规范等基础制度,并通过上层建筑的体制化方式形成了制度。整个社会的政治、法律制度和意识形态都是建立在生产力及与之相适应的生产关系这个经济结构基础之上的,前者则相应地称为上层建筑,后者也叫经济基础。另一方面,用社会经济形态的制度区隔所代表的生产关系与所处的生产力发展水平,强调制度的社会性、阶级性与发展性,例如资本主义制度、社会主义制度等。在马克思看来,这种社会经济制度是其他一切制度展开的基础,揭示了某一社会经济运动的发生和发展规律。[①] 另外,还将制度视为存在于各个方面并得到社会认可的一系列规则,从而赋予制度更广泛的内容。例如,恩格斯在论述社会制度自然演进的过程时认为,"在社会发展的某个很早的阶段,产生了这样一种需要:把每天重复着的产品生产、分配和交换用一个共同规则约束起来,借以使个人服从生产和交换的共同条件。这个规则首先表现为习惯,不久便成了法律"[②]。也就是说,制度最初是由于人类的需要而产生的,并最终成为某个群体或某个地区相对稳定的交往模式,也可以称之为习惯或习俗。在此基础上,

---

[①] 顾钰民:《马克思主义制度经济学研究》,载《上海市经济学会学术年刊2007》,上海人民出版社2008年版,第46—47页。

[②] 《马克思恩格斯文集》第3卷,人民出版社2009年版,第322页。

逐渐上升为大众必须遵守的强制性的成文制度。

新制度主义经济学派则在认识到经济规则、契约等制度对社会经济的作用同时，更加重视和关注观念、心理、文化等非正式制度要素对经济发展的影响力。其中，道格拉斯·诺思认为："制度是一个社会的游戏规则，更规范地说，它们是为决定人们的相互关系的系列约束。由非正式制度（道德的约束、禁忌、习惯、传统和行为准则）和正式的法规（宪法、法令、产权）组成。"[1] 威廉姆森将制度分为三个层次，最底端是包括意识形态、社会观念、文化、习俗、宗教等未作出明文规定的非正式制度；之上是包括政治法律、契约规章等正式制度；最上面则是包括公司治理、政府治理和交易治理等治理机制，三者共同组成了影响经济组织运行的外部环境。[2] 我国学者熊必军[3]、卢现祥[4]则认为非正式制度是人们在长期的社会实践交往过程中无意识、渐进演化形成，世代相袭且具有持久生命力，对人们的行为产生无形约束的意识形态、价值观念、文化传统、伦理道德以及习惯习俗等非正式规则。此外，新制度主义政治学家詹姆斯·马奇和约翰·奥尔森着重强调依赖于文化的规范秩序和符号秩序在界定制度和引导成员行为方面的核心作用，认为人类行动总是处于具体预期的背景之下，并深深根植于一定的历史文化、社会、经济和政治形成的规范和程序之中，为个体行为提供了"适宜逻辑"[5]。盖伊·彼得斯认为个体理性政治行为更多受到社会公认的规范、政府组织规定的价值、符合"适当性逻辑"的惯

---

[1] ［美］道格拉斯·C.诺思：《制度、制度变迁与经济绩效》，刘守英译，上海三联书店1994年版，第3页。

[2] ［美］奥利弗·E.威廉姆森：《治理机制》，石烁译，中国社会科学出版社2001年版，第45—48页。

[3] 熊必军：《试论非正式制度》，《湖南省社会主义学院学报》2005年第1期。

[4] 卢现祥：《新制度经济学》，武汉大学出版社2011年版，第153页。

[5] ［美］詹姆斯·G.马奇、［挪］约翰·P.奥尔森翰·奥尔森：《重新发现制度：政治的组织基础》，张伟译，生活·读书·新知三联书店1984年版，第128—130页。

例等非正式因素驱动，静默无声地引导和规定着哪些行为是合适的、恰当的。①

综合上述不同学派对非正式制度的研究观点，本书研究的非正式制度是在马克思主义政治经济学与新制度主义经济学、政治学等学科交叉视域下进行的，制度设计除国家制定实施的各项法律法规、党纪规章与政策条例等成文、刚性的正式制度（又称硬制度）之外，还包括在长期的社会生活或无数次博弈中逐步形成，内在无形约束领导干部行为选择的价值观念、文化传统、伦理道德与习惯习俗等一系列不成文限制和规范（一般意义上的非正式制度意识形态要素是我国领导干部必须强制遵循和贯彻的一种硬性约束；且国家规定党员干部不能有宗教信仰，故不包括意识形态和宗教信仰要素）（见表6.1）。

表6.1　　　　　　　非正式制度的概念阐释

学科视角	代表性学者	非正式制度概念阐释	非正式制度关键要素
马克思主义政治经济学	马克思主义经典作家	虽未对非正式制度进行明确界定，但其在上层建筑中所阐述的意识观念、道德伦理等；制度自然演进中习惯习俗、制度意识等论述中蕴含着丰富的非正式制度思想②	意识观念、道德伦理习惯习俗
新制度主义经济学	诺思（1990）	非正式制度主要包括道德的约束、禁忌、习惯、文化和自我约束的行为规范	习惯习俗、文化传统价值观念、伦理道德意识形态、宗教民俗
	威廉姆森（1996）	非正式制度是未作出明文规定的意识形态、社会观念、文化、习俗、宗教等	
	卢现祥、熊必军	非正式制度是长期形成的，包括价值观念、文化传统、伦理道德、习惯习俗、宗教民俗等无形的非正式规则	
新制度主义政治学	马奇、奥尔森、彼得斯	研究重点转向文化规范秩序等非正式规则，个人理性行为受社会公认的规范、政府组织规定的价值、符合"适当性逻辑"的惯例等非正式因素驱动	文化秩序、社会规范倡导价值、习俗惯例

①　［美］盖伊·彼得斯：《政治科学中的制度理论——新制度主义》，王向民、段红伟译，上海世纪出版集团2011年版，第36—37页。
②　阎树群、张艳娥：《中国特色社会主义制度研究的重要视角——基于非正式制度的分析》，《当代世界与社会主义》2014年第6期。

总体来看，非正式制度主要有以下几个基本特征。

其一，自发形成性与内在规约性。非正式制度是在长期的社会实践交往过程中伴随着人类的需要而自发形成的一系列无意识、不成文的行为规范。正是由于它是一种在漫长的历史条件下自然生长和逐步发展形成的约定俗成的内在规则，是公共组织成员共同认可的东西，因而不会轻易改变。而维持其存在和发挥其作用的力量主要来自社会共同体内部成员之间的相互学习和效仿意识、外部驱动自觉认可和服从的文化氛围、行为评判的舆论压力，等等，对人的行为构成了一种非强制性的内在约束。

其二，约束持久性和终极影响性。持久性是指某些非正式制度对于人的行为约束是难以改变的和长久发挥作用的。人与人之间的交往存在着一些基本原则，如诚信、正义等这些群体生活的"行为底线"，尽管一再被利益矛盾和社会冲突所突破，但它终究还会因为人与人社会性交往的需要和诉求，重新浮现出来发挥作用。终极影响性是指人类追求实现人的全面自由发展的终极性目标蕴藏在非正式制度当中。从这种意义上说，某一正式制度约束的出台只是由于受到社会生产力水平的限制而采取的符合阶段需求的暂时措施。从终极意义上说，非正式制度却会以人类的精神境界仍然存在于社会发展的每一个阶段，并以不同的形式表现出来，发挥持续约束作用。

其三，变迁时滞性与路径依赖性。总的来看，非正式制度是长期社会历史发展的产物，其中，一些旧的习俗、传统观念、伦理规范等一旦形成就会在相当长的时间延续下来，因而具有较高的稳定性。即使有国家和政府的积极推动，一夜之间可以很快得以复制移植的是正式制度，非正式制度却很难快速变迁和发生改变，会显示出与正式制度变迁不一致、非耦合的时滞性。[①] 也正是因为这种稳定性和时滞性导致非正式制度变迁的路径依赖性。也就是说，制度变

---

① 王文贵：《互动与耦合：非正式制度与经济发展》，中国社会科学出版社2007年版，第56页。

迁一旦走上了某一条路径（无论是"好"的还是"坏"的），就会在后来的发展中沿着既定方向自我强化，很难甚至根本无法扭转。

　　基于非正式制度以上内涵及特性，以下探讨有关新时代领导干部利益冲突重大理论和现实问题，必须坚持马列主义、毛泽东思想及中国特色社会主义理论体系的指导地位，在中国特色社会主义新时代发展背景下，积极培育和继续优化与利益冲突防治要求相符合、相适应的非正式制度安排。一要进一步指导非正式制度价值观念的建设和优化。邓小平说："腐败现象很严重，这同不坚决反对资产阶级自由化有关系。"[1] 因此，必须以马克思主义积极引导和强化领导干部的理想信念和信仰，扫清改革开放以来我国部分领导干部盲目推崇西方各种思潮，如在经济上推崇新自由主义，思想上奉行极端个人主义和拜金主义，生活上盛行骄奢淫逸和享乐主义等思想混乱和价值扭曲的局面，引导和确保领导干部内心树立起正确的权力观、地位观和利益观。二要进一步指导非正式制度文化传统的改造。马克思主义是中国特色社会主义文化的灵魂与核心，继续坚定其指导思想地位才能推动文化体制改革与教育方针贯彻，消除与利益冲突制度治理不相适应的滞后消极文化传统，形成熏陶和强化领导干部马克思主义信仰、推进文化自觉的文化氛围。三要进一步指导非正式制度伦理道德的培育。全体领导干部要围绕马克思主义基本理论和知识加强教育培训，在全社会确立社会主义荣辱是非标准的伦理规范，树立廉政廉洁的道德楷模，提升领导干部的个人道德修养，促进领导干部内心积淀起廉洁高效的道德良心。四要进一步指导落后社会风俗习惯的更新。要用马克思主义阶级观来改变中国传统家庭本位习俗中的落后观念，应以生产资料的所有而不应以个人关系的亲疏远近来划分阶级阶层，认识到人民才是生产资料所有者。领导干部应代表最广大人民的根本利益，保持和广大人民群众一样以国家和人民的根本利益作为出发点的共同利益目标，从而有效克服

---

[1]《邓小平文选》第3卷，人民出版社1993年版，第325页。

和消除将自己的家庭或亲缘利益置于人民利益之上的不良风气和陋习。

二 重要原则

为保障我国领导干部利益冲突非正式制度防治安排持续、高效、顺利进行，在实际生活中，要求我们要因地制宜，选取适合本国利益冲突防治实际的方式和方法，在其具体实施过程中，应坚持以下几项重要原则。

第一，标本兼治和综合治理相互补原则。[①] 利益冲突防治体系的实施，不仅是为了治理已经发现的实际利益冲突问题，更重要的是能够预防尚未发生的表面和潜在的利益冲突情境和风险，并作出准确的预测和判断。我们知道，新时代领导干部利益冲突的深层次原因在于理想信念动摇、责任意识淡化、伦理道德丧失等方面。因此，要立根固本就必须加强非正式制度体系的总体布局和建设，大力倡导与利益冲突防治相适应的廉政廉洁价值观念与意识，继承和弘扬中华民族优秀传统文化与作风，强化道德感召力与纪律约束力。这样在实施过程中，实现防治利益冲突工作关口前移，变消极被动为积极主动，进而从根本的源头上铲除滋生土壤。同时，还要从严治标，加强防治利益冲突的各种制度、体制、机制建设，让权力在法律、制度的框架下运行，强化和支撑非正式制度约束效力的实现，为治本赢取更多的时间。因此，遏制利益冲突现象滋生蔓延，必须坚持标本兼治，做到领导干部利益冲突防治制度约束中非正式制度与正式制度两要素的统一协调建设，两者相互促进，共同发挥作用。

第二，重点突出和整体推进相统筹原则。[②] 领导干部利益冲突的发生是很多因素综合作用的结果，是个人与制度约束环境因素综合

[①] 郭兴全：《标本协治：协同论视角下中国反腐败新战略》，《甘肃社会科学》2015年第1期。

[②] 曹亚芳：《习近平治国理政的创新思维研究》，《社会主义研究》2016年第3期。

作用下的行为选择结果。其非正式制度安排下的利益冲突防治体系是一项牵一发而动全身的浩大工程,整体构建由价值观念、文化传统、伦理道德和习惯习俗等关键要素构成,他们之间相互协调和配合,共同发挥内在约束效力。同时,还要多管齐下,健全非正式制度安排的实现机制,要把弘扬社会崇廉风尚、引导树立社会主义核心价值理念、加强伦理道德教育培训和对廉洁行为的文化激励等内容作为一个整体来推进。在具体实施过程中遵循系统性要求,对整个非正式制度治理体系中各内容因素进行全面、系统、科学的综合评估,通过统一领导,对利益冲突防治工作进行统一部署,协调整合社会资源,把非正式制度安排的法制化、制度化和专门负责机构建设统一起来,在全社会范围内形成对利益冲突的强大压力和零容忍氛围。

第三,继承传统与创新开放相结合原则。非正式制度大多是在社会生活的实践过程中长期积淀下来的文化传统、习惯习俗等要素。因而,一方面,在利益冲突防治过程中要注重考虑我国重视乡土人情观念的文化传统和礼尚往来等社会风俗。更新和转变过程中制度设计和安排者需要充分考虑这些传统因素,必须正确区分和界定好合法、合情与合理的人际交往与礼尚往来等传统;另一方面,充分挖掘和提炼传统廉政文化中内涵丰富的廉政思想和行之有效的廉政制度,还要认真总结我们党反腐倡廉的基本经验,深入研究改革开放条件下反腐倡廉建设的特点和规律。另外,防治利益冲突是个世界性难题,古今中外都做了大量的探索,既有成功的经验,也有反面的教训。科学的态度是取长补短,根据所处时代的特征和具体的国情,借鉴相关国家和地区防治利益冲突的有益做法,尤其是吸收和扬弃非正式制度安排主要做法,在吸收中借鉴,在继承中创新,在创新中发展,走具有中国特色的利益冲突防治道路。

三 构建方式

新时代领导干部利益冲突非正式制度防治主要涉及价值观念、

文化传统、伦理道德和习惯习俗等要素的制约作用，这些非正式制度要素作为利益冲突防治中的一种制度安排，其创新、过渡和改变的变迁速度慢且具有路径依赖特征。因此，要更好地维护和增进公共利益，实现领导干部利益冲突的非正式制度有效防治，必须遵循渐进以及诱致的变迁治理方式。

1. 优先考虑渐进性制度变迁治理

渐进性制度变迁指通过长期缓慢、逐步实现新旧制度之间良好交替且未引起社会较大动荡的制度变迁过程，它是一个相对突进式或激进式制度变迁的概念。由于非正式制度具有变迁滞后性和路径依赖性的特征，这决定了它无法像正式制度变迁那样可以一夜之间发生，需要历经一个长期演变的过程。这意味着我国非正式制度视域下领导干部利益冲突防治也应该是一个渐进性变迁的事实过程。因此，在我国利益冲突防治过程中，必须充分考虑到领导干部的价值观念，社会文化传统、伦理道德理念以及习惯习俗风气是一种历史积淀，会产生持续长久的影响。因此，不能冒险采取突进和激进式的方式，随意从别国或别的地区借鉴有关利益冲突防治的制度安排。否则会遭遇缺乏非正式制度同步变迁的支持，无法被容纳、认同和执行，陷入无法推行的制度锁定僵局。因此，必须找准改革时机和步骤，通过渐进式变迁的改造和培育，不断重塑和夯实非正式制度内部领导干部责任意识、廉洁文化、自律品格以及良好风俗等制度基础，实现正式制度存量与非正式制度增量的整体协调推进，提高制度的相容耦合性，实现利益冲突制度治理成效的最大化。

2. 充分鼓励诱致性制度变迁治理

与由政府或其他社会组织通过正式法律法令、政策法规等强制推行的强制性制度变迁不同，诱致性制度变迁一般指个人或团体响应获利机会，由"利益"而"诱导"他们对现行制度进行变革或创造新的制度。非正式制度视域下领导干部利益冲突防治中通过价值观念、文化传统、伦理道德和习惯习俗等要素，对领导干部利益冲突行为选择产生约束作用，诱发领导干部感知到其自身思想观念、廉洁氛围、能力素养以及行为习惯的提升，能够带来社会褒扬、组织认可、自我满足的愉悦感和荣誉感。从而在内心构筑起防范利益冲突的道德防线，自发倡导建立更多响应社会号召、符合社会需求的防治利益冲突正式法规，并做到自觉遵循、主动贯彻和积极落实。因此，相较于正式制度视域下依赖于政府强制供给和推行的领导干部利益冲突防治，缺乏社会足够认可和支持的局面。非正式制度视域下新时代领导干部利益冲突防治的诱致性制度变迁，是激励和引发领导干部自发健全有关正式制度安排，使得制度有更强的制度相容耦合性，从而降低制度创新、变革和实施的成本。

第二节 新时代领导干部利益冲突防治非正式制度体系构成要素

本书基于前述非正式制度概念中的要素析取以及领导干部利益冲突的具体实际，将主要围绕价值观念、文化传统、伦理道德以及习惯习俗这四个关键要素进行具体探讨。并且，从深度访谈和文献梳理的领导干部利益冲突行为选择成因分析来看，依据关联程度，也主要涉及非正式制度约束价值取向、道德水平、历史文化以及社会习俗等因素。因而，非正式制度对领导干部利益冲突防治的影响要素分析，将主要围绕这四个关键要素予以展开，进一步挖掘和提炼出它们贯穿影响领导干部利益冲突行为选择全过程的具体因子，探讨它们如何促成新时代领导干部最终作出攫取私人利益还是优先维护公共利益的抉择，从而影响新时代我国领导干部利益冲突防治的成效。

一 价值观念要素

价值观念是非正式制度的重要组成部分，是反映社会深层结构的观念体系。① 一般认为价值观念是个人或群体对客观事物一定程度的价值判断，一种有关美丑、善恶、好坏、值得或者不值得等一整套外显或内隐的意识、思维和看法，影响着人们行为方式、手段与目的的选择。而关于价值观念的结构，国内外学者有的从形成条件与时间分为传统长期和现实短暂价值观；有的按表现层次分为表层和深层价值观；有的从主体判断分为个人取向、集体取向和社会取向价值观；还有的从其作用和影响范围分为群体性和个体性、自我或社会价值观，等等。② 基于此，本书认为影响新时代我国领导干部利益冲突行为选择的非正式制度价值观念主要指领导干部在行政过程中面对私人利益和公共利益之间的冲突与矛盾时，引导、规范和调节其行为倾向与选择结果的意识、观念、认知和判断等。现实政治实践中，由于领导干部自身具有公共与私人双重角色属性，因而会在此基础上形成调节利益冲突行为选择的宏观层次社会价值取向、中观层次集体价值取向以及微观层次个人价值取向。它们作为一种内心价值判断的尺度，既揭示了当代社会和集体的价值要求，又规范了个体应该遵循的观念底线，引导领导干部在复杂多变的利益冲突中进行自我调适和反思，成为有效发挥制度约束作用的内控基础，具体来说：

一是提供共同信念和持续精神动力的社会取向价值观。在现实社会条件下，社会取向价值观是领导干部对国家经济、政治、社会、文化和生态文明发展目标和长远利益的认识与评价，反映了其自身对社会主义美好生活向往的真挚愿望，它是一种对民族、国家和社会普遍认同的精神动力。可以说，当领导干部自身的社会取向价值观与当前我国社会主义初级阶段基本国情相适应，又符合共产主义发展的长远目标价值要求时，将对领导干部利益冲突行为选择产生

---

① 王文贵：《互动与耦合：非正式制度与经济发展》，中国社会科学出版社2007年版，第157页。
② 柴世钦：《行政价值观的结构与臻善》，《求索》2009年第12期。

积极、正面和持续的激励作用。引导他们自觉加强对马列主义、毛泽东思想和中国特色社会主义理论的学习，树立努力实现共产主义的理想信念，坚持立党为公、执政为民的世界观、人生观与价值观。从而将党和国家与社会对其的期望转化为自身思想层面自觉坚守行政道德的情操，自觉维护国家、社会和人民利益的信念和动力，引导领导干部在利益冲突中增进优先维护公共利益的倾向和行为选择。

二是激励自觉担当和履行好人民公仆职责的集体取向价值观。集体取向价值是领导干部对自身在党和国家政府组织中所承担本职工作的认识和态度，以及兑现为人民服务和为人民谋利承诺的意愿和倾向。一般来说，领导干部的集体取向价值会影响他们在规范判断上，是否以党和国家的利益、人民的利益为导向，并将它们置于自身个人利益之上；是否考虑在追求个人正当利益的同时，还考虑更大范围的增进社会整体利益，并推崇集体合作，形成强烈维护公共利益的社会责任感。也就是说，领导干部若具备正确的集体取向价值观，会影响和指引其以党和国家、政府和人民的利益作为行为选择的根本标准，从而在利益冲突行为选择中不会轻易为部门的小团体利益、亲友利益或自身不正当利益而牺牲社会整体与集体的利益。因而，这也是党和国家一直认同和倡导的，社会与人民群众始终拥护与支持的价值取向。

三是影响领导干部个人利益追求与判断的个人取向价值观。个人取向价值观是领导干部有关利益、道德与诚信等方面的认识和评价，决定其是否以自我为中心，以自我利益作为道德评价的标准和思想行动的原则。领导干部也是自我独立表达、追求正当利益和崇尚自我表现等的公民个体，将通过自我利益得失的判断，及其对利益预期收益与成本的衡量，来约束其自身利益追求的内在动机、思想和行为。一般而言，作为党和国家领导干部应该具备健康正确的个人取向价值观念，不受外界金钱、名利、人情与美色的诱惑，公正公平地行使好公共权力，合理追求个人正当利益，规避非法与不正当利益，正确处理好社会利益、集体利益与个人利益之间的关系。

现实生活中，如果每一个领导干部都具有尊崇个人利益服从集体利益、公正严明、廉洁奉公等心理定式，都能够做到理性地追求自身利益和实现自我价值，就能有效约束和规避自身以权谋私行为，树立起清正廉洁的人民好公仆形象。

二 文化传统要素

"文化乃制度之母。"① 可以说，制度的形成、巩固和发展，均需要有相应的文化为其提供指导和奠定基础。狭义上的文化传统是一定民族或群体在长期的社会生活实践中缓慢形成，并世代延续的一种稳定的精神基础和相似的民族文化心理。它是世代相传的文化中传统的特质，产生和成长于特定民族历代生活和重复实践中，形成指导人们行为活动的精神力量。虽没有成文的规定，却以静默无声的方式，规范着人们的思维方式、情感抒发以及审美趣味。基于此，本书认为影响领导干部利益冲突行为选择的非正式制度文化传统主要指一定历史时期和社会条件下在公共部门内渐渐积淀而成，持久影响和调控领导干部利益冲突行为选择的系列传统文化心理、文化氛围与文化精神。它们无形中凝聚积淀形成一股内在规定领导干部谋取私利的心理、思维及方式的精神力量，促进领导干部之间彼此协调与合作，推动达成维护和增进公共利益的一致观念与共同意识，成为防治利益冲突的"软实力"，具体来说：

一是形成评判利益冲突行为选择舆论压力的社会包容心理。社会包容心理是一个由多种传统观念传承和整合构成的"文化场"，体现和表征着群众对领导干部利益冲突行为持包容或抵制的情感反应。它就像一把衡量社会廉洁程度的评判标尺，通过对各种错误扭曲价值观念的谴责和批判，引导领导干部和人民群众自觉抵制各种消极思想和腐朽文化，在全社会范围形成反贪尚廉的文化场域。这种全

---

① ［美］塞缪尔·亨廷顿、劳伦斯·哈里森：《文化的重要作用》，程克雄译，新华出版社2002年版，第16页。

社会对领导干部利益冲突行为零容忍或低包容的社会心理一旦形成，将通过对廉洁从政的褒扬和利益冲突的贬抑，使全党全社会置身于这种社会舆论压力塑造的软环境之中。久而久之，人们的思想在这种环境影响和辐射下，自觉认同和接受现存社会的心理期望，养成遵规守法、严格自律的行为方式。如若领导干部逾越了社会的容忍心理范畴，违背了被全社会认同的行为规范和心理底线，便会遭致社会观念评判上的一致唾弃和强烈抵制。

二是潜移默化熏陶领导干部思想和行为的组织廉洁氛围。组织廉洁氛围是领导干部感知到的党和政府对廉政法规制度、政策条例、纪律要求的制定颁布、实施流程及执行情况的重视程度，以及感知到的党和政府组织中以权谋私、寻租腐败等行为的普遍程度。它是衡量政治清明、政府清廉的重要标准。一般来说，组织廉洁氛围有着强大的、不以人的意志为转移的潜移默化熏陶功能，它可以不知不觉感染、影响和制约着领导干部思想，在熏陶作用下使他们的行为表现出倾向于和组织环境保持一致的从众心理特征。如果组织中蕴含浓厚的廉洁氛围，就能为利益冲突防治的有效开展营造和提供良好的文化环境支撑。促进领导干部从情感和心理层面树立尚清崇廉的权力观、地位观和群众观等核心理念，自觉加强廉洁自律、拒腐防变和抵御利益冲突风险的能力。反之，一旦组织中廉洁氛围不浓，充斥着领导干部干扰和影响公共职责履行、侵害公共利益的消极氛围时，领导干部极易发生类似以权谋取私利的从众行为。

三是激发认同并拥护利益冲突法规制度的个体法治精神。个体法治精神主要指领导干部在权力行使过程中，是否具备公正守法、诚实守信和廉政勤政等公共精神，是否拥有与现代政治民主生态、市场经济发展相适应的法律素养和法制观念。它是考察和探究利益冲突防治文化传统中文化精神的一个重要窗口。因此，领导干部法治精神的强弱反映他们对法律规范的认同程度和自觉遵循态度，对依法防治利益冲突具有重要的导向、控制和调节作用。它决定了领导干部能否自觉遵循并拥护防治利益冲突的有关制度法规、办事规则、业务程序和工作要求等，能否率先垂范地维护法纪权威，按法规制度和党纪党规等相关规定要求，履行好维护公共利益的职责和义务，杜绝以权谋私现象。因此，领导干部法治精神的提高更有利于保证他们科学合理、正确有效地运用手中的权力，依法行政，从而克服人治弊端，杜绝利益冲突行为的发生。

三　伦理道德要素

非正式制度伦理道德作为政治经济社会活动中调节人们之间关系所应当遵循的行为规范和内在约束，可以通过社会规范所要求的评价标准以及个人修养而成的道德信念来制约人们不同和多元的利益追求。在政治实践活动中，主要涉及党员干部的道德意识、道德品质、道德规范和道德风尚等伦理道德要素。一般来说，党员干部伦理道德水平的高低也决定了其科学决策水平，也就是说高水平的伦理道德更能抵制外界因素的干扰和制约。因而，本书认为影响新时代领导干部利益冲突行为选择的非正式制度伦理道德主要指领导干部在党的执政、国家权力行使、机关内部事务管理与社会公共服务的提供过程中，内在调控领导干部与各利益主体之间关系的社会伦理规范与个人道德品质的统称。它们不仅为领导干部提供指向维护公共利益的内在行为规范要求，还通过提升自身道德修养和道德自律机制，增强领导干部在利益冲突中保持清廉高尚的道德人格和坚持正确行为选择的能力，具体来说：

一方面，包括强化领导干部责任意识的社会伦理规范。社会伦理规范是全社会人们思维活动的产物，凝结着人类的理性能力，是全社会基本的道德准则。它既不能靠法律来规定，也不能为法律所替代。它不同于一般成文的法律政令，不需要通过设立专门机构或按严格正式程序强制执行，而是通过在长期的社会实践中逐步形成和世代传承，并被社会认可和接受的诸如体谅、礼貌、自律等无形的行为要求和规范，促使人们在处理各种利益关系时，树立自觉遵循这些不成文规范的内心信念。在利益冲突防治过程中，社会伦理规范折射出的许多价值规范，是正式法规制度的一种必要且相当重要的约束补充。它通过强化领导干部的理智、正义、勇敢、团结、宽容、义务等责任意识，树立坚定维护公共利益的道德认知和情感，自觉做到社会伦理规范所强调和要求做到的公平公正、清正清廉和勤俭节制，等等。并使领导干部能够以公正无私、正直刚毅的品质积极充分履行岗位职责要求，确保有关防治利益冲突法规制度、党纪条例等在全社会得以充分落实和推行，实现增进公共利益的最大化目标。

另一方面，还包括引领廉洁从政并坚守高尚人格的个人道德品质。领导干部在公共权力行使过程中，不仅是党和国家管理职能的承担者，应该坚守公共职业道德；同时，还是公民道德的示范引领者，应当自觉履行公民道德义务。领导干部的职业道德要求他在行使公共权力时，必须明确自身的岗位职责，积极践行全心全意为人民服务的宗旨，坚守"廉洁行政"和"为人民服务"的职业道德。不仅要以自觉维护党和国家、人民的公共利益优先为原则，履行好本职工作所要求完成的任务，还要有心怀天下、心系大众的积极作为心态，为增进全社会福祉而不懈奋斗。同时，好的领导干部还必须是好公民，这就要求必须具有高尚的思想道德品质和人格心理素质。领导干部高尚的人格品质犹如建立在自身内心深处的道德法庭，要求其在日常生活中保持道德、正义和高尚的"政治良心"，时刻审视行为选择前的自我动机，从而不断调整行为选择过程中的方向和方式，最后继续对行为选择的结果进行深刻审查和反省，形成领导干部积极履行公民道德和义务的重要内在动力。

四 习惯习俗要素

非正式制度习惯习俗可以理解为是某一国家或地区在社会交往实践中，长期延续并积淀养成的一些被社会广泛认可和遵从的思维定式、生活方式和社会风尚等总和。它是一种不需理解却会被不假思索地得到遵从作出某种符合既定要求的行为选择的约束。[①] 当某些人偏离、破坏或违背这些规范和约束时，往往会被固定群体视为异类而加以排斥。因而，本书认为影响领导干部利益冲突行为选择的非正式制度习惯习俗主要指在社会交往实践过程中，逐渐积淀形成自觉或不自觉地影响领导干部利益冲突行为选择的社会思维定式和行为习惯。从前面利益冲突成因分析来看，影响我国领导干部行为选择的主要有社会风气风俗和家庭本位习俗。相对于法律和政令等"硬控制"来说，它们犹如"不成文的习惯法"，通过传习内化深深地根植于领导干部的内心，影响他们的利益冲突行为选择，是一种非强制性的"软控制"[②]，具体来说：

一方面，包括引发领导干部行为模仿和参照的社会风气风俗。社会风气风俗是在社会生活中长期积累形成的一种反复出现、绵延不绝，又经人人模仿和遵从传习，在自我教化的实施过程中渐渐确立起来的一种群体意识和既定规范。它一旦形成，就具有文化规范和习惯法的双重属性，成为一种约束人们语言与心理、思维与行为的基本力量。可以说，利益冲突防治中的非正式制度习惯习俗要素，包括为大多数领导干部所遵循的如忠于党和国家、服务人民利益等好的党风和作风。但身处特定政治与行政环境中的领导干部无疑将受到长期积累形成的官场习俗影响，它们就像一种非强制性的"惯例"，潜移默化地感染着领导干部的言行观念和行为方式，并使他们不自觉地模仿和遵循着各种约定俗成的官场潜规则，例如"文山文海"的会风、"礼尚往来"的人情、"熟人同盟"的关系网等陋习。这些隐匿在成文的正式规则之下，为实现各自利益最大化目的而相互博弈自发形成的官场"潜规则"以及消极传统习俗的惰性力量，会形成一股不良的社会风气与官僚作风，引发阻抗法规制度制定与

[①] Schotter A. ed., *The Economic Theory of Social Institutions*, Cambridge: Cambridge University Press, 1981, p.9.

[②] 蔡小慎、张存达：《非正式约束视角下公职人员利益冲突的治理》，《安徽师范大学学报》（人文社会科学版）2013年第3期。

落实，损害党和国家及社会利益的不良行为。

另一方面，还包括领导干部来自亲属期待和压力的家庭本位习俗。社会学家费孝通认为人与人之间的人际关系就像水波纹般一圈一圈由近及远展开，人们往往以自己或自己家庭为中心，按照亲疏远近将与其交往对象划分为几个予以差别对待的同心圆，整个社会各种关系可以"一概家庭化之"。这种家庭本位习俗植根于人们心中并成为其行动的心理定式，深深地影响着人们的各种行为选择。可以说，中国是以家庭本位为鲜明特征的社会组织结构，家庭是每个人经济资助、安全教育和社会交往最重要的场所，社会伦理体系的五伦关系中以家庭为中心的父子、夫妻及长幼关系就占了其中三种。因而，这种以家庭本位为根本基础和单位的生活方式，强调个体存在和发展也必须以家庭价值和优先发展为前提，塑造着每个处于"家庭关系"中的领导干部性格心理和行为取向。这样一来，客观上就大致确定了大多数领导干部都将依照家庭成员之间相互的行为期待习惯，而选择自己应尽的家庭责任和义务，这种实现家庭期待的义务感无形中指引着领导干部的利益冲突行为选择结果。一般而言，具有良好的家庭教育环境，家庭成员对领导干部具有保持清正廉洁作风的行为期待，也不去干扰其正确履行公务职责时，领导干部会更倾向于保持和作出维护公共利益的行为选择。

第三节 新时代领导干部利益冲突防治的非正式制度体系作用机理

上述非正式制度价值观念要素中的领导干部社会、集体和个人价值取向，文化传统要素中的社会容忍心理、组织廉洁氛围以及个体法治精神，伦理道德要素中的社会伦理规范及个人道德品质，以及习惯习俗要素中的社会风气及家庭本位习俗等因子，不仅会无一例外地影响和制约着领导干部利益冲突中的价值判断及行为选择倾向。同时，它们还会对领导干部利益冲突行为选择产生价值指引、文化导向、道德调控及习俗规范等约束功能，进而对利益冲突防治中的制度供给偏好、制度变迁路径、制度实施成本及其制度演化效率产生重要的影响和作用。

一 价值观念影响利益冲突防治制度供给偏好

影响新时代领导干部利益冲突防治的非正式制度价值观念是一整套包含了领导干部社会取向、集体取向和个人取向的价值观念体系和行为评价准则。领导干部自觉维护公共利益的价值观念一旦形成，将作用于自身的思想意识层面，引导其在内心树立起正确的权力观、地位观和利益观等廉政价值理念，从而能外化为积极制定和出台、自觉接受并认可有关利益冲突防治的制度安排行为。总之，不论是正式制度抑或非正式制度都要以一定的价值观念为基础与核心，只有利益冲突防治中的正式制度约束得到领导干部的价值认同和内心拥护，才能真正形成有效发挥制度约束作用的基础和支柱，具体作用机制主要体现在以下两个方面。

一方面，价值观念规定了利益冲突防治中领导干部制度建构的供给偏好。马克思认为："物质决定意识，经济关系变化决定思想意识，之后形成一些政治观点，然后在这些政治观点和价值观念的指导下，才形成相适应的制度。"① 新制度主义学家哈耶克认为，观念对人的行为引导是决定制度演进方向的一种基本力量。② 诺思也认为人的价值观念或意识形态偏好的变化，是导致制度变迁的重要原因。③ 因此，虽然说现实中，决定一个国家利益冲突防治成效的关键因素，在于是否具备健全和完善的法规制度体系，但这又往往取决

---

① 转引自肖前《马克思主义哲学原理》，中国人民大学出版社 1994 年版，第 360 页。

② 唐绍欣：《非正式制度经济学》，山东大学出版社 2010 年版，第 204 页。

③ ［美］道格拉斯·C. 诺思：《经济史中的结构与变迁》，陈郁、罗华平等译，上海人民出版社 1994 年版，第 51 页。

于制度建构的主体领导干部出台廉政制度供给的意识偏好。如果负责制度制定与政策出台的领导干部具有热爱社会主义事业的价值取向、为广大人民群众谋利益的集体价值观念以及清正廉洁的个人价值观念，那么将确保不会偏离客观公平公正、社会清廉效益的方向，会围绕公众呼吁与社会需求，积极推动各项有利于新时代我国领导干部利益冲突防治的政策法规制度出台。因而，价值观念的更新变革是制度建构的前提，同时，价值观念取向及其存在状态也是加速或延缓制度发展演进的重要保证。倘若忽视领导干部制度观念意识的更新与培育，将不利于国家利益冲突防治现代化目标的实现。

另一方面，价值观念还是领导干部制度认同意识形成的思想基础。制度认同意识就是指出台和颁布的有关防治利益冲突的制度法规，得到了领导干部价值观念上的自觉接受、认可和遵从。由于非正式制度价值观念中储存着社会、集体和个体取向的观念信息，塑造和引导着领导干部的思维意识和行动方向，规范和约束着哪些行为符合利益冲突防治相关制度要求，哪些是强烈禁止的行为。因此它可以渐渐将这些强制限制转化为内心的认同理念，最终外化为一种自然的主动履行和自觉服从遵守的精神信念。当领导干部价值观念与所要执行的利益冲突防治正式制度要求相吻合一致时，制度结构及其安排就能获得领导干部的价值观念支撑，形成自觉维护和执行制度的廉政制度认同与敬仰意识。这种意识是制度获得威权认可和积极贯彻执行的重要基础和保障。制度认同意识越高，制度的执行就越有效。反之，没有或得不到领导干部价值观念的认同，法规制度即使依托强制力得以颁布实施，但最终也会很难受到执行者的认同和支持，阻碍其长期执行下去或在执行中发生严重偏离，造成制度法规虚置和执行流于形式，降低整体利益冲突防治制度约束的效率。

二 文化传统影响利益冲突防治制度变迁路径

与正式规则约束的"硬实力"相比，具有持久生命力和世代相传的文化传统是防治利益冲突的"软实力",它是渐渐积淀而成的全社会共同精神基础。主要通过社会包容心理、组织廉洁氛围以及个体法治精神等内在因素,在无声无息中向人们辐射或渗透一种带有明显倾向性的行为准则,不仅对社会个体尤其是领导干部的思维及权力行使方式,发挥强大的凝聚和潜移默化的导向功能;并在其营造的文化氛围中影响利益冲突防治制度体系的形成与变迁,增强社会成员对所有廉政制度的认同,具体作用机制主要体现在以下两个方面。

一方面,文化传统为利益冲突防治中正式制度的形成和变迁提供指导和奠定基础。前面提到过制度演进理性主义者认为,文化先于诸如宪政秩序等正式规则而产生是其形成的基础。也就是说,一个国家的政治经济制度等任何正式制度规则的产生和发展,除了受本国社会生产力状况的制约外,同时还深深植根于一定的文化传统土壤。正因为如此,文化传统要素成为造成制度变迁过程中对历史原有规则形成路径依赖的重要因素。也就是说,某一国家或地区的社会中过去的文化传统特质影响着当下制度的形成和发展,延续至今的文化传统也会在未来的时空中依然限制着制度的变迁和发展方向。可见,文化传统构成了利益冲突防治制度体系建构和发展的源泉和基础,文化传统的演进也直接影响着利益冲突防治中制度变迁的进程和绩效。因此,利益冲突防治正式制度的实施能否取得预期治理成效,在很大程度上取决于是否与非正式制度约束的文化传统演变一致或两者是否相容。一般而言,如果社会中拥有对利益冲突较低的社会包容心理、清正的组织廉洁氛围以及强健的法治精神等文化传统,将极大地推进制度安排进入良性变迁轨道;反之,就会出现制度实施过程中的摩擦、冲突与内耗。这意味着倘若快速从一国或地区移植一项新的正式制度并强制出台推行,但并没有及时同步生成新的文化认同理念的支撑,那么,文化传统中仍维持的特权、官本位等消极滞后因素,将侵蚀和弱化该正式制度的约束效力,使之无法得以长久贯彻或执行,或将有可能被永远"锁定"在某种无效率停滞不前的状态。这也启发我们任何一个国家在利益冲突防治过程中都不应也不可能随意照搬、照抄他国或其他地区的政策、制度或法规。

另一方面,文化传统为利益冲突防治制度体系提供共享观念认可和支持的环境。任何制度的制定与执行都要以一定的文化氛围为前提,制度体系的出台或实施只有得到了社会文化的认可和接受,才能真正得以有效地贯彻和实施。[①] 新制度主义理论认为,一个社会的文化观念力量形成了一套关于现行组织架构、政策法规制度的普遍认知,建构了一个参照现行准则、价值观念和信仰定义的社会认同系统,诱导甚至迫使所有的组织都采纳符合共享观念的决策规章制度。因此,在设计决策正式规则时,其首要目标是关心规则与文化环境的适应性,以社会共享观念的认可与支持为前提或基础,否则,正式规则即使颁布实施也将发生部分偏离。这也就意味着,如果在利益冲突防治中一旦形成廉政文化传统,就能提供一种良好感染力的外部文化环境,从情感和心理上影响和引导领导干部树立起廉政观念和廉政意识,渐渐使廉洁从政成为全社会的普遍共识与压力氛围。它不需要依靠正式制度强制推行,以彼此认同的廉洁理念共识,凝聚形成一股自发应对和预防利益冲突的内在力量。既为已有的利益冲突防治制度体系提供合法性认同观念,又为新的制度建立提供思想意识和心理上的支持,共同为实现维护和增进公共利益的价值目标而努力奋斗。

三 伦理道德影响利益冲突防治制度实施成本

伦理道德作为非正式制度的主要构成要素之一,不像法规制度等正式制度依靠外在强制力量发挥作用,而是主要依靠社会伦理规范以及个人道德品质,从内心深处调控和影响领导干部的利益冲突

[①] 文丰安:《廉政文化建设在制度反腐中的作用思考》,《社会科学家》2013 年第 11 期。

行为选择。它主要通过内化的道德善恶标准以及道德认知、情感和信念等，在内心建立起调节与遏制谋取私利动机意图的心理防线。使领导干部对自身肩负公共职责与使命的认识，从自发到自省，最后再到自觉，形成认同和遵循利益冲突防治制度安排的道德修养与道德人格。从而减少利益冲突防治制度实施过程中的摩擦、内耗与成本，有效克服"搭便车"等机会主义行为，其具体作用机制主要体现在以下两个方面。

一方面，从社会伦理规范角度看，伦理道德利于节约和减少利益冲突防治中正式法规制度强制执行成本及实施监管费用。伦理道德中的社会伦理规范蕴含着大量有关判断和评价人们行为是否"应当"与是否"值得"的内容信息，它是长期交往过程中逐渐积累流传下来，并可以对人的行为进行合理判断与评价的一种社会共同道德准则。它可以激发人们保持着与其评判标准或善恶裁决一致性的行为倾向。因而，可以通过倡导有利于公正公平、清正廉洁行为的价值导向，对于合乎良好伦理规范要求的领导干部予以赞扬和鼓励，使之产生强烈的责任感、义务感和良心感；对于不合乎道德要求的领导干部行为予以谴责和批评，使之产生道德羞愧感，以此来规范领导干部的利益冲突行为选择。一般来说，包含与廉洁相关的社会伦理规范越健全、越被认可和接受，就越能营造一种积极的道德舆论氛围，并激发出内心的信念精神力量，促进领导干部进行自我约束和自我"评价"，作出坚定和保持符合社会伦理规范要求的道德倾向和行为选择。这样有助于缩减领导干部在公私利益行为选择困境中所耗费的时间成本和精力，降低因领导干部有限理性不足而可能产生违纪违法的不确定性风险，最终实现节约和减少利益冲突防治中正式法规制度的强制执行成本及实施监管费用。

另一方面，从个人道德品质角度看，伦理道德也会增加违背利益冲突防治中正式法规制度的道德心理成本。伦理道德中的个人道德品质是人们在实践过程中逐渐形成的道德意识、观念、情感和人格。它本质上是一种自律责任，不依靠强制而是通过自我内心道德信仰与信念的修养，增强和培养荣辱羞耻观念和遵纪守法意识。现实政治实践过程中，领导干部个人道德品质越高尚、维护公共利益的道德意识和良心感越强烈，则认为遵纪守法、清正廉洁会带来更多的道德自豪感与良心满足。反之，则会在内心产生一种内疚感、受到良心谴责的罪恶感，违背利益冲突防治中正式法规制度的道德心理成本也随之增大。① 久而久之，就会形成领导干部不愿也不想作出以权谋私行为选择的自律机制，由此产生一种道德良知的心理压力，实现自我抑制和约束谋取个人利益的动机，从而促进和强化领导干部自觉遵循利益冲突防治中正式法规制度的道德意识和素养，有效修正、克服和抑制利益冲突中的各种以权谋私等机会主义行为倾向。

四 习惯习俗影响利益冲突防治制度演化效率

不少新制度主义者认为制度遵循着从个人习惯到群体习俗，再到惯例最后至成文法的一个动态逻辑演进过程。② 前面讨论过非正式制度习惯习俗是人类历代沉淀的一种具有相对稳定性的共同经验汇集，当前主要有社会风气风俗以及家庭本位习俗影响领导干部作出趋于与某种既定习俗规范相一致的行为选择。部分新制度主义学派还认为，各种制度归根结底都是由最开始的社会风俗习惯渐渐演化形成的。因此，可以说，某一国家或地区的社会中有何种风俗习惯就大致决定了会有何种制度构架，它是社会中制度赖以生存、变迁和发挥作用的重要基础，其具体作用机制主要体现在以下两个方面。

一方面，习惯习俗是制度演进的逻辑起点，并以一系列被自愿遵循和服从的无形规则，弥补着利益冲突防治中正式法规制度的漏洞。可以说，习俗是人类社会中最原始的一种制度形式，刚开始它

---

① 李文珊：《当代中国廉政建设中的道德调控研究》，中央文献出版社2007年版，第208—210页。

② 韦森：《社会秩序的经济分析导论》，上海三联书店2001年版，第5—6章。

只是一种不断累积、长期驻存并约定俗成的集体习俗。但随着向社会成员推广渗透过程中演化为社会的一般惯例，渐渐演化为一定群体内人们自愿遵循且无形的行为规则，最后还有可能催生出成文的习惯法。① 现代法治国家建设过程中，虽然法律法规制度仍然是约束领导干部利益冲突最主要的手段，但是其建设的滞后性和条文的概括性决定了其无法事无巨细地涵盖和包罗所有利益冲突现象。而习惯习俗因汇集了大量经过生活提炼和实践检验有利于人类社会交往的知识、信息和智慧，这些包含着一套"可以、能够或应该怎样"的，如风尚、礼节等传统经验和规矩，自觉或不自觉地熏陶和规范着领导干部利益冲突行为选择观念意识以及个人行为习惯。因此，在利益冲突防治过程中，良好习俗习惯的存在，可以有效弥补正式法规制度在制约领导干部利益冲突行为选择过程中存在的不足和漏洞。它可以作为一种领导干部自愿遵守和服从契合习俗规范要求的行为准则，在法律不能或无法充分调整的地方，发挥着积极重要的行为约束作用。因此，在领导干部利益冲突防治的法治进程中，我们应该将传统优秀、合理的民间习惯吸收、借鉴到法制的层面，使其部分成文化和规范化，进一步提升利益冲突防治制度约束效力。

另一方面，习惯习俗还承载着防治利益冲突法律法规设立的基础，关系着有效执行和自觉遵守的实际成效。② 我们知道制度演化主义认为人类社会历史法律是从习惯—习俗—惯例—习惯法—成文法的"诱致性变迁型"制度化过程。从这个角度上说，任何的国家宏观秩序规则制定都离不开民间习惯习俗这个基础。而通过实践传承、相沿承袭形成的习惯习俗，通常蕴含和凝聚着一个民族群体认同的稳定心理感情和延续的价值理念。因此，领导干部利益冲突防治中的正式法律法规制定和出台也必须建立在社会习俗蕴含的内在价值

---

① ［美］博登海默：《法理学—法哲学及其方法》，邓正来、姬敬武译，华夏出版社 1987 年版，第 371 页。
② 王新生：《习惯性规范研究》，中国政法大学出版社 2010 年版，第 268 页。

理念与人民的心理情感认同基础之上。习惯习俗可以通过系列被共同遵循和服从的具有亲近感的行政习俗规范，无形地把行政组织内的人员凝聚起来，使制定好的法律法规潜移默化地融入组织情感中，引导其逐渐热爱和向往自觉贯彻有关制约利益冲突行为的法律法规。如果脱离人们世代相传的民间传统习惯，则很难得到领导干部的自觉遵守和执行，发展成为真正切实有效的法律约束，纵然勉强得以执行，也要相应付出巨大的执行成本。并且，随着习惯习俗逐渐演化，最终在利益冲突防治中出台的新法律规章制度，也很有可能是在政府组织内所共有的习俗或以往的惯例基础上形成的，实现非正式制度规则向正式制度规则的演变转化。

第四节　新时代领导干部利益冲突防治的非正式制度防治体系制约效果

综上所述，非正式制度体系内价值观念、传统文化、伦理道德及其习惯习俗这四个关键要素及其具体因子，都不仅影响着领导干部利益冲突行为选择中的自身观念、心理、态度和价值判断，从而影响到领导干部利益冲突行为选择的主观动机和意图生成。同时，作为制度要素的另一面，又影响着领导干部利益冲突防治中正式制度的供给、变迁、实施及演化进程，从而影响领导干部利益冲突行为选择过程中是否具备正式制度漏洞的机会及其以权谋私的便利条件和风险。总之，利益冲突防治中的非正式制度各要素之间相互依存、相互影响，贯穿并综合作用于领导干部利益冲突行为选择的全过程，极大地影响着新时代我国领导干部利益冲突防治的成效。

一　抑制利益冲突中谋取私利行为动机

在前文领导干部利益冲突行为选择过程及制约因素分析中已提到过，领导干部利益冲突中谋取私利动机是在领导干部内在需求刺激、意志动摇、观念扭曲等因素推动下的行为选择结果。而根据上文分析可知，非正式制度各要素通过影响领导干部对物质和精神利益等内在需求的满足、私人利益攫取的思想和观念，从而影响利益冲突行为动机是否生成。首先，非正式制度价值观念通过领导干部社会、集体和自身取向的价值判断，引导和激励树立起正确对待权力，坚定维护公共利益的价值信念，在公共利益与私人利益的矛盾情境中调节和抑制自身内心的不正当利益需求。坚定和保持党和国家、社会和人民利益高于自身利益的价值判断，自觉形成认同现有约束利益冲突行为的法规秩序体系的制度意识。其次，非正式制度文化传统中社会包容心理、廉政文化氛围以及个人法治精神也能够为利益冲突防治的有效开展提供良好的环境支撑。通过建立社会共享的信念体系，潜移默化地熏陶和教化着领导干部个人谋取私利的行为选择。引导他们学会自我甄别各种复杂的利益需求，增强自身尚清崇廉的核心价值理念以及拒腐防变和抵御风险的能力。再次，非正式制度伦理道德中的社会伦理规范和个人道德品质修养，可以有效制约领导干部个体私欲的膨胀。以自律约束机制调节领导干部更多关注和提升自身清正廉洁的道德品质和人格素养，使他们从希望攫取大量私利的侥幸心理，转向希望获取更多道德荣誉和道德良心的满足感，有效缩减利益冲突防治中所要耗费的制度实施与监督成本。最后，非正式制度习惯习俗要素中良好社会风气风俗和家庭习俗，可以渐渐演变成领导干部自觉遵循防治利益冲突法规制度的良好行为习惯，实施有效的自我约束和自我监督。总之，非正式制度因涵盖了影响领导干部利益冲突行为选择的价值取向、文化心理、道德观念以及行为习惯等要素，为领导干部建构起了一整套正确辨析和判断公私利益的思想观念，增强了领导干部对利益冲突防治中正式法规制度的价值认同和追求，从而在思想观念和心理态度层面，建立起自觉抵御和抑制领导干部谋取私利动机的第一道防线。

二 消减利益冲突中谋取私利行为机会

在领导干部利益冲突行为选择过程及制约因素的分析中还提到过，领导干部利益冲突行为选择的客观机会主要指在法律法规等外在制约下以权谋私行为发生的可能条件。而根据上文分析可知，非正式制度要素影响领导干部利益冲突防治中正式制度的供给、变迁、实施及演化，从而最终将影响利益冲突行为选择机会和便利条件是否存在。首先，非正式制度可以"推进"抑或"阻挠"领导干部利益冲突防治中正式制度的供给。身处公共权力中心的领导干部是否具有提供新制度安排的能力和意愿还面临着其自身有限理性、价值观念取向、伦理道德水平等要素方面的制约。如果负责利益冲突防治中正式制度制定与实施的领导干部具有清正廉洁的价值观念，有着较高的个人道德素养，有着客观公平公正处事的行为习惯，这将激励其围绕现实制度需求，积极推动各项廉政政策法规制度的出台。反之，则会干扰和阻碍制度发展和演进。其次，非正式制度可以使领导干部利益冲突正式制度变迁处于"均衡"抑或"锁定"的状态。正式制度演变是否顺利、能否收到预期效果，在很大程度上取决于其方向是否与非正式制度自发演变方向保持一致，是否能得到其相应观念、文化和道德理念与行为习惯上的支持和配合。若是在非正式制度各要素的累积和相应支持基础上渐渐诱致出台、发展与演化的正式制度，将具有良好的相容耦合性，容易实现制约利益冲突行为的制度均衡。反之，内在的价值观念、社会文化传统和历史习惯习俗调试与变迁，若滞后于正式制度变化，可能就会出现正式制度无法得到它们内在认可、接受与遵循的作用支持，制度即使出台也将进入"制度锁定"状态。最后，非正式制度可以影响领导干部"自觉"抑或"反抗"地贯彻和执行利益冲突正式法规制度。利益冲突防治中的正式制度能否有效实施很大程度上取决于领导干部对这些规则的理解和认同程度。非正式制度可以悄无声息地发挥着道德示范、文化认同等作用，自发形成认同和敬畏正式法规制度的文化心理，从而实现对利益冲突的有效治理。反之，容易形成对制度执行拖延、抗拒甚至反对的态度。总之，积极的非正式制度可以有力推进和建设利益冲突防治的第二道防线，也就是推进正式制度的健全与完善，消减和阻隔谋取私利动机转化为实际以权谋私行为的客观机会与条件。

三　增加利益冲突中谋取私利行为风险

在领导干部利益冲突行为选择过程及制约因素的分析中还提到过，即使存在客观制度漏洞机会和以权谋私的便利条件，领导干部在最终决定是否付诸实施谋取私利时，不可避免地还要进行理性风险的判断。只有当利益冲突行为带来的预期成本超过其预期收益时，才会坚定选择维护公共利益的廉政廉洁行为。而根据上文分析可知，一方面，非正式制度总是给予人们以巨大的价值支柱与精神动力，通过包含的一系列价值准则、社会环境、道德评判、社会习俗等要素，激励、指导和告诉人们哪些是正确并且应该作出的行为判断与选择，当领导干部遵循这些无形约束和规范时将受到社会的肯定或推崇。从而促进和强化领导干部自觉遵循利益冲突防治中正式法规制度的道德意识和素养，有效修正、克服和抑制利益冲突中各种以权谋私等机会主义行为倾向。另一方面，非正式制度还通过长期交往过程中逐渐积累流传下来，并可以对人的行为进行合理判断与评价的社会共同道德准则和社会舆论压力，对于不合乎道德和偏离规范要求的领导干部予以谴责、批评和歧视，使他们在内心产生一种道德羞愧感和内疚感、受到良心谴责的罪恶感，同时增加了违背利益冲突防治中正式法规制度的道德心理成本和压力。总之，非正式制度不仅通过提升维护公共利益后可能获得的社会倡导、榜样模范确立、组织奖赏等清廉收益，还通过增加利益冲突被查出后可能会遭到失去政治地位、损害社会名誉、道德损失的心理压力等惩处成本，从而达到增加利益冲突行为选择的风险，有助于筑牢领导干部利益冲突防治的最后一道防线。

第七章

新时代领导干部利益冲突防治的实践成效

通过前文分析，我们知道领导干部利益冲突行为选择是其个体心理因素与正式制度和非正式制度环境相互作用下的结果。因而，制度环境中，无论是正式制度还是非正式制度，都会对领导干部利益冲突行为选择全过程产生重要影响与作用，但两者对行为过程的影响各有特点，各有优势并存在差别。那么，新时代我国针对领导干部利益冲突防治到底作出哪些制度安排，取得了哪些成绩？又存在什么问题与不足呢？本章将一方面梳理出我国领导干部利益冲突防治的正式制度演变历程，探寻领导干部利益冲突正式制度防治的实践成效；另一方面，为进一步验证上文非正式制度作用于领导干部利益冲突防治的理论分析，以及提出更加规范合理指导利益冲突防治实践的实施策略，构建了其作用的理论模型，并提出非正式制度影响领导干部利益冲突中行为倾向的10个理论假设，追寻影响领导干部利益冲突行为选择的具体非正式制度因子及其作用强度，为本书研究和论证提供实践基础和支撑。

第一节　新时代领导干部利益冲突防治的正式制度实践沿革及成效

一　新时代领导干部利益冲突防治的正式制度变迁沿革及历程

由于利益冲突是在 20 世纪 70 年代才在国际范围内逐渐兴起的廉政概念，因而，本书主要探讨我国党中央和政府机关自改革开放以来到新时代，为应对国际国内环境变化中各类利益冲突问题，所作出的系列防范和治理领导干部利益冲突的制度安排。依据不同时期制度演变的特点，梳理出我国利益冲突防治大致历经了概念起始、规范形成和制度完善三个阶段（见图 7.1）。

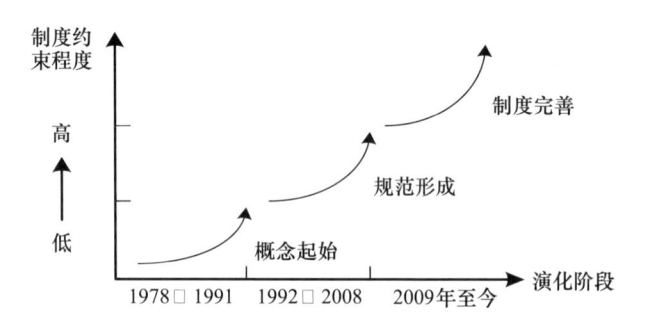

图 7.1　领导干部利益冲突制度治理的演化历程

1. 利益冲突防治概念起始阶段（1978—1991）

随着改革开放尤其是 1984 年通过的《中共中央关于经济体制改革的决定》，我国开始发展公有制基础上有计划的商品经济，私营经济得到迅速发展。很多领导干部经商、兼职，以及合伙兴办经营企业，从根本上触动了经济基础、利益结构和分配方式的变化，导致很多领导干部都展开了排他性的经济利益追求，出现公私利益分化和冲突。这一时期，国家领导高层虽对"利益冲突"并没有清楚的整体界定，但对利益冲突概念范围内的经商、办企业、兼职等以权谋私危害有了深刻认识，开始从纯粹的纠风和清理运动渐渐转向颁布系列防治利益冲突的禁令和举措。

第一，以整党整风方式应对以权谋私等不正之风。从1981年中共十一届中央纪委第三次全会《坚定不移搞好党风》和1983年中共十二届中央纪委第二次全会《尽快实现党风的根本好转》的报告中可以发现，此时国家将领导干部利用职权占用住房、为亲属找工作等不当的利益冲突行为认为是工作纪律和思想作风的沦陷，要求全党从意识信念方面增强组织纪律性。

第二，发布严禁经商、办企业的规定。1984年中共中央、国务院发布《关于严禁党政机关和党政干部经商、办企业的决定》；1985年出台《关于禁止领导干部的子女、配偶经商的决定》；1986年再次发布了《关于进一步制止党政机关和党政干部经商、办企业的规定》，要求党政机关领导干部及其子女、配偶，一律不准经商、办企业，违反者要给予党纪政纪处分，触犯刑律的，要依法惩处。

第三，下达限制兼职及其他政府外部活动的通知。1985年中共中央和国务院办公厅下达《关于党政机关干部不兼任经济实体职务的补充通知》，要求所有在职或离退休的党政机关干部，已经兼任或受聘的，应辞去兼职职务或辞去党政机关职务。1989年初再一次下达《关于清理党和国家机关干部在公司（企业）兼职有关问题的通知》，要求必须在3月底以前辞去公司或机关职务，并且要求工商行政管理部门不予受理有党和国家机关干部兼职公司（企业）的审批注册手续。

第四，印发禁止领导干部收受礼品及馈赠的规定。1980年中共中央印发《关于禁止在对外活动送礼、受礼的决定》，规定除党和国家领导同志、外事单位和外贸机构的工作人员，其他任何单位和个人，都不得在对外活动中赠送或收受礼品。1988年又印发了《国家行政机关及其工作人员在国内公务活动中不得赠送和接受礼品的规定》，进一步明确了在国内公务活动中禁止假借名义或者以变相形式赠送和接受礼物。

2. 利益冲突防治规范形成阶段（1992—2008）

从1992年党的十四大报告正式确定我国建立社会主义市场经济体制的方向以后，经济政策上自由化、分权化、非公有化程度逐步加深，促进了经济市场中各地区、各阶层的资源相互流动。政府职能边界随之不断扩大，加上对效率优先的政策偏好，导致通过公共权力在金融、土地、外贸等经济热点领域寻租的利益冲突现象频发，呈现出利益源泉多元化和利益矛盾凸显化。对此，国家逐渐意识到必须有效预防和治理领导干部的利益冲突问题，尤其是2000年中纪委在第四次全会工作报告中首次提出"利益冲突"概念后，防治利益冲突开始作为核心的廉政制度建设频繁出现在政策法规文件中，通过出台系列先行先试的"试行"或"暂行"规定，逐步促进了防治利益冲突制度的规范化发展。

第一，出台倡导领导干部财产申报的规定。财产申报制度被国际公认为是预防利益冲突最有效的制度之一，1995年中共中央和国务院办公厅出台《关于党政机关县（处）级以上领导干部收入申报的规定》，首次要求县（处）级以上党政领导干部以及国有大、中型企业负责人，每年7月和次年1月，必须就工资及各类福利费，从事讲学、写作等劳务所得，承包、承租经营所得等收入进行申报。2001年中纪委和中组部联合发布《关于省部级现职领导干部报告家庭财产的规定（试行）》，要求省部级现职领导干部每两年报告本人及配偶、子女的个人和共有现金、存款等各项家庭财产。

第二，印发规范领导干部离职后"旋转门"行为的规定。2004年中共中央办公厅印发的《关于党政领导干部辞职从事经营活动有关问题的意见》和2008年中共中央纪委印发的《关于规范中管干部辞去公职或者退（离）休后担任上市公司、基金管理公司独立董事、独立监事的通知》，均要求中管干部及其他党政领导干部在辞职三年内，不得到原任职务管辖地区和业务范围内的企业、经营性事业单位和社会中介组织任职，不得从事或者代理与原工作业务直接相关的经商、办企业活动。

第三，出台领导干部任职回避暂行规定。1996年人事部印发《国家公务员任职回避和公务回避暂行办法》以及2006年的《公务员法》和中共中央组织部制定的《党政领导干部任职回避暂行规定》中，要求领导干部不能在本人成长地担任重要职务，直系或三代以内旁系亲属不能在同一机关同时担任领导职务或者有直接上下级领导关系。

第四，成立领导干部利益冲突防治管理机构。2007年国家预防腐败局经中央正式批准设立，这是一个从利益冲突管理角度预防腐败的制度安排，承担了全国预防腐败工作的政策制定、检查指导和国际合作等职能。并且2018年3月，第十三届全国人大第一次会议审议通过宪法修正案，设立了中华人民共和国监察委员会，不再保留国家预防腐败局，并入国家监察委员会。

3. 利益冲突防治制度完善阶段（2009年至今）

2008年之后受国际金融危机影响，我国国民经济增速逐渐放缓，公共产品生产和公共资源配置领域的利益竞争更加激烈，与此同时，国家、集体和个人在现代市场体系建立过程中利益格局进一步分化和复杂化，利益冲突矛盾形式更加隐蔽。在此背景下，2009年中共十七届四中全会通过了《中共中央关于加强和改进新形势下党的建设若干重大问题的决定》，首次在党中央文件中明确提出了"建立健全防止利益冲突制度"的任务，体现了我国高层领导着力构建防治利益冲突制度的廉政建设思路更加清晰。随着2013年十八届中央纪委第二次全体会议强调，要把权力关进制度的笼子里，2016年十八届中央纪委第六次全体会议再次强调，坚持全面从严治党，依规治党，把纪律挺在前面，预示着作为从源头上治理腐败关键环节的防治利益冲突进入了制度化推进的全新阶段。

第一，正式实施全面体现防治利益冲突精神的准则。2010年中共中央正式实施《中国共产党党员领导干部廉洁从政若干准则》，这部自1997年开始试行的法规从八个方面详细规制了52种领导干部与公共利益相冲突的行为。2015 年 10 月中共中央印发了《中国共产党廉洁自律准则》（上述《中国共产党党员领导干部廉洁从政若干准则》同时废止），明确了党员必须坚持公私分明，先公后私；党员领导干部必须廉洁用权，自觉维护人民根本利益。为了更好地进行具有许多新的历史特点的伟大斗争、推进党的建设新的伟大工程、克服"四种危险"，2016 年 11 月正式实行《关于新形势下党内政治生活的若干准则》，加强和规范党内政治生活，着力增强党自我净化、自我完善、自我革新、自我提高能力，着力提高党的领导水平和执政水平、增强领导干部拒腐防变和抵御风险能力。

第二，完善领导干部报告个人有关事项的规定。2010 年中共中央和国务院办公厅重新印发《关于领导干部报告个人有关事项的规定》，同时 1997 年和 2006 年的相关规定予以废止，要求担任领导或非领导职务的副县（处）级以上干部，应报告本人、配偶、共同生活的子女参加集资建房、操办婚丧喜庆、与外国人通婚、因私出国（境）等有关事项情况。进入新时代，为更好地适应新形势新要求，中央决定对 2010 年印发的《关于领导干部报告个人有关事项的规定》予以再次修订，自 2017 年 2 月 8 日起实行。新规定坚持分类管理原则，抓住"关键少数"，进一步突出了对党政领导干部的监督，将国有企业、事业单位的报告对象范围作了适当调整，报告事项内容更加突出与领导干部权力行为关联紧密的家事、家产情况等。

第三，以改进工作作风来防治利益冲突。2012 年中共中央政治局审议通过《关于改进工作作风、密切联系群众的八项规定》，2013 年中共中央发出《关于落实中央八项规定精神坚决刹住中秋国庆期间公款送礼等不正之风的通知》，同年 11 月，还发布《关于严禁元旦春节期间公款购买赠送烟花爆竹等年货节礼的通知》等，通过严禁公款滥用、厉行勤俭节约等规定，要求领导干部自觉改进工作作风，防范利益冲突发生，为长期制度反腐赢得更充裕时间。2018 年 10 月和 2019 年 9 月，新修订的《中国共产党纪律处分条例》和

《中国共产党问责条例》相继正式实施，坚持依规治党与以德治党相结合，明确了干部违反政治纪律、组织纪律、廉洁纪律、群众纪律、工作纪律和生活纪律六类违纪行为，规范和强化党的问责工作，将党的十八大以来从严治党的实践成果制度化、常态化，划出了党组织和党员不可触碰的底线。

此外，我国各地对公职干部利益冲突管理制度也进行了较为丰富的实践探索：例如，浙江省台州市推进"一把手"防治利益冲突机制建设，出台《台州市党员领导干部防止利益冲突暂行规定》，明确对"一把手"11种具体行为限制。2010年7月，杭州市出台的《关于防止国家工作人员在公共资源交易、公共产品采购、公共资产管理中发生利益冲突的若干规定（试行）》详细规定了国家工作人员在公共资源交易、公共产品采购、公共资产管理中的公务行为，并建立健全利益公开、利益回避、不直接分管、离职后行为限制、全程审计和举报奖励六项制度。如其中的不直接分管制度，规定单位主要领导不得直接分管本单位的财务、物资采购和工程招投标，根据分工确定由班子成员分别负责本单位的财务、物资采购和工程招投标，形成相互制约与监督机制。同时对违反规定的情况也作了相关处理说明。最终通过这些制度设计，铲除发生利益冲突的土壤和条件，达到最大限度地防止利益冲突的目的。浙江省温州市试点国家机关公职人员利益冲突回避制度，规范系统内部管理，避免裙带关系给工作带来不利影响，维护行政管理相对人的合法权益。如温州市环保局出台了《温州市环保局职务回避制度》，同时还建立了利益冲突回避内容和程序的公开公示制度，综合运用网络媒体等渠道，将各岗位职权和利益冲突回避制度程序向社会公开，接受社会各界的监督。温州瑞安市于2008年底出台《行政事业单位工作人员利益冲突回避暂行规定》，明确事业单位工作人员必须回避的关系主体主要有配偶、父母、子女、兄弟、姐妹以及他们的近亲属等。在借鉴瑞安市做法的基础上，温州市于2009年7月推出了《温州市国家工作人员利益冲突回避暂行办法》，在全市开展试点，建立利益冲突回避信息库，明确岗位职责，规范实施程序，严格审查纠错，实行公开公示等措施。

二 新时代我国领导干部利益冲突防治的正式制度演化成就

上述我国领导干部利益冲突防治的正式制度安排取得了哪些成效，其演化进程又存在什么不足呢？这需要我们基于利益冲突制度防治中的正式制度、非正式制度及其实施机制的演变调整，考察它们适应经济、政治和社会环境需求的均衡契合程度以及对利益冲突防治绩效的预期实现水平（见图 7.2）。

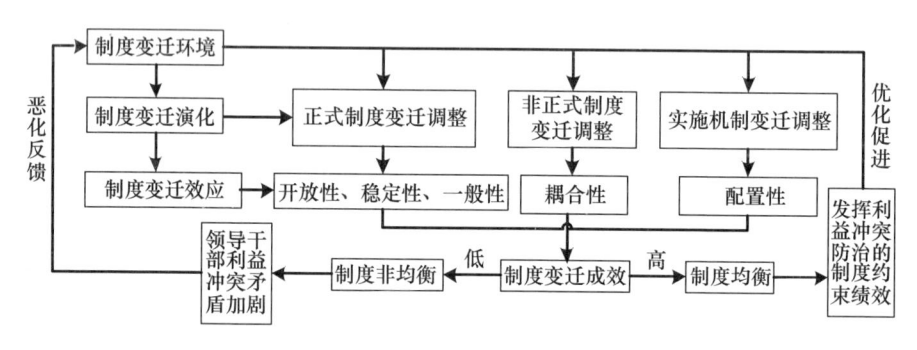

图 7.2 领导干部利益冲突防治制度变迁及其治理绩效水平

第一，正式制度作出了适应调整变迁。具有强约束效应的制度安排应具有允许对新环境作出创新行为的开放性、对未来环境提供可靠指南的确定性或稳定性，以及对个人和情景实施无差别待遇的一般性。虽然本书并没有在前面所述过程中完全穷尽改革开放以来我国所有防止利益冲突的制度规章。但可以看出，改革开放 40 多年来，为应对不同外部环境挑战下制约利益冲突矛盾的需求，我国政府适时作出相关防治利益冲突制度安排，实现了利益结构嬗变与概念化起步、利益矛盾凸显与规范化发展、利益格局复杂与制度化推进的循序演进。形成了包括党内文件、政策性文件和法律法规等类型的正式制度框架体系，基本覆盖了利益限制、离职限制、利益公开、利益回避等防治利益冲突的制度内容。可以说,我国的防治利益冲突制度在一定程度上回应了各阶段经济、政治和社会环境对利益冲突行为约束的需求,具有较灵活的开放性。

第二,非正式制度也随正式制度变迁作出了相应调适。前面我们提到过,具有灵活适应性效率的正式制度体系是以人们长期交往中逐渐形成的价值观念与传统文化等非正式制度为基础的。也就是说,正式制度和非正式制度变迁的耦合与匹配是制度约束效应高低的关键。在改革实践中,当非正式制度随正式制度变迁作出相应调整时,将提供相耦合的思想观念并成为诱导变迁的先导指南;而当其调整滞后于正式制度变迁时,将发生不相容的制度冲突,阻滞变迁进程。从上述我国防治利益冲突制度变迁的演化进程可以看出,党中央、国务院及其相关部门从一开始认识到利益冲突问题的危害,再到提出利益冲突概念,最后明确了建立健全防治利益冲突制度的目标,逐渐认识到围绕防治利益冲突构建廉政体系的重要性。总体而言,党中央和国务院总体价值理念随着外部利益冲突矛盾恶化作出了相应调整,通过党的历次会议精神,积极推进社会主义核心价值观、廉政文化建设以及党的作风建设等,在短时间内引导各级政府思想观念更新转型,积极引入和推动实施了一系列数量众多、涉及领域宽泛的政策和法规制度,推进了各阶段防治利益冲突制度变迁的演化,在全社会逐渐形成全面从严治党的高压态势,全力遏制社会不良风气风俗。

第三,保障正式制度与非正式制度有效落实的实施机制随环境也得以推进。真正有效率的市场是必须由鼓励适应性效率的正式规则、补充的非正规制约和有效的实施来加以补充实现。[①] 因此,防治利益冲突制度约束效应的高低,还取决于确保制度有效贯彻执行的实施机制是否随环境变化相应调整,否则任何制度都将形同虚设。

---

① 田湘波、杨燕妮:《中国廉政制度的适应性分析》,《湖南大学学报》(社会科学版)2008年第2期。

我国自 2007 年专门设立国家预防腐败局以来，其主要职责就是通过政策制定、协调指导等来预防腐败，实际上发挥了从源头上防治利益冲突从而杜绝腐败的职能权限，并于 2018 年 3 月并入国家监察委员会，这对于打破我国防治利益冲突各单项制度主管、实施和监督部门林立的局面，探索独立统一承担利益冲突管理职能的机构建设是很有必要的，也是适宜的。并且，党的十八大以来，为了进一步适应新形势下全面从严治党新的实践需要，2018 年 10 月，中共中央政治局审议通过新修订的《中国共产党纪律处分条例》，明确禁止利用职权职务影响为他人或配偶、子女等谋取利益，接受可能影响公正执行公务的宴请或者旅游等系列利益冲突行为，并要求给予这些行为警告或者严重警告处分，情节严重的，给予撤销党内职务、留党察看或者开除党籍处分。2019 年 9 月，中共中央政治局审议通过新修订的《中国共产党问责条例》，规范和强化对各级党组织和各级领导干部主体问责工作，力图实现以问责倒逼政策目标落实和法规制度执行，进一步唤醒和推动了我国领导干部积极贯彻利益冲突防治法规制度的责任意识和实施效力。

三　新时代我国领导干部利益冲突防治的正式制度不足及成因

虽然从我国领导干部利益冲突防治的制度安排梳理来看，其正式制度、非正式制度及其实施机制随着经济、政治和社会环境需求，作出了相应调适和创新，已经取得了一定成效，但它们在利益冲突防治绩效的预期实现水平方面，由于制度约束供给不均衡，制度变迁速度不协调，制度配套不一致等原因，仍存在着不足，具体突出表现在以下三方面。

1. 正式制度供给不均衡导致制度约束效应递减

从前文制度治理演化历程中可以看出，从制度形式上来看，我国防治利益冲突制度主要由只为解决特定时期、特定领域利益冲突问题的意见、通知、决定、规定、准则等构成。这些制度文件并没有以"利益冲突"作为统一规范的法律用语，其立法宗旨、效力等级、适用范围以及制度的续存能力等均存在很大的局限性。如果前期某个特定利益冲突问题得不到有效的防治，就会在原有规范基础上继续叠加新的制度规范，导致制度数量虽逐年上升，但其权威性却未明显增长的悖论。例如，由于1984年颁布《关于严禁党政机关和党政干部经商、办企业的决定》后经商、办企业的利益冲突行为得不到有效遏制，1986年又不得不再次发布《关于进一步制止党政机关和党政干部经商、办企业的规定》。并且，从制度内容上来看，存在制度供给不足和供给过剩的不均衡双重困境。例如，防治领导干部利益冲突中最为重要的财产申报制度的申报主体对县级以下乡镇基层政府负责人和普通领导干部没有作出规定；利益限制制度的私人利益界定也非常模糊；回避制度也主要集中于亲属关系，无社会关系的回避；最为堪忧的是，我国目前还没有国际上通行的防治利益冲突资产秘密信托制度。而"利益限制专项治理"制度又存在供给过剩的局面，例如，几乎每年都会有关于领导干部铺张浪费、收受礼金、公款吃喝等相关禁令，这些不仅达不到预防的目的，反而极大地削弱了制度约束的权威性。上述问题反映出我国防治利益冲突制度的稳定性和确定性不足，无法提供准确的、权威的利益冲突行为选择指南。

另外，我国防治利益冲突制度的约束对象也不统一，制度无差别对待的一般性也有待提升。例如《中国共产党党员领导干部廉洁从政若干准则》约束的对象为党员领导干部；而《关于领导干部报告个人有关事项的规定》约束的对象，则包括各级党的机关、人大、行政、政协、审判、检察等机关中县处级副职以上的干部以及大型国有企业的领导班子成员。这种调整对象、规定原则、尺度的差异，会加剧不同层级领导干部的不平衡心理，进而导致防治利益冲突的各项制度因执行力度不够而被虚置。总之，随着我国经济社会的发展，防治利益冲突制度的变迁往往只限于增量革命和边际创新，而制度强约束效应的核心因素——正式制度稳定性及一般性性能却严重不足。原来针对单一特定领域有效的制度，随着时间的推移效率递减，在制度完成任务后，其效率也就释放殆尽，导致制度约束华而不实。这种没有统一规划设计的正式制度安排越来越不适应新时代复杂的经济、政治和社会环境需求，难以发挥治理利益冲突失范行为的约束绩效。

2. 缺乏非正式制度支持引发制度变迁非耦合

虽然党中央和国务院总体价值理念作出了变迁调整，但并不意味着负责具体制度设计与实施的所有领导干部个体价值观念也能够适时调整。一方面，由于防治利益冲突制度是对既得利益集团进行利益切割和重新分配的博弈规则，作为旧制度安排下获益的不少领导干部个体往往没有强烈的提供新制度安排的意愿和偏好。再加上领导干部大多自发响应获利机会不够，以及倡导和实施制度安排的诱致性制度变迁不足，制度设计往往与社会公众廉政的实际需求脱节。出现利益集团集体试错、切入时机把握不准、后续动力不强等问题，使得出台的制度处于一种"制度僵滞"的低效率水平，这也是民众虽迫切呼唤进一步完善家庭财产申报制度却遭遇阻碍的重要原因。另一方面，作为理性经济人的不少领导干部个体很难自觉摆脱"官本位"的思维模式，人治观念已经形成并予以沉淀，而适应新制度结构的法治思维又调适滞后，得不到领导干部主动认同的制度信仰支持，演变为惰性体制的维护者，并呈现出容易将利益冲突当作党员干部的不正作风问题来对待的路径依赖特征。导致许多从国外移植来扩充防治利益冲突制度集合的正式制度，无法发挥有效阻滞领导干部利益冲突行为的功效，进入某种无效率的锁定状态。

另外，一般来说，制度变迁的内源性要求新制度的实行必须根植于并相容于本国的非正式制度文化环境。但是，我国防治利益冲突制度变迁处于奥格所说的"文化滞差"环境当中，以关系和人情为主要交往方式的传统文化依然盛行，互惠互利、利益交换的原则成为社会普遍认可的"潜规则"，形成公私不分、以权谋私的思维方式和行为习惯，这样保障防治利益冲突制度运行所必需的诚信、廉洁、守法的廉政生态文化并未适时成长起来。总之，防治利益冲突非正式制度的变迁不仅仅意味着官方价值理念的创新和调整。而且还与非正式制度内在社会观念的传统根植性和历史文化的积淀缓慢性息息相关。使得作为具体制度设计和执行主体的领导干部制度创新诉求不足以及制度执行观念偏差，无法形成制度认同和信仰支持，出现了非正式制度与正式制度的非耦合甚至冲突现象，新制度面临巨大的政治成本和实施成本，制度约束绩效大打折扣。

3. 制度实施机制不足加剧制度执行软弱乏力

虽然我国设立过国家预防腐败局，并于 2018 年 3 月并入国家监察委员会，加强了党对反腐败工作的统一领导，实现对所有公职人员全覆盖，推动了反腐斗争深入发展。但与大多数发达国家专门的利益冲突管理机构相比，仍有较大的差距。如美国的政府道德署专门负责审查和处理领导干部的个人利益和公共利益冲突问题，在政府各主要部门和机构中还专门设立专职道德官，负责官员的财产申报，为领导干部提供防治利益冲突的教育、咨询和指导。

除《中国共产党纪律处分条例》《中国共产党问责条例》等少数规定外，前文所述的绝大多数防治利益冲突制度均没有设定相应的惩罚性条款和实施措施，具体执行过分依赖于领导干部的自觉。由此，许多制度规范仅停留在强调道德自律的"不准""禁止"等说教层面，导致制度实施效果并不明显。约束对象可以根据自己的利益倾向有选择性地执行决策、不执行决策或者过度执行决策。并且，我国对领导干部违反利益冲突法规的行为成本非常低，具体的惩罚大多限于党内纪律或行政处罚，而得到相应刑事处罚的领导干部占发生利益冲突领导干部的比例非常低。只有涉及重大案件才会移交到司法机关，致使制度失去了应有的严肃性，并无实质性的约束力。比如，很少有官员是在收入申报这一环节被查处的，这项非常好的收入申报制度的实施基本上流于形式，远没有发挥它防范利益冲突的约束效力。而美国则是西方国家中较早将领导干部利益冲突犯罪行为明确写入刑事法规的国家之一，在《美国法典》中专门对"利益冲突"犯罪行为及其处罚做了详细规定，筑起了一道威慑警戒的高压红线。① 总之，我国保障防治利益冲突制度有效运转的实施机制，随外部环境变迁演化的效果并不理想，现实中没能更好发挥出监督与抑制利益冲突严峻局面的适应性绩效，出现有法不依、有令不行等制度虚置的官僚主义和形式主义问题，防治利益冲突制度无法真正得以落实执行。

第二节 新时代领导干部利益冲突防治的非正式制度约束实效性分析

通过前面第六章系统梳理非正式制度影响领导干部利益冲突行为选择的要素及其因子，并深入剖析它们影响领导干部利益冲突防治中正式制度的内在机制，明晰了非正式制度作用于领导干部利益冲突防治的综合效果。这让我们更加理性地认识和了解到非正式制度各维度要素及其因子就像一把双刃剑，对利益冲突防治既有积极的影响又有消极的影响。那么，在领导干部利益冲突行为选择过程中是否真的如描述和理论分析般，受到非正式制度价值观念、文化传统、伦理道德和习惯习俗这四个关键要素中十个因子的影响和约束？是正向还是负向的影响，其具体的影响和约束程度又如何？如何才能提高非正式制度对领导干部利益冲突防治的正面影响和效应，实现健全利益冲突防治体系和提升领导干部利益冲突防治能力的现代化目标？为解决这些问题，本书进行了问卷实证调查，试图通过立足于领导干部个体考察的角度，来追寻影响他们利益冲突行为选择的具体非正式制度因子。

---

① 蔡小慎、张存达：《我国防止利益冲突制度演变及其效应分析》，《理论探索》2015年第5期。

一 研究框架的确立

1. 理论模型的构建

根据非正式制度对领导干部利益冲突防治的作用机理分析可知，只要充分认识和积极发挥非正式制度对领导干部利益冲突中谋取私利行为动机、机会和风险的制约作用，全力切断其谋取私利行为选择过程中的一个或多个环节，全力增进领导干部维护公共利益的行为选择倾向，就可以推进我国领导干部利益冲突防治的现代化法治进程。循着这一思路，本节提出非正式制度作用于领导干部利益冲突防治的理论模型（见图7.3），该研究模型具体来说主要确立和包括了以下三层内涵。

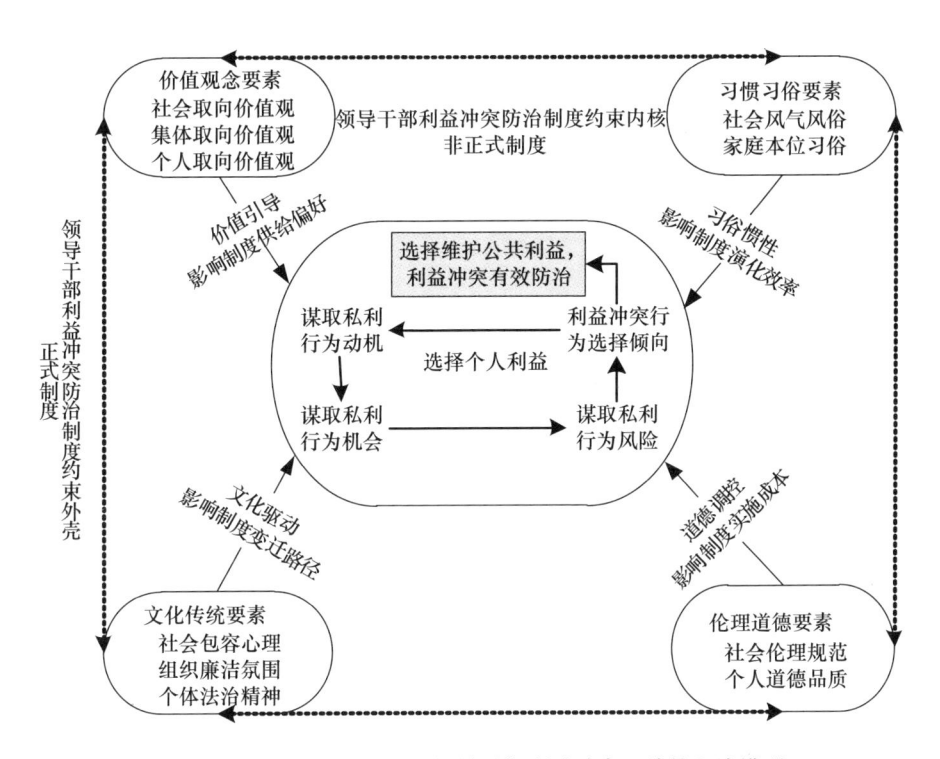

图7.3　非正式制度作用于领导干部利益冲突防治的理论模型

第一层内涵，是非正式制度作用于领导干部利益冲突防治的关键要素和具体因子。它们包括非正式制度价值观念、文化传统、伦理道德和习惯习俗四个关键维度要素，以及这些关键要素中的领导干部社会、集体和个人取向价值；社会容忍心理、组织廉洁氛围和个体法治精神；社会伦理规范和个人道德品质；社会风气风俗和家庭本位习俗等具体因子。基于前面第六章文献挖掘和提炼分析可知，上述要素和因子基本囊括了利益冲突防治中非正式制度影响领导干部谋取私利抑或维护公利价值判断和行为倾向的各层面要素和因子。因此，可以说，这是整个理论模型最为核心的部分和关键所在。

第二层内涵，是这些非正式制度关键要素及其具体因子作用于领导干部利益冲突防治的内在机制。其中，非正式制度价值观念要素及其因子是领导干部制度认同意识形成的思想基础，发挥着价值指引功能，规定了领导干部制度建构的供给偏好。非正式制度文化传统要素及其因子为利益冲突防治制度体系提供共享观念认可和支持的环境，发挥着文化导向功能，为正式制度的形成和变迁提供指导和奠定基础。非正式制度伦理道德要素及其因子，会增加违背正式法规制度的道德心理成本，发挥道德调控功能，利于节约和减少正式法规制度被强制执行的成本及监管实施费用。非正式制度习惯习俗要素及其因子以一系列被自愿遵循和服从的无形规则，弥补正式法规制度的漏洞，发挥习俗惯性功能，成为利益冲突防治中正式法规制度设立的基础，并影响其被有效执行和自觉遵守的实际成效。

第三层内涵，是这些非正式制度关键要素及其具体因子作用于领导干部利益冲突防治的功效。与领导干部利益冲突防治的制度约束外壳——正式制度相比，作为制度内核的非正式制度，因其涵盖影响领导干部利益冲突防治的关键要素及其具体因子，为领导干部建构起了一整套正确判断和辨析公私利益的思想观念，在内心形成不想、不愿谋取私利的自我约束，从根本上建立起自觉抵御和抑制领导干部谋取私利动机生成的第一道防线。同时，非正式制度作为制度要素的另一面，还能增强和推进利益冲突防治中正式法规制度的供给、变迁、实施及演化，消减和阻隔谋取私利动机转化为实际以权谋私行为的客观机会与条件，有力推进形成利益冲突防治的第二道防线。另外，非正式制度不仅通过可能获得的组织提拔、奖励和榜样示范等物质和精神收益提升公共利益，还通过可能面临的道德损失、舆论谴责、诚信记录等惩处，达到增加谋取私利行为选择的风险，筑牢领导干部利益冲突防治的最后一道防线。

总之，利益冲突防治中的非正式制度各要素之间相互依存、相互影响，贯穿并综合作用于领导干部利益冲突行为选择的全过程，使利益冲突行为无机可乘、无处可逃，有利于提升我国领导干部利益冲突防治的成效。

2. 研究假设的提出

根据上述构建的非正式制度作用于领导干部利益冲突防治的理论模型，并结合前文的理论分析，本书提出如下研究假设。

（1）非正式制度约束价值观念要素是领导干部利益冲突防治中的引导力。它源于领导干部思想深处的社会、集体和自我取向价值观念，作为其主观价值判断的标尺，发挥着引导领导干部在错综复杂的利益冲突中，明确全心全意为人民服务、切实维护好公共利益的奋斗目标，指引进行自我调适和反思，自觉形成对正式法规制度的价值认同，以在利益冲突困境中作出维护公共利益的行为选择，从而促进领导干部利益冲突的有效治理（见图7.4）。基于此，本书提出以下三个基本假设：

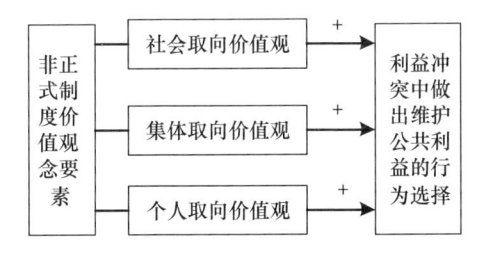

图7.4 价值观念要素对领导干部利益冲突行为选择的影响

假设1：社会取向价值观与利益冲突中领导干部公共利益行为倾向显著正相关，即社会取向价值观越端正越有利于领导干部利益冲突中作出维护公共利益的行为选择。

假设2：集体取向价值观与利益冲突中领导干部公共利益行为倾向显著正相关，即集体取向价值观越端正越有利于领导干部利益冲突中作出维护公共利益的行为选择。

假设3：个人取向价值观与利益冲突中领导干部公共利益行为倾向显著正相关，即个人取向价值观越端正越有利于领导干部利益冲突中作出维护公共利益的行为选择。

（2）非正式制度约束文化传统要素是领导干部利益冲突防治中的驱动力。它主要包括在长期的社会生活实践中逐渐形成的驱动领导干部行为选择的社会容忍心理、组织廉洁氛围以及个体法治精神三个精神要素。通过营造正义感、耻辱感、荣誉感的社会软环境，潜移默化地组织廉洁氛围，以及领导干部诚实守信、廉政勤政、遵纪守法等公共契约精神，推动领导干部在利益冲突中作出维护公共利益的行为选择（见图7.5）。基于此，本书提出以下三个基本假设：

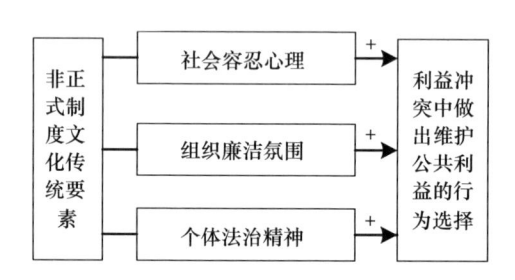

图7.5 文化传统要素对领导干部利益冲突行为选择的影响

假设4：社会容忍心理与利益冲突中领导干部公共利益行为倾向显著正相关，即社会越不容忍和抵制谋取私利现象，越倡导和激励公利优先行为，越有利于领导干部利益冲突中作出维护公共利益的行为选择。

假设5：组织廉洁氛围与利益冲突中领导干部公共利益行为倾向显著正相关，即组织廉洁氛围越好越有利于领导干部利益冲突中作出维护公共利益的行为选择。

假设6：个体法治精神与利益冲突中领导干部公共利益行为倾向显著正相关，即个体法治精神越强越有利于领导干部利益冲突中作出维护公共利益的行为选择。

（3）非正式制度约束伦理道德要素是领导干部利益冲突防治中的调控力。它一方面通过长期积淀形成的调节人们之间各种利益关系时应当遵循的社会伦理规范和善恶评判标准，形成社会道德氛围，对领导干部攫取私利或维护公利行为选择进行否定谴责或倡导鼓励，以此强化领导干部的责任意识。另一方面还通过长期提升自我道德修养，形成自觉维护公共利益的信念信仰、道德良心和个人道德品质，制约领导干部不断膨胀的利益追求欲望和观念，成为推进利益冲突中维护公共利益行为选择的重要调控法则（见图7.6）。基于此，本书提出以下两个基本假设：

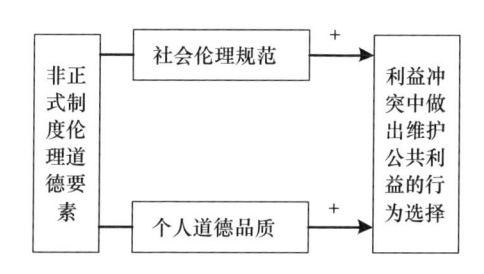

图7.6 伦理道德要素对领导干部利益冲突行为选择的影响

假设7：社会伦理规范与利益冲突中领导干部公共利益行为倾向显著正相关，即社会伦理规范越强越有利于领导干部利益冲突中作出维护公共利益的行为选择。

假设8：个人道德品质与利益冲突中领导干部公共利益行为倾向

显著正相关，即个人道德品质越高越有利于领导干部利益冲突中作出维护公共利益的行为选择。

（4）非正式制度约束习惯习俗要素是领导干部利益冲突防治中的惯性力。相对于法规制度等"硬控制"或"硬约束"，它犹如一种"软控制"或"不成文的习惯法"。主要通过社会生活实践过程中长期延续、世代传习并积淀而成的社会风气风俗，在不知不觉中影响领导干部作出某种既定的行为选择。良好的社会风俗可以成为领导干部自愿遵守和服从的行为准则，在法律不能或无法充分调整的地方，发挥积极重要的行为约束功能。并且，来自家庭本位习俗的压力和心理期盼也根植于领导干部内心深处，外化为一种与家庭期待保持一致的自觉自愿行为。因而，当期待领导干部保持清正廉洁的家风形成时，就会不去干扰其正确履行公务职责，领导干部会更倾向于保持和作出维护公共利益的行为选择。但事实上，当前强调领导干部个体必须以家庭价值的优先发展为前提，以家族本位利益为根本的旧习陋习依然泛滥，导致领导干部追逐家庭子女、配偶和整体亲缘利益的行为普遍存在（见图7.7）。基于此，本书提出以下两个基本假设：

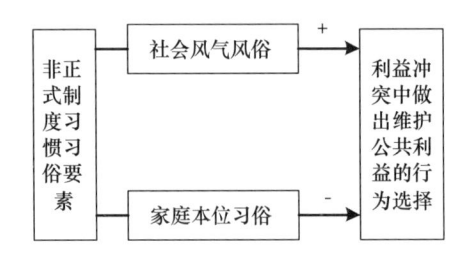

图7.7 习惯习俗要素对领导干部利益冲突行为选择的影响

假设9：社会风气风俗与利益冲突中领导干部公共利益行为倾向显著正相关，即社会风气风俗越好越有利于领导干部利益冲突中作出维护公共利益的行为选择。

假设10：家庭本位习俗与利益冲突中领导干部公共利益行为倾

向显著负相关,即以家庭本位利益为根本的旧习陋习越稀少,越有利于领导干部利益冲突中作出维护公共利益的行为选择。

综上所述,领导干部利益冲突非正式制度防治的正效应能否实现,主要取决于非正式制度体系内价值观念、文化传统、伦理道德和习惯习俗这四个关键要素中的十个因子,对利益冲突中领导干部是否作出维护公共利益的行为选择影响大小和作用强度。

二 实证调查设计

1. 调查目的与意义

本调查主要基于上述构建的理论模型分析和提出的十个研究基本假设,通过自编的李克特五点式问卷,先对非正式制度的价值观念、文化传统、伦理道德和习惯习俗这四个关键要素测量变量进行探索性因子分析,进而分析和论证这些因子与领导干部利益冲突行为选择之间的相关关系与因果关系。通过调查结果,了解非正式制度的哪些要素和哪些因子对领导干部利益冲突行为选择产生更显著的影响,是正相关影响还是负相关影响,以此为本书提出领导干部利益冲突防治的实施对策提供可靠的实证支撑和依据。

2. 调查问卷设计

(1) 问卷设计依据

当前,国内尚无从非正式制度视角来构架领导干部利益冲突的调查问卷,故首先在研究目的基础上进行问卷设计与构造,从而编制出《非正式制度约束影响领导干部利益冲突行为选择调查问卷》。本问卷的编制依据主要有两个方面。

一是因本书调查对象和内容为领导干部的利益冲突问题,涉及被调查者的个人隐私敏感问题,在测量领导干部在利益冲突中的行为选择倾向时,迫于当前高压反腐形势,难免会影响问卷信度效度以及数据的调查结果。因此,在获取被调查者在利益冲突中的行为选择倾向时,借鉴张绍煌在《业务人员利益冲突决策之研究》文章中测量金融部门业务人员在利益冲突情境中可能会采取的处理方式之情境问题测量法[①]，来研究利益冲突中领导干部的行为选择倾向和判断。本书选取来自网站、报纸等新闻媒体有关信息泄露或兜售、未来就业"旋转门"问题、处理亲属事务以及裙带关系与任人唯亲四个有关利益冲突问题的报道。以此为依据在问卷第二部分设置了四个利益冲突行为选择情境，通过对利益冲突行为倾向的李克特五点量表设计（1＝非常赞成，2＝赞成，3＝中立，4＝不赞成，5＝非常不赞成）及平均值的统计分析，更客观、明确地了解被调查领导干部在相似利益冲突情境中是倾向于攫取私人利益，还是更倾向于维护公共利益。

二是通过大量有关非正式制度文献的阅读，确定了非正式制度定义、要素和功能的一般理解。并通过学界对领导干部利益冲突问题的研究文献，加上本科、硕士阶段行政管理专业理论知识的学习，以在事业单位工作经历中对领导干部理性行为选择特点的了解，以及在与本领域专家学者和大连市纪委、监察局等部门领导的深入访谈基础上，对领导干部利益冲突这一现象有了更具经验性和观察性的感悟与了解。梳理出了领导干部利益冲突类型、表现、所固有的特征以及负面影响，并从影响领导干部利益冲突行为选择的主要内外部成因中，分析出主要涉及的非正式制度价值观念、文化传统、伦理道德以及习惯习俗要素，并进一步挖掘提炼出这些要素中具体的十个影响因子，等等。基于此，进行了本问卷第三部分"非正式制度关键要素综合调查"的编制与李克特五点量表的设计（1＝非常不符合，2＝不符合，3＝中立，4＝符合，5＝非常符合），通过较通俗简洁的语言表述，形成本问卷的主体框架和基本题项，为研究分析与结果解释奠定基础。

[①] 张绍煌：《业务人员利益冲突决策之研究》，硕士学位论文，台湾海洋大学，2015年，第42—43页。

(2) 问卷设计结构

《非正式制度约束影响领导干部利益冲突行为选择调查问卷》共有三个部分：第一部分为被调查者的基本资料；第二部分为利益冲突情境中领导干部的公共利益行为倾向问卷；第三部分为由非正式制度价值观念、文化传统、伦理道德和习惯习俗影响利益冲突行为选择测量量表组合而成的综合问卷（见图7.8），具体如下：

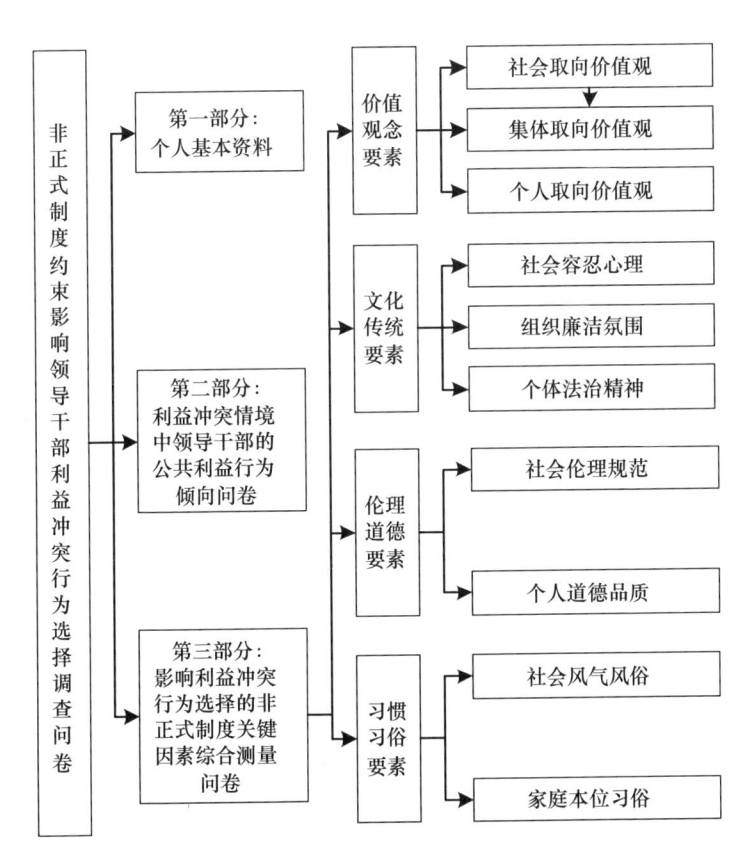

图7.8 非正式制度约束影响领导干部利益冲突行为选择调查问卷结构图

第一部分：个人基本资料。本部分主要通过基本资料信息，获取被调查者的性别、教育程度、行政级别、工作单位属性、任职年限、月收入状况、家庭状况和工作所在地基本情况。本部分采用封闭式选择方式。

第二部分：利益冲突情境中领导干部的公共利益行为倾向问卷。本部分由四个政治实践过程中领导干部通常会遇到的利益冲突情境故事组成，其中每个情境故事后面采用李克特五点量表，即从"1＝非常赞成"，"2＝赞成"，"3＝中立"，"4＝不赞成"，"5＝非常不赞成"来评定被调查者在面对利益冲突情境时作出何种行为选择判断。也就是说，被调查领导干部在这四个利益冲突情境调查中得分越低，代表被调查领导干部越具有个人利益的行为选择倾向，越趋向于和设定情境中的领导干部一样在利益冲突中选择以权谋私。反之，被调查领导干部在这四个利益冲突情境调查中得分越高，代表被调查领导干部越具有公共利益的行为选择倾向，也就是不认可设定情境中领导干部的行为选择，越趋向于廉政廉洁行为。

第三部分：影响领导干部利益冲突行为选择的非正式制度关键因素综合测量问卷。主要根据非正式制度价值观念、文化传统、伦理道德和习惯习俗这四个关键要素及其十个具体因子，影响新时代领导干部利益冲突行为选择的理论分析和基本假设，分别设计了四个分量表问卷。每个分量表问卷中各包含了15个题项，所有题项均采用李克特五点量表，即从"1＝非常不符合"，"2＝不符合"，"3＝中立"，"4＝符合"，"5＝非常符合"，来探索和评定影响领导干部利益冲突行为选择倾向的非正式制度关键要素及因子。各分量表中题目得分越高，代表被调查领导干部能够越认同和遵从该非正式制度要素内该题项所涉及的因子。

3. 调查问卷实施

（1）问卷对象与样本选择

本书采用判断抽样的方法，问卷调查和样本发放对象主要围绕较有代表性和典型性的利益冲突防治试点城市。并且综合考虑调查问卷发放的便利程度，最后样本发放选定在大连、沈阳、长沙、无锡和郴州这几个地方的党政机关、国有企事业单位和人民团体等公共部门中担任副科级以上职务的领导干部，调查形式为纸面问卷发放和电子邮件调查相结合。

(2) 问卷预试测

首先，请专家学者对调查问卷设计和题项内容进行鉴定与评价。总共咨询专家 8 人，其中教授 4 人，副教授 4 人，对问卷内一些表述不太明确或有缺陷的题项进行了修正，使之更加确切，词义更加明确。为了能提炼出各维度下具有足量衡量指标的可靠因子，还增加了一些题项设计，使之具有良好的信度与效度。

其次，在 2016 年 3—4 月，充分利用辽宁省内多个市、县党政机关领导干部在大连理工大学 MPA 培训班上课学习的机会，选取了其中的 30 位领导干部进行了小范围的当面预测试。被测试领导干部当中填答问卷最快的仅用时 5 分钟左右，最慢的用时将近 15 分钟，但其中大多数是在 10 分钟左右完成的，说明问卷设计所需填答时间是基本可行的。基于此阶段被调查者普遍反映的问卷伦理道德分量表与习惯习俗分量表内部分题项有所交叉，不能快速清晰地区别各题项之间的差异，于是在查阅文献加上继续和专家老师反馈交流之后，及时作出了进一步的修改和完善。此外，还随机对 5 名被测试调查人员进行了简要访谈，均认为问卷不存在反感和不便回答题项，说明调查问卷的伦理性较好，较能保证问卷数据获取的客观性和真实性。由此，最终形成本书的正式调查问卷，问卷共 72 道题，其中第一部分个人基本信息 8 道，第二部分利益冲突情境中行为选择倾向问卷 4 道，第三部分影响利益冲突行为选择的非正式制度关键要素综合量表 60 道（问卷详见附录 A）。

(3) 问卷正式发放及回收

本次问卷调查在 2016 年 4 月至 6 月之间进行，对大连市、沈阳市、长沙市、无锡市和郴州市副科级以上领导干部以判断抽样的方式进行纸质问卷和电子邮件问卷发放和回收。其中，在大连市和沈阳市发放的是纸面问卷，通过参加导师的国家社科基金课题"公共资源交易领域利益冲突防治制度创新研究",前往大连市纪委、监察局、公共资源交易中心等部门发放了100份问卷,并前往大连市长兴岛经济区发放40份问卷。通过任课老师给沈阳市各党政机关干部上MPA课程时机,向他们发放了60份问卷。另外,通过在长沙市、无锡市和郴州市党政机关工作的同学朋友关系发放了50份电子问卷。

最后,本次调查研究共发放《非正式制度约束影响领导干部利益冲突行为选择调查问卷》250份,回收244份,回收率为97.6%。其中以书面形式发放的问卷为200份,回收195份,以电子邮件形式发放的问卷为50份,回收49份。在244份回收的问卷中,剔除掉填答不完整、回答有错误或前后矛盾的35份问卷后,本次调查有效问卷数量是209份,总体有效回收率为83.6%左右(如表7.1所示)。

表7.1 调查问卷发放及回收情况

问卷发放形式	问卷数量（份）			有效问卷比例（%）
	发放	回收	有效问卷	
书面形式	200	195	163	81.5
电子邮件	50	49	46	92.0

三 实证数据分析

1. 样本描述性统计分析

对样本的基本情况进行描述性统计分析,主要为了掌握被调查领导干部年龄、婚姻、学历等的基本特征和总体分布形态,并统计和描述被调查领导干部当前对利益冲突情境的认知程度,以及在利益冲突中的行为判断与选择倾向。

(1) 个人基本信息

对回收的209份有效问卷样本进行描述性统计分析,从被调查者的基本情况(如表7.2所示)来看,被调查领导干部在性别、文化程度、行政级别等方面呈现出以下几个特点。

①从性别比例来看，被调查领导干部的男女性别比例大致为4∶1，这和我国当前领导干部队伍中男多女少的比例基本相符。

②从文化程度来看，大学本科学历人数最高，为64.1%；研究生及以上学历次之，为34.0%；专科及以下学历人数最少，为1.9%。体现了自强调干部队伍年轻化、专业化和知识化等要求以来，我国领导干部总体受教育水平逐步提升。

表7.2　　　　　　　　　　被调查者的基本情况

基本项目	组别	样本数量	百分比（%）	基本项目	组别	样本数量	百分比（%）
性别	男	161	77	文化程度	专科及以下	4	1.9
	女	48	23		本科	134	64.1
					研究生及以上	71	34.0
行政级别	科级	154	73.7	单位性质	党政部门	118	56.5
	处级	44	21.0		人大政协	3	1.4
					民主党派	2	1.0
	厅级及以上	11	5.3		群团组织	8	3.8
					事业单位	59	28.2
					国有企业	19	9.1
工作年限	1—4年	30	14.4	月收入	2500元以下	11	5.2
	5—10年	154	73.7		2501—5000元	145	69.4
	11—20年	22	10.5		5001—7500元	43	20.6
	20年以上	3	1.4		7501元以上	10	4.8
家庭状况	未婚	60	28.7	工作所在地	大中城市	130	62.2
	已婚无子女	68	32.5		县（区）城	66	31.6
	已婚有子女	81	38.8		乡镇	13	6.2

③从行政级别来看，科级领导干部人数最多，为73.7%；处级领导干部次之，为21.0%；厅级及以上领导干部人数最少，为5.3%。这也充分体现了党和政府组织内我国领导干部职级梯次的差

异和区别。

④从单位性质来看，党政机关干部所占比例最高，为56.5%；人大政协机关干部占1.4%；民主党派干部占1.0%；群团组织干部占3.8%；事业单位干部占28.2%；国有企业干部占9.1%。

⑤从工作年限来看，工作5—10年的干部所占比例最高，为73.7%；其次为1—4年和11—20年，所占比例分别为14.4%和10.5%；工作20年以上的人数最少，为1.4%。

⑥从工资收入来看，收入在2501—5000元的干部所占比例最高，为69.4%；其次为5001—7500元，所占比例为20.6%；所占比例最低的是2500元以下和7501元以上，所占比例分别为5.2%和4.8%。

⑦从家庭情况来看，未婚的干部所占比例为28.7%；已婚无子女为32.5%；已婚有子女为38.8%。

⑧从工作所在地来看，大中城市占62.2%，县（区）城占31.6%，乡镇占6.2%。

总之，从上述样本基本情况的统计分析来看，本次被调查领导干部在年龄、文化程度、行政级别、单位性质、工作年限、月收入等方面，基本和当前实际情况相符，具有一定的代表性。

（2）利益冲突情境中领导干部的公共利益行为倾向情况

根据对有效问卷中四个利益冲突情境的领导干部行为选择统计分析（如表7.3所示）发现，被调查领导干部行为选择倾向的总体均值为3.56，介于"3＝中立"和"4＝不赞成"数值之间。也就是说，被调查领导干部对这四个情境中的领导干部信息泄露或兜售、未来就业"旋转门"问题、处理亲属事务以及裙带关系与任人唯亲等利益冲突行为的态度处于持中立或者不赞成之间。总体来看，被调查领导干部在面对类似利益冲突情境时会有所徘徊、犹豫，但还是会趋向于不认可设定情境中的领导干部利益冲突行为，倾向于保持和作出维护公共利益的廉洁行为。

表7.3 利益冲突情境中被调查领导干部的公共利益行为倾向情况

	利益冲突情境1	利益冲突情境2	利益冲突情境3	利益冲突情境4	总均值
均值	3.19	3.15	4.13	3.77	3.56

2. 效度与信度分析

对问卷进行效度与信度分析是确保问卷有效性与可靠性、问卷结构合理性的重要步骤和基本保证。

（1）效度分析

本书采用因子分析法对问卷的效度主要是结构效度进行分析检验。选择 KMO 测度和 Bartlett's 球体检验结果，以确认是否适合进行因子分析。马庆国（2005）认为，若 KMO 系数高于 0.9 则极为适合做因子分析；若介于 0.8—0.9 之间，则非常适合做因子分析；若介于 0.7—0.8 之间，则较为适合做因子分析；若低于 0.7，则不太适合做因子分析。而进行 Bartlett's 球体检验时，若显著性概率值小于或等于给定 α 值时，则适合做因子分析。[①] 另外，本书在因子分析中主要运用主成分分析法萃取共同因子，为了使萃取的因子结构更加可靠、结果更容易命名和解释，采用最大方差法进行共同因子正交旋转处理，通过转轴后题项在每个因子上的载荷值高低来判断各题项是否应该予以保留。若一个层面的题项数少于 3 个，则可能无法代表所测出的层面特质，其内容效度也会不够严谨，基于此，本书将对所包含题项数只有 2 个或 1 个的层面予以删除。

① 价值观念要素的因子分析

如表7.4所示，价值观念要素量表的 KMO 测度值为 0.954，且 Bartlett's 球体检验显著性概率为 0.000，说明该量表指标之间相关度较好，适合于进行因子分析。

[①] 马国庆：《应用统计学：数理统计方法、数据获取与 SPSS 应用》，科学出版社 2005 年版，第 101—105 页。

表7.4　价值观念要素量表 KMO 测度和 Bartlett's 球体检验结果

KMO 测度		0.954
Bartlett's 球体检验	Approx. Chi-Square	3684.506
	自由度 df	105
	显著性概率 Sig.	0.000

接着，本书利用最大方差法进行正交旋转处理，根据旋转结果，价值观念要素主要包括四个因子，但因子4中只有题14和题15两个题项，因此将其删除。最后得到三个维度的因子，旋转后各项目因子荷载如表7.5所示，三个因子累计总体方差为74.885%，基本反映了量表的信息，具有较好的解释力。

表7.5　价值观念要素因子旋转后的载荷

因子	题项	因子荷载 1	2	3
因子1	4. 领导干部执政为民，以实现社会成员共同利益为人生价值目标	0.811		
	3. 领导干部衷心爱国，尽心为国家和社会奉献自己的热情和力量	0.800		
	2. 领导干部非常热爱社会主义事业，能富有正义感地实现社会价值	0.800		
	5. 领导干部坚定社会主义核心价值观，未受享乐和功利主义等思潮影响	0.793		
	6. 领导干部工作出发点和归宿就是全心全意为人民谋利益	0.783		
	1. 领导干部能坚定"为共产主义奋斗终身"的理想和信念毫不动摇	0.725		
因子2	11. 领导干部会不徇私情，不为满足个人生理、物质欲望寻求私利		0.733	
	13. 领导干部不会有"有权不用过期作废"的思想		0.618	
	10. 领导干部选择了从事公职就该甘愿清贫，应无怨无悔		0.587	

续表

因子	题项	因子荷载 1	因子荷载 2	因子荷载 3
因子3	9. 领导干部能认真贯彻执行党的路线方针政策，牢固树立服务宗旨意识			0.785
	8. 领导干部作为无产阶级先锋队能做到毫无私心，争当人民好公仆			0.780
	7. 领导干部能掌握马克思主义基本理论，自觉辨别和正确选择公私利益			0.776
	12. 领导干部不会为较高的社会地位、政绩要求而参与不正当竞争			0.742

累计解释总体方差变异：74.885%。

根据上面因子分析的结果，可以看出，价值观念要素中主要包括三个因子，根据因子中各个题项的特征以及结合前面的文献回顾和理论分析，对三个因子进行命名如下：

第一个因子包括题4、3、2、5、6、1，这些题项主要涉及领导干部社会价值观念方面的内容，因此，将其命名为社会取向价值。

第二个因子包括题11、13、10，这些题项主要涉及领导干部自我价值观念方面的内容，因此，将其命名为个人取向价值。

第三个因子包括题9、8、7、12，这些题项主要涉及领导干部集体价值观念方面的内容，因此，将其命名为集体取向价值。

② 文化传统要素的因子分析

如表7.6所示，文化传统要素量表的KMO测度值为0.816，且Bartlett's球体检验显著性概率为0.000，说明该量表指标之间相关度较好，适合于进行因子分析。

表7.6 　　文化传统要素量表KMO测度和Bartlett's球体检验结果

KMO 测度		0.816
Bartlett's 球体检验	Approx. Chi-Square	1604.032
	自由度 df	105
	显著性概率 Sig.	0.000

接着，本书利用最大方差法进行正交旋转处理，根据旋转结果，文化传统要素主要包括四个因子，但因子 4 中只有题 9 和题 10 两个题项，因此将其删除。最后得到三个维度的因子，旋转后各项目因子荷载如表 7.7 所示，三个因子累计总体方差为 68.252%，基本反映了量表的信息，具有一定的解释力。

表 7.7　　　　　　　　文化传统要素因子旋转后的载荷

因子	题项	因子荷载 1	因子荷载 2	因子荷载 3
因子 1	14. 领导干部能公平、公正和公开地通报与惩处各类不良违纪违法行为	0.910		
	15. 领导干部能按照规章制度制定无偏无倚地正确决策	0.888		
	13. 领导干部能积极贯彻并落实如财产申报等制约不良行为的制度规章	0.880		
	12. 领导干部能做到要求配偶子女及身边工作人员也遵纪守法	0.850		
	11. 领导干部主动学习并非常熟悉各类制约不良行为的法制规章要求	0.756		
因子 2	6. 清正廉明成为组织常态，体会到了强烈的廉政廉洁责任与使命感		0.863	
	7. 领导干部感受到了组织间收礼或送礼、以权谋私等行为的环境压力		0.852	
	8. 单位同事会认为利用权力谋取私利的不良或违纪违法行为是不对的		0.780	
	5. 领导干部一切不良行为均会遭到普遍谴责		0.756	
因子 3	2. 不良行为被发现后承受的舆论压力较大			0.822
	1. 人们对不良行为的容忍程度越来越低			0.718
	4. 公众实名举报和新闻揭露可以削弱领导干部从事不良行为的意图			0.715
	3. 领导干部不良行为被发现后承受的精神压力大有利于促进廉洁行为选择			0.646

累计解释总体方差变异：68.252%。

根据上面因子分析的结果，可以看出，文化传统要素中主要包括三个因子，根据因子中各个题项的特征以及结合前面的文献回顾和理论分析，对三个因子进行命名如下：

第一个因子包括题14、15、13、12、11，这些题项主要涉及领导干部自身遵纪守法、公共契约精神方面的内容，因此，将其命名为个体法治精神。

第二个因子包括题6、7、8、5，这些题项主要涉及组织廉政廉洁文化氛围方面的内容，因此，将其命名为组织廉洁氛围。

第三个因子包括题2、1、4、3，这些题项主要涉及社会对领导干部各类违纪违法、不良行为的容忍心理方面内容，因此，将其命名为社会容忍心理。

③ 伦理道德要素的因子分析

如表7.8所示，伦理道德要素量表的KMO测度值为0.915，且Bartlett's球体检验显著性概率为0.000，说明该量表指标之间相关度较好，适合于进行因子分析。

表7.8　　伦理道德要素量表KMO测度和Bartlett's球体检验结果

KMO 测度		0.915
Bartlett's 球体检验	Approx. Chi-Square	3186.985
	自由度 df	105
	显著性概率 Sig.	0.000

接着，本书利用最大方差法进行正交旋转处理，根据旋转结果，伦理道德要素主要包括三个因子，但因子3中只有题6一个题项，因此将其删除。最后得到两个维度的因子，旋转后各项目因子荷载如表7.9所示，两个因子累计总体方差为73.490%，基本反映了量表的信息，具有较好的解释力。

表7.9　　　　　　　　　伦理道德要素因子旋转后的载荷

因子	题项	因子荷载 1	因子荷载 2
因子1	8. 领导干部在工作中有坚持公正原则、秉公办事的道德意识	0.937	
	11. 领导干部明礼诚信，信守诺言，忠诚待人	0.922	
	13. 领导干部有团结友善的公民责任意识，公平公正善待他人	0.918	
	9. 领导干部有廉洁奉公、清正廉明的道德意志	0.913	
	14. 领导干部遵守公民德行要求，有着高尚的道德人格情感	0.909	
	7. 领导干部始终爱岗敬业、勤政为民，时刻保持职业热情和荣誉	0.905	
	15. 领导干部艰苦朴素、勤俭节约，不盲目攀比，能节制消费欲望	0.903	
	10. 领导干部有维护组织公共利益的职责认知，认为奉献大于索取	0.893	
	12. 领导干部能履行公民义务，合理合法追求个人正当利益	0.865	
因子2	4. 领导干部具备公平正直等社会公德意识，表里如一		0.840
	3. 社会整体诚信程度好，领导干部普遍诚实守信		0.825
	5. 领导干部具有很强的自觉践行遵纪守法的社会公德意识		0.813
	2. 领导干部能普遍得到社会公众信赖，并成为社会道德典范		0.806
	1. 社会整体道德水平高，促进和带动领导干部道德水平		0.723

累计解释总体方差变异：73.490%。

根据上面因子分析的结果，可以看出，伦理道德要素中主要包括两个因子，根据因子中各个题项的特征以及结合前面的文献回顾和理论分析，对两个因子进行命名如下：

第一个因子包括题8、11、13、9、14、7、15、10、12，这些题项主要涉及领导干部职业道德要求和公民道德方面的内容，因此，将其命名为个人道德品质。

第二个因子包括题4、3、5、2、1，这些题项主要涉及领导干部廉洁从政所要遵循的社会伦理规范方面的内容，因此，将其命名为社会伦理规范。

④ 习惯习俗要素的因子分析

如表7.10所示，习惯习俗要素量表的KMO测度值为0.917，且

Bartlett's 球体检验显著性概率为 0.000，说明该量表指标之间相关度较好，适合于进行因子分析。

表 7.10　习惯习俗要素量表 KMO 测度和 Bartlett's 球体检验结果

KMO 测度		0.917
Bartlett's 球体检验	Approx. Chi-Square	2208.763
	自由度 df	105
	显著性概率 Sig.	0.000

接着，本书利用最大方差法进行正交旋转处理，根据旋转结果，习惯习俗要素主要包括三个因子，但因子 3 中只有题 5 一个题项，因此将其删除。最后得到两个维度的因子，旋转后各项目因子荷载如表 7.11 所示，两个因子累计总体方差为 66.942%，基本反映了量表的信息，具有较好的解释力。

表 7.11　**习惯习俗要素因子旋转后的载荷**

因子	题项	因子荷载	
		1	2
因子 1	7. 人情关系庸俗化，领导易基于人情压力利用职权帮助朋友、同事	0.864	
	6. 熟人好友需要帮忙，领导干部会在合法合理范围内试着尽力帮助	0.817	
	8. 领导干部为亲朋好友提供帮助只是为了讲面子，也更加拉近关系	0.807	
	2. 现在找人办事、花钱送礼，过年过节走访送礼现象得到了一定遏制	0.800	
	3. 在组织中领导干部遵循法律法规，不跟随潜规则，一样可以发展很好	0.779	
	10. 领导干部出于相互帮助和人际交往目的，所以会尽力帮忙	0.777	
	9. 提供或者收受佣金是为了联络感情，满足社交需要	0.758	
	4. 沿袭礼尚往来的传统可以理解，但不应成为以权谋私借口	0.704	
	1. 中央八项工作规定以来，领导干部设宴请客收礼的风气有所好转	0.682	

续表

因子	题项	因子荷载 1	因子荷载 2
因子2	15. 领导干部通常迫于家庭压力，而不得不选择维护家族利益		0.832
	12. 家庭第一位，领导干部容易为爱人与子女利益偏离公利取向		0.742
	13. 家庭成员非常希望领导干部利用权力为家族福祉出谋出力		0.719
	11. 基于传统家庭或亲属本位习俗，往往对亲属谋取非法利益视而不见		0.712
	14. 领导按组织程序偏向提拔或招聘家属亲戚是可以理解的事情		0.693

累计解释总体方差变异：66.942%。

根据上面因子分析的结果，可以看出，习惯习俗要素中主要包括两个因子，根据因子中各个题项的特征以及结合前面的文献回顾和理论分析，对两个因子进行命名如下：

第一个因子包括题 7、6、8、2、3、10、9、4、1，这些题项主要涉及社会潜规则风气以及熟人关系网络等方面的内容，因此，将其命名为社会风气风俗。

第二个因子包括题 15、12、13、11、14，这些题项主要涉及传统家庭、亲朋好友关系网络习俗方面的内容，因此，将其命名为家庭本位习俗。

（2）信度分析

本书采用 Cronbach's Alpha 值（α 系数介于 0—1 之间）对问卷的信度进行测量分析。吴明隆（2003）认为，如果总量表的 α 系数在 0.8 以上，则是一份信度系数相当好的量表；α 系数介于 0.7—0.8 之间，也算是可以接受的范围。如果是分量表则 α 系数在 0.7 以上最好；如果介于 0.6—0.7 之间，也算可以接受使用的范围[①]。基于此，本书信度检验在计算总量表信度系数的基础上，同时对各个分

---

① 吴明隆：《SPSS 统计应用实务——问卷分析与应用统计》，科学出版社 2003 年版，第 107 页。

量表及其各维度因子的信度进行了计算（见表 7.12），其信度检验结果如下：

表 7.12　　　　　　　　　调查问卷信度分析

量表	Cronbach's Alpha 系数	具体因子	Cronbach's Alpha 系数
总量表	0.949		
价值观念要素分量表	0.940	社会取向价值因子	0.939
		个人取向价值因子	0.893
		集体取向价值因子	0.932
文化传统要素分量表	0.822	个体法治精神因子	0.815
		组织廉洁氛围因子	0.748
		社会容忍心理因子	0.736
伦理道德要素分量表	0.907	个人道德品质因子	0.974
		社会伦理规范因子	0.864
习惯习俗要素分量表	0.942	社会风气风俗因子	0.931
		家庭本位习俗因子	0.878

根据表 7.12 数据分析结果，本书总量表 α 系数为 0.949，在 0.8 以上，说明问卷设计具有非常好的内部一致性。本书中的价值观念要素分量表、文化传统要素分量表、伦理道德要素分量表、习惯习俗要素分量表的 α 系数分别为 0.940、0.822、0.907 和 0.942，全都在 0.7 以上，反映出很好的信度系数，表明本书的非正式制度影响领导干部利益冲突行为选择调查问卷具有较好的稳定性和良好的可信度。其中价值观念要素中的社会取向、个人取向和集体取向价值因子的 α 系数分别为 0.939、0.893、0.932；文化传统要素中的个体法治精神、组织廉洁氛围和社会容忍心理因子的 α 系数分别为 0.815、0.748、0.736；伦理道德要素中个人道德品质和社会伦理规范因子的 α 系数分别为 0.974、0.864；习惯习俗要素中社会风气风俗和家庭本位习俗因子的 α 系数分别为 0.931、0.878。从以上各因子的信度分析结果来看，α 系数都在 0.7 以上，表明此次研究采用

量表的内部一致性较高，测量结果是可靠的。

3. 相关分析

为了验证理论假设中提出的自变量（非正式制度价值观念要素中社会取向价值、个人取向价值和集体取向价值；文化传统要素中社会容忍心理、组织廉洁氛围、个体法治精神；伦理道德要素中社会伦理规范和个人道德品质；习惯习俗要素中社会风气风俗和家庭本位习俗）与因变量（利益冲突中领导干部的公共利益行为倾向）之间的相关关系。本节采用 Pearson 相关分析法，对上文中所萃取出的因子与利益冲突中领导干部的公共利益行为倾向进行双侧显著性检验，具体的检验结果如表 7.13 所示。

表 7.13　非正式制度各要素与利益冲突中公共利益行为倾向的相关性

变量	1 社会取向价值	2 个人取向价值	3 集体取向价值	4 个体法治精神	5 组织廉洁氛围	6 社会容忍心理	7 个人道德品质	8 社会伦理规范	9 社会风气风俗	10 家庭本位习俗	11 公共利益行为倾向
1	1										
2	0.89**	1									
3	0.780**	0.818**	1								
4	0.561**	0.570**	0.525**	1							
5	0.025	0.068	0.11	0.066	1						
6	-0.198**	-0.171*	-1.61*	-0.248**	0.376**	1					
7	0.518**	0.512**	0.473**	0.647**	-0.08	-0.154*	1				
8	0.033	0.020	0.013	0.013	0.431**	0.350**	0.013	1			
9	0.138*	0.117	0.137*	0.159*	0.431**	0.220**	0.211**	0.411**	1		
10	0.291**	0.249**	0.229**	0.203**	0.371**	0.137*	0.317**	0.352**	0.722**	1	
11	0.143*	0.154*	0.172*	0.523**	0.079	0.23*	0.164*	0.125	0.188**	-0.264**	1
平均值（M）	3.89	3.53	3.83	3.54	2.98	3.44	3.53	2.90	3.66	3.05	3.56
标准差	0.88	0.91	1.05	0.61	0.93	0.86	0.80	0.79	0.79	0.78	0.71

注：*表示在 0.05 的水平上显著相关（双尾）；**表示在 0.01 的水平上显著相关（双尾）。

由表 7.13 的相关分析结果可知，非正式制度价值观念要素下的社会取向价值、个人取向价值和集体取向价值与利益冲突中领导干部的公共利益行为倾向显著正相关。并且，利益冲突防治治理中非正式制度价值观念的社会取向价值平均值（M = 3.89）高于集体取向价值（M = 3.83）以及个人取向价值（M = 3.53），总体均值（M = 3.79）是非正式制度四个关键要素中最高的。

非正式制度文化传统要素下个体法治精神和社会容忍心理与利益冲突中领导干部的公共利益行为倾向显著正相关。组织廉洁氛围对利益冲突中领导干部的公共利益行为倾向影响并不明显。也就是说，良好的组织廉洁氛围下的领导干部并不一定不会从事谋取私利的行为，这和实际中政府组织不断倡导政治清明、政府廉洁文化建设，而仍无法阻止领导干部利益冲突泛滥的局面基本相符。也可能在一定程度上揭示出只有真正将廉洁理念进一步内化为领导干部自觉遵纪守法的契约精神，并且通过社会舆论评判的压力推动，才能对个人行为产生显著的作用。调查数据还显示，个体法治精神平均值（M = 3.54）较高，且标准差 0.61 是所有因子当中最小的，说明因子内题项数值和其平均值之间差异小，比较稳定。

从表 7.13 的相关分析结果还可知，非正式制度伦理道德要素下个人道德品质与利益冲突中领导干部的公共利益行为倾向显著正相关，而社会伦理规范对利益冲突中领导干部的公共利益行为倾向影响并不明显。这说明领导干部个体在不同的社会伦理水平阶段对其在利益冲突中是否作出维护公共利益行为没有显著预测功能，也可能在一定程度上揭示出只有将社会伦理规范进一步内化为个体道德意识，才能对个人行为产生显著的作用。调查数据还显示，领导干部更多的是受到自身道德认知情感、观念意识的个人道德品质（M = 3.53）自律约束。

非正式制度习惯习俗要素下社会风气风俗与利益冲突中领导干部的公共利益行为倾向显著正相关；家庭本位习俗与利益冲突中

领导干部的公共利益行为倾向显著负相关。两者的标准差都相对较小，说明大部分数值和其平均值之间差异小，比较稳定。表明我国领导干部在面临利益冲突矛盾情境时，是选择谋取私利抑或维护公共利益，还将受到社会风气风俗和家庭亲友关系等方面因素的制约。

4. 回归分析

尽管上述相关分析能显示自变量（非正式制度价值观念要素中社会取向价值、个人取向价值和集体取向价值；文化传统要素中个人法治精神、组织廉洁氛围、社会容忍心理；伦理道德要素中个人道德品质和社会伦理规范；习惯习俗要素中社会风气风俗和家庭本位习俗）与因变量（利益冲突中领导干部的公共利益行为倾向）之间是否存在着相关性以及相关性正负方向，但是并不能显示出两者之间的因果关系。因此，本书利用 SPSS 20.0 软件中的逐步回归分析法进行回归分析，以进一步明确前文基本假设中提出的因果关系及其关系的强弱。如表 7.14 所示的回归系数与显著性系数检验可以得出以下结论。

表7.14　　非正式制度各要素与利益冲突中公共利益行为倾向回归系数与显著性系数检验

自变量		因变量 利益冲突中领导干部的公共利益行为倾向				
		标准回归数	T 值	显著性概率（sig.）	R^2	Adj. R^2
价值观念要素	社会取向价值	0.142	2.075	0.039*	0.371	0.369
	个人取向价值	0.150	2.636	0.013*		
	集体取向价值	0.161	2.513	0.026*		
文化传统要素	个体法治精神	0.121	2.481	0.016*	0.213	0.210
	组织廉洁氛围	0.035	1.042	0.255		
	社会容忍心理	0.137	2.216	0.019*		
伦理道德要素	个人道德品质	0.159	2.298	0.017*	0.181	0.178
	社会伦理规范	0.074	1.815	0.071		

续表

自变量		因变量 利益冲突中领导干部的公共利益行为倾向				
		标准回归数	T值	显著性概率（sig.）	R^2	Adj. R^2
习惯习俗要素	社会风气风俗	0.168	2.755	0.006**	0.421	0.409
	家庭本位习俗	-0.231	-3.930	0.000**		

注：*表示在0.05的水平上显著相关（双尾）；**表示在0.01的水平上显著相关（双尾）。

（1）价值观念要素与利益冲突中领导干部公共利益行为倾向的回归分析

从表7.14价值观念要素与利益冲突中领导干部公共利益行为倾向的回归结果可知，社会取向价值、个人取向价值与集体取向价值这三个预测变量对其有显著的解释力，该回归方程能够解释总变异的36.9%。具体来说：

社会取向价值与利益冲突中领导干部的公共利益行为倾向之间显著性系数P值为0.039，小于0.05，标准系数值为0.142，表明社会取向价值在0.05的显著性水平上对利益冲突中领导干部的公共利益行为倾向产生显著正向影响。故，此结果与假设1相符。

个人取向价值与利益冲突中领导干部的公共利益行为倾向之间显著性系数P值为0.013，小于0.05，标准系数值为0.150，表明个人取向价值在0.05的显著性水平上对利益冲突中领导干部的公共利益行为倾向产生显著正向影响。故，此结果与假设3相符。

集体取向价值与利益冲突中领导干部的公共利益行为倾向之间显著性系数P值为0.026，小于0.05，标准系数值为0.161，表明集体取向价值在0.05的显著性水平上对利益冲突中领导干部的公共利益行为倾向产生显著正向影响。故，此结果与假设2相符。

（2）文化传统要素与利益冲突中领导干部公共利益行为倾向的回归分析

从表7.14文化传统要素与利益冲突中领导干部公共利益行为倾

向的回归结果可知,个体法治精神与社会容忍心理这两个预测变量对其有显著的解释力,该回归方程能够解释总变异的 21.0%。具体来说:

个体法治精神与利益冲突中领导干部的公共利益行为倾向之间显著性系数 P 值为 0.016,小于 0.05,标准系数值为 0.121,表明个体法治精神在 0.05 的显著性水平上对利益冲突中领导干部的公共利益行为倾向产生显著正向影响。故,此结果与假设 6 相符。

组织廉洁氛围与利益冲突中领导干部的公共利益行为倾向之间显著性系数 P 值为 0.255,大于 0.05,标准系数值为 0.035,且前文相关分析中,也表明组织廉洁氛围与利益冲突中领导干部的公共利益行为倾向之间没有显著关系。故,此结果与假设 5 不相符。

社会容忍心理与利益冲突中领导干部的公共利益行为倾向之间显著性系数 P 值为 0.019,小于 0.05,标准系数值为 0.137,表明社会容忍心理在 0.05 的显著性水平上对利益冲突中领导干部的公共利益行为倾向产生显著正向影响。故,此结果与假设 4 相符。

(3) 伦理道德要素与利益冲突中领导干部公共利益行为倾向的回归分析

从表 7.14 伦理道德要素与利益冲突中领导干部公共利益行为倾向的回归结果可知,个人道德品质这一个预测变量对其有解释力,该回归方程能够解释总变异的 17.8%。具体来说:

个人道德品质与利益冲突中领导干部的公共利益行为倾向之间显著性系数 P 值为 0.017,小于 0.05,标准系数值为 0.159,表明个人道德品质在 0.05 的显著性水平上对利益冲突中领导干部的公共利益行为倾向产生显著正向影响。故,此结果与假设 8 相符。

社会伦理规范与利益冲突中领导干部的公共利益行为倾向之间显著性系数 P 值为 0.071,大于 0.05,标准系数值为 0.074。且前文相关分析中,也表明社会伦理规范与利益冲突中领导干部的公共利益行为倾向之间没有显著关系。故,此结果与假设 7 不相符。

（4）习惯习俗要素与利益冲突中领导干部公共利益行为倾向的回归分析

从表 7.14 习惯习俗要素与利益冲突中领导干部公共利益行为倾向的回归结果可知，社会风气风俗与家庭本位习俗这两个预测变量对其有显著的解释力，该回归方程能够解释总变异的 40.9%。具体来说：

社会风气风俗与利益冲突中领导干部的公共利益行为倾向之间显著性系数 P 值为 0.006，小于 0.01，标准系数值为 0.168，表明社会风气风俗在 0.01 的显著性水平上对利益冲突中领导干部的公共利益行为倾向产生显著正向影响。故，此结果与假设 9 相符。

家庭本位习俗与利益冲突中领导干部的公共利益行为倾向之间显著性系数 P 值为 0.000，小于 0.01，标准系数值为 -0.231，表明家庭本位习俗在 0.01 的显著性水平上对利益冲突中领导干部的公共利益行为倾向产生显著负向影响。故，此结果与假设 10 相符。

另外，一般而言，标准化回归系数其绝对值的大小直接反映了自变量对因变量的影响程度，系数越大，代表影响越强。因而，通过上述分析我们可以知道，非正式制度习惯习俗要素中的家庭本位习俗对利益冲突中领导干部能否坚定公共利益行为倾向影响最大，社会风气风俗的影响次之。而后非正式制度四个关键要素的其他因子中，影响利益冲突中领导干部是否作出维护公共利益行为倾向的程度，从强到弱依次是集体取向价值、个人道德品质、个人取向价值、社会取向价值、社会容忍心理以及个体法治精神。

四 实效性结果检验

1. 研究假设检验结果

根据以上实证数据分析结果，前文的研究假设检验如表 7.15 所示。

表 7.15　　　　　　　　　研究假设检验结果表

研究假设	检验结果
假设 1：社会取向价值与利益冲突中领导干部公共利益行为倾向显著正相关	支持
假设 2：集体取向价值与利益冲突中领导干部公共利益行为倾向显著正相关	支持
假设 3：个人取向价值与利益冲突中领导干部公共利益行为倾向显著正相关	支持
假设 4：社会容忍心理与利益冲突中领导干部公共利益行为倾向显著正相关	支持
假设 5：组织廉洁氛围与利益冲突中领导干部公共利益行为倾向显著正相关	不支持
假设 6：个体法治精神与利益冲突中领导干部公共利益行为倾向显著正相关	支持
假设 7：社会伦理规范与利益冲突中领导干部公共利益行为倾向显著正相关	不支持
假设 8：个人道德品质与利益冲突中领导干部公共利益行为倾向显著正相关	支持
假设 9：社会风气风俗与利益冲突中领导干部公共利益行为倾向显著正相关	支持
假设 10：家庭本位习俗与利益冲突中领导干部公共利益行为倾向显著负相关	支持

2. 研究结论

本节探索了非正式制度价值观念、文化传统、伦理道德和习惯习俗这四个要素影响利益冲突中领导干部公共利益行为倾向的具体因子，进而分析和论证了这些因子与利益冲突中领导干部公共利益行为倾向之间的相关关系与因果关系。根据以上理论假设检验结果和实证数据分析，最后得出以下几个主要结论。

第一，非正式制度价值观念要素中的社会取向价值、集体取向价值和个人取向价值观念对利益冲突中领导干部的公共利益行为倾向具有显著正向影响。并且，从三者对其影响程度来看，都能较均衡地引导被调查领导干部保持维护公共利益的行为倾向，使他们在思想和观念层面受到较好的、较正确的社会、集体和自我约束。这也表明社会取向价值、集体取向价值和个人取向价值观念越端正的领导干部，在利益冲突矛盾中选择侵犯公共利益来获取个人利益的概率越低。因此，新时代需要进一步通过教育和培训强化领导干部的社会主义价值观，使他们在党和政府组织的权力行使过程中，树立起正确的权力观和地位观，并在私人利益与公共利益相冲突情境下坚定正确的公私利益观和明晰为人民谋利益的群众观。

第二,非正式制度文化传统要素中的社会容忍心理和个体法治精神对利益冲突中领导干部的公共利益行为倾向具有显著正向影响。同时组织廉洁氛围对于利益冲突中被调查领导干部的公共利益行为选择倾向影响不够显著。也就是说,良好组织廉洁氛围下的被调查领导干部并不一定不会从事谋取私利的行为。这和实际中政府组织不断倡导政治清明、政府廉洁文化建设,而仍无法阻止领导干部利益冲突泛滥的局面基本相符。同时,这可能在一定程度上也揭示出只有真正将廉洁理念进一步内化为领导干部自觉遵纪守法的契约精神,并且通过社会形成对利益冲突零容忍心理、营造抵制谴责舆论氛围和社会廉洁环境,才能对个人行为产生显著的作用。因此,新时代要进一步加强领导干部对防范利益冲突正式法规制度的学习和认知,培养领导干部自身的知法、懂法和守法观念意识,同时要求其身边的亲属好友也要遵纪守法,减少利益冲突中谋取私利行为的发生。针对当前社会普遍对利益冲突危害和影响的认识不够,引发腐败发生的现状越来越频繁和剧烈的局面,应加强新闻媒体等社会舆论监督,进一步强化社会公众对利益冲突的零容忍心理和态度。同时,还要通过物质和精神上的激励,倡导和弘扬领导干部维护公共利益的行为。

第三,非正式制度伦理道德要素中的个人道德品质对于利益冲突中领导干部的公共利益行为倾向具有正向影响,并且,从对其影响程度来看,在其他验证得出的 8 个因子中处于相对靠前位置。表明被调查领导干部利益冲突行为选择中会较多受到自身道德认知情感和观念意识等个人道德品质的自律约束,引导其作出维护公共利益的价值行为选择。另外,调查显示社会伦理规范对利益冲突中被调查领导干部的公共利益行为倾向影响并不明显。这说明领导干部个体在不同的社会伦理水平阶段对其在利益冲突中是否作出维护公共利益行为没有显著预测功能。这也可能在一定程度上揭示出只有将社会伦理规范进一步内化为个体道德观念和意识,才能对个人行为产生显著的作用。因此,应该大力倡导和弘扬公平、诚信、利他主义等合理的道德理念，努力改变领导干部的不良道德观念，从而遏制领导干部谋取私利行为意念和动机的产生，增加他们对违纪违法行为的道德心理成本。

第四，非正式制度习惯习俗要素中的家庭本位习俗对于利益冲突中领导干部的公共利益行为倾向具有显著负向影响，而社会风气风俗对于利益冲突中领导干部的公共利益行为倾向具有显著正向影响。并且，从两者对公共利益行为倾向的影响程度来看，家庭本位习俗在所有非正式制度因子中是影响最显著的，社会风气风俗次之。这与利益冲突的发生大多来自家庭配偶、子女以及亲戚朋友的私人利益干扰和侵害，并会受到社会潜规则、人情世故等不良社会习俗影响等基本现实相符。实际上大多数情况下，领导干部私人利益并不是仅仅来自其个人，更多的是出于家族压力，亲情难却等人情关系干扰，而作出谋取私利的行为选择。表明新时代利益冲突的治理不仅要从领导干部观念与行为上下功夫，还需要消解传统家庭中成员消极落后观念与行为习惯对领导干部的腐蚀，树立和形成清正清廉的家庭风气，弘扬和倡导良好的社会风气，以感染和带动其他领导干部的廉洁从政行为。

第八章

新时代领导干部利益冲突防治的优化策略

从领导干部利益冲突防治的制度实践现状回顾与分析中，可以看出新时代我国利益冲突防治中非正式制度与正式制度的同步协调和系统优化建设路程依然任重而道远。因此，我们必须紧紧围绕党的十八大以来，尤其是党的十九大报告中有关党风廉政建设和全面从严治党的战略部署要求，推进新时代领导干部利益冲突制度防治进程，创新出台并有效贯彻执行各项有关利益冲突防治的正式法规制度，培育能促进公共利益行为倾向的积极健康非正式制度要素及因子，最终形成利益冲突防治中正式与非正式制度的良性互动，形成把权力关进制度笼子里的约束合力，全面提高领导干部在反腐倡廉建设中的治国理政能力，推进国家利益冲突防治体系和防治能力的现代化目标实现。

第一节 新时代领导干部利益冲突防治的优化思路

新时代领导干部利益冲突防治制度要达到设想目标，不仅需要理论指导、制度保障，更需要在实践中去检验。只有把理论与制度贯彻落实到实践当中，才能真正将制度优势转化为治理效能，为实现这一目标需遵循以下总体思路。

一　立足新时代利益冲突防治新方位新要求

党的十八大以来，中国特色社会主义进入新时代，这是我国新的历史方位。而中国特色社会主义进入新时代，首先，意味着近代以来久经磨难的中华民族迎来了从站起来、富起来到强起来的伟大飞跃，迎来了实现中华民族伟大复兴的光明前景。这就要求全党要团结带领人民进行反腐败的伟大斗争，人民群众反对腐败、痛恨腐败，我们就要坚决从源头防范领导干部利益冲突，纠正和避免领导干部陷入腐败的深渊。中国正处于向强起来迈进的阶段，我们必须深刻认识新时代党依然面临执政考验、改革开放考验、市场经济考验、外部环境考验的长期性和复杂性，深刻认识党依然面临的精神懈怠危险、能力不足危险、脱离群众危险、消极腐败危险的尖锐性和严峻性。坚持以促进党的先进性和纯洁性为导向，保持战略定力，把握防范利益冲突的规律，及时阻断领导干部利益冲突的关键环节和领域，推动全面从严治党和反腐败斗争向纵深发展，推动实现中华民族伟大复兴中国梦的光明前景。其次，意味着科学社会主义在21世纪的中国焕发出强大生机活力，在世界上高高举起了中国特色社会主义伟大旗帜。这就要求继续坚持马克思主义廉政理论和习近平关于制度治党重要论述等指导思想，朝着中国特色社会主义正确政治方向前进。深化标本兼治，把防治领导干部利益冲突制度建设贯穿始终，保证干部清正、政府清廉、政治清明，把党建设成为始终走在时代前列、勇于自我革命、经得起各种风浪考验、朝气蓬勃的马克思主义执政党，通过不懈努力使社会主义焕发海晏河清、朗朗乾坤的强大生机活力。最后，意味着中国特色社会主义道路、理论、制度、文化不断发展，拓展了发展中国家走向现代化的途径，给世界上那些既希望加快发展又希望保持自身独立性的国家和民族提供了全新选择，为解决人类问题贡献了中国智慧和中国方案。这就要求以习近平新时代中国特色社会主义思想为指导，贯彻落实习近平总书记关于"坚定不移全面从严治党，不断提高党的执政能力和领导水平"的战略要求，强化"不敢腐、不能腐、不想腐"的反腐机制，增强中国"廉实力"国际话语权，赢得清正廉洁国际竞争主动权，为世界反腐倡廉提供可资借鉴的中国智慧和中国方案。

二 着眼于提高利益冲突防治制度执行效力

当前不少领导干部很难自觉剥离"官本位"思维模式，仍然存在制度出台切入时机不准、实施后续动力不强等问题。以关系人情为基础的"潜规则"等腐朽文化依然盛行，廉政生态文化也未适时成长起来，形成了以权谋私的思维方式和行为习惯。由此导致现行正式制度缺乏价值观念接受、文化认同、伦理自觉与习惯遵循等非正式制度内在支持，使得防治利益冲突正式制度的出台或执行处于一种"僵滞"低效率或无效率锁定状态，难以实现预期治理绩效水平。因而，新时代要以习近平总书记关于反腐倡廉建设的重要论述为指导，把握"全面从严治党"战略实施的基本要求，不仅要构建科学有效的正式制度防治体系，还要从前置性源头的制度设计思路出发，构建科学有效的、为正式制度运行提供观念接受、文化认同、道德支持及习惯遵循等匹配支持的非正式制度防治体系。推进"两学一做""党的群众路线教育实践活动""不忘初心、牢记使命"等主题教育常态化、制度化，对党员领导干部进行理想信念教育，增强领导干部执政本领和执政能力，强化领导干部的廉洁意识和公仆意识。引导和塑造领导干部维护公共利益理性行为，建构起正确判断和辨析公私利益的思想观念，在内心形成"不想腐"的自我约束机制。从而提升领导干部制度认同意识，形成制度建构供给偏好；提供共享观念认可和支持环境，促进正式制度形成和变迁；增加违背法规制度道德心理成本并强化自律，节约制度强制执行成本及监管费用；并且通过系列被自愿遵循和服从的无形内在规则，促进制度演化效率，推进形成支持正式制度创新或移植的廉洁制度意识、制度环境、制度伦理及制度习惯遵循。最终有效克服现有制度约束软弱乏力，提高利益冲突防治制度执行效力。

三 深化标本兼治形成利益冲突制度防治合力

新时代习近平总书记提出要"把制度建设贯穿其中，深入推进反腐败斗争向纵深发展"制度反腐新要求。而与领导干部利益冲突防治中制度外壳的正式制度相比，作为制度内核的非正式制度是影响领导干部利益冲突防治制度变迁不可忽略的重要内生动力，非正式制度与正式制度在利益冲突防治中不可分割、相互支持与促进。由此，必须基于非正式制度与正式制度协同治理视域，在内容上推进两者相互渗透，功能上相互支持，以及变迁上均衡发展与协调演进。这就要求必须围绕道德立法推进行政伦理制度化、法制化，适当考虑礼尚往来等情理入法，并充分把握制度遵循的习惯—习俗—惯例演进路径，推进良好社会风尚的制度化进程。考虑将利益冲突防治中一些发挥积极作用的非正式制度要素引入正式制度目标体系中，使之从一种无形内在的柔性行为规范上升到成文外在的刚性制度规则，从而强化非正式制度的正式法规制度化进程。同时，还必须通过推进社会主义民主政治体制改革，健全利益冲突防治相关正式法规制度约束，监督和促进利益冲突防治中正式法规制度的实施情况与执行效力，逐渐积淀利益冲突防治中民主政治文化、清廉组织氛围、领导干部廉洁观念、守法意识以及自觉遵纪守法行为习惯等非正式制度因子，增强非正式制度对协调、指导和制约领导干部利益冲突行为选择的约束效力。最终，通过推动利益冲突防治制度结构内部非正式制度与正式制度在内容上的相互渗透，功能上的相互支持，以及变迁上的均衡发展与协调变迁，使得正式制度的创新或移植，得到非正式制度观念认同、文化引导、道德觉悟和行为习惯的支持，形成与之相适应、相容的非正式制度。非正式制度也因得到外部正式制度支撑配合，而对领导干部利益冲突行为的约束更加有力，从而实现利益冲突制度防治结构中非正式制度与正式制度的供给从不均衡到均衡，变迁从缓慢滞后到配套协同，实施从摩擦冲突到相容耦合，最终凝聚形成一股相容协同推进利益冲突防治进程的制度约束合力。突破现有制度约束无法从根源实现领导干部利益冲突有效防治的现实困境，提升领导干部利益冲突防治的实效（如图8.1）。

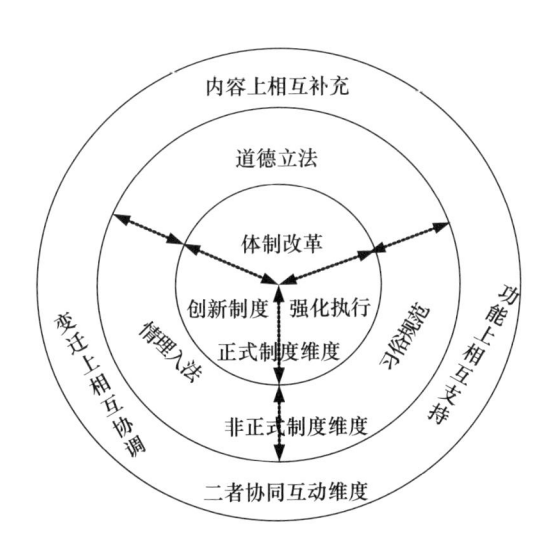

图8.1 基于正式制度与非正式制度协同的领导干部利益冲突防治合力

第二节 新时代领导干部利益冲突防治的优化内容

一 扎牢新时代利益冲突防治的正式制度约束笼子

综合前面理论和实证分析，宪法、法律、党内法规、产权制度、组织结构等正式制度的构建、执行、评估及制度环境的优化，尤其是党内法规的不断完善，对于领导干部在发生利益冲突的腐败机会具有重要的阻断效能。因此，正式制度的构建需要围绕制度建设、制度执行、制度评估、制度环境等进行，使其成为阻断利益冲突链条的强力"电阻"。

1. 建构更加严密科学的利益冲突防治制度

习近平总书记提出依规治党，是党的重大自我革新，是党解决自身建设问题的关键钥匙。基于利益冲突防治规律而建构形成的严密科学制度，能够有效减少执行进程中不必要的自由裁量空间，进而实质性地推动反腐倡廉工作的规范化和常态化。新时代要以习近平新时代中国特色社会主义思想为指导，始终致力于推进利益冲突防治制度集约化发展进程。一方面，要全面清查当前党内防范领导干部利益冲突的法规制度，判断哪些党内法规制度已经不适应新时代中国的发展，需要退出历史舞台，对其要及时立、改、废、释。另一方面，要以净化党员干部队伍为主要目的，限制领导干部的特权行为，对公务接待、公款送礼等环节作出更详细可操作的规定。最终以法规文本形式确定下来，提出指导案例，并对党内的违纪行为进行严格的惩罚，这是控制权力的重要举措。此外，还要建立适应新时代中国特色反腐败的要求，制定主体科学、覆盖范围较广、可操作性较强的中国特色利益冲突防治法律体系，建立党内法规与国家法律相结合的同向发力制度机制，在进行党内法规建设过程中，实现反腐败法规体系现代化的发展目标。

2. 增强利益冲突防治制度执行刚性约束力

制度的生命力在于执行，捍卫制度执行的严肃性与权威性是发挥制度执行刚性约束力的重要环节。党的十八大以来，党中央出台多项防治利益冲突制度的《准则》《条例》等，制度体系构建也已初具规模，但是在执行制度领域仍存在选择性执行、执行扭曲等问题，有些领导干部令行不止，执行制度打折扣、搞变通。针对制度执行宽松软的窘境，习近平总书记提出要完善党内法规，严肃制度执行的纪律性和权威性，真正使制度成为带电的高压线。同时增强制度执行力，要建立配套实施细则，保证制度执行具有针对性、可操作性。2019年9月3日发布的《中国共产党党内法规执行责任制规定（试行）》就是对党内制度执行程序提供的标准。此外还需要提高制度执行主体的能力和素质，要对执行制度的人员进行法规教育培训，提高其对制度的理解和把握度，以增强执行人员的执行制度意识，规范制度执行人员的行为以提高其执行能力，最终提升执行制度效果还要鼓励引导执行客体参与到制度制定中，使其加深对制度制定与实施的认同感，提高制度制定的质量。并且在执行活动结束时，对执行效果进行即时评估，进行全程动态控制，以提高制度的执行效率，最终达到良好的执行效果。

3. 提高利益冲突防治制度评估监督检测

制度好坏与否，需要通过动态监督进行评估，因此，提高制度评估的监督检测能力是实现制度及时更新的重要抓手。以往领导干部利益冲突防治制度的执行过程中，制度制定主体既是运动员也是裁判员，容易陷入角色冲突的两难境地，这种角色冲突影响了防治领导干部利益冲突正式制度的诱致性变迁，使得领导干部利益冲突防治制度更多的是强制性变迁，容易忽视非正式制度的重要作用。一些比较完善的非正式制度难以及时转化为正式制度，且正式制度也得不到非正式制度观念接受与文化认同等配套支持，造成中国防治领导干部利益冲突制度往往"议而不决、决而不行"的现状。因而，需要引入第三方评估机制，让具有专业知识的机构去进行社会调查，收集民意，真正了解此项制度在民间的反响度，及时反映制度执行问题，监督制度执行的实际效能。还要建立专家学者评估制度，对领导干部利益冲突进行观点交流、现状剖析，归纳利益冲突防治规律的认识与把握。2011年在杭州就专门举办过"反腐败：防治利益冲突的理论与实践"论坛，通过专家学者评估，能够推动深化领导干部利益冲突问题的研究，更直接地掌握防治领导干部利益冲突理论与实际情况，提出新的实践对策，不断增强防治利益冲突制度的治理效能。最后，还可以健全社会评议机制。例如，广东省颁发的"蜗牛奖"就是对年度不作为、慵政、懒政、不把人民利益放在心上的领导干部的一次曝光,不仅让百姓参与到民主评议领导干部政绩评估之中,也能激励提高领导干部勤政为民的公仆意识,调动领导干部维护公共利益干事创业的积极性。还要利用网络媒体,引导网民积极参与防治领导干部利益冲突制度的监督、评估,吸收网民对防治领导干部利益冲突制度的建设性、针对性意见,从而更好地降低利益冲突发生的频率,达到制度防治的良性循环。

4. 完善利益冲突防治制度的实施环境

制度环境的强弱影响制度执行的力度,一个好的制度执行环境能够于无声处、不动声色地增强执行制度的感召力。唯物史观指明经济基础决定上层建筑,因而,经济环境对于制度执行具有巨大的支撑作用。制度制定、运行、评估过程都需要一定经费的保障,要加强经济环境的建设,建立坚实的制度设计、制定、修订,尤其是持续贯彻执行的经费保障。要继续开展"不忘初心、牢记使命"主题教育实践活动,不断净化党内政治生态,营造良好的政治环境,培育领导干部自觉遵守制度,认真履行制度实施细则的良好行为习惯。积极倡导廉政文化建设,加强领导干部对于公共权力运行的责任观念,坚守为人民服务的宗旨意识,始终不忘初心,牢记使命,做人民的公仆。通过塑造的良好制度执行文化环境,提高执行主体的制度执行意识。还要积极营造良好社会风气,通过制度环境的优化,为制度执行创造隐性的推动力,从而提升领导干部利益冲突防治制度的执行力。

二 培育新时代利益冲突防治的非正式制度制约因素

综合前面理论和实证分析来看,非正式制度约束价值观念要素中社会取向价值、集体取向价值和个人取向价值,文化传统要素中社会容忍心理和个体法治精神,伦理道德要素中个人道德品质以及习惯习俗要素中社会风气风俗和家庭本位习俗等因子对利益冲突中领导干部的行为倾向和选择产生重要的调节和制约作用。因此,领导干部利益冲突防治需要围绕上述影响因子，辩证认识和积极培育这些具体内容，更好地发挥其对利益冲突防治中正式制度约束的补充和支持作用，协同推进利益冲突有效治理。

1. 夯实坚定维护公共利益信仰的观念防线

领导干部拥有正确的价值观念能够强化其明辨公私利益界限的政治素质和维护公共利益的信念信仰，形成自觉接受并认可有关防治利益冲突正式法规约束的制度意识，在面对外部利益因素诱惑时，做到平衡各种利益关系。[①] 并且，从上文实证分析结果来看，领导干部价值观念中的社会取向价值、个人取向价值和集体取向价值越端正，越有利于促进其在利益冲突中作出维护公共利益的行为选择。因此，必须从以下几方面在思想源头上筑起和夯实一道防范和化解利益冲突的价值观念防线。

首先，要强化社会主义核心价值观建设。可以说，党的十八大明确提出"三个倡导"的社会主义核心价值观，是对我国社会主义核心价值体系的高度凝练和概括，也是"兴国之魂"。其从个人行为层面提出的"爱国、敬业、诚信、友善"实践要求，成为领导干部在利益冲突情境中凝聚其社会取向价值共识的重要基础，指导其行为选择的精神支柱。因而，必须要求领导干部模范学习和践行社会主义核心价值观，自觉加强马列主义、毛泽东思想以及中国特色社会主义理论知识的学习，以此筑牢马克思主义信仰的政治思想基础，夯实领导干部立党为公的执政价值理念，树立起对中国特色社会主义发展的理论自信、道路自信、制度自信和文化自信。只有这样，才能正确理解和充分认同党和政府有关利益冲突防治的基本理论、路线方针和政策经验，辩证看待当前领导干部利益冲突问题及形势，正确认清产生根源，为不断探索和找准适合我国国情的利益冲突防治制度创新路径明确方向和提供指南。

其次，要树立全心全意为人民服务的廉洁执政权力观。全心全

---

① 江畅：《论价值观与价值文化》，科学出版社 2014 年版，第 153—154 页。

意为人民服务既是中国共产党的根本宗旨，也是领导干部明确"权力来源、为谁服务"权力观、坚定"为民、务实、清廉"集体取向价值理念的出发点和落脚点。这要求领导干部首先要充分认识到人民群众是历史的创造者，在公共权力行使过程中积极践行群众路线，树立群众利益至上的价值观念。并以清正廉洁、奉公执法作为执政理念基本要求，在公务活动中不以权谋私，不贪不义之利，杜绝寻租行为，自觉遵守有关防治利益冲突的法规制度要求，时刻保持廉洁自律、全心全意为人民服务的公仆本色。

最后，要引导领导干部树立正确的公私利益观。每个领导干部都有追求自身合法利益的权利，但当为了自身或亲属的利益去侵害或剥夺他人的利益时，私人利益就成为干扰和阻碍其维护公共利益的重要影响因素。因此，要求领导干部在获取合法正当物质或精神利益的过程中，必须合理统筹好个人与集体、局部与整体利益的关系，保障好领导干部的正当利益追求同时，尊重并维护好国家、集体的公共利益。并且，在进行利益分配的权利行使过程中，必须牢记"权为民所用、利为民所谋"的思想，杜绝嫉妒攀比、盲目艳羡的不良心理，在利益冲突中确保践行正确的公私利益观。

2. 营造崇尚利益冲突制度约束的文化生态

培育和建立一种新型的、与制度反腐相结合的廉政文化氛围是净化领导干部私欲心理和投机行为的基础与保障。并且，从上文实证分析结果来看，文化传统中的社会容忍心理越抵制和谴责谋取私利行为、越倡导和激励维护公共利益行为，以及领导干部的个体法治精神越强，则越有利于促进其在利益冲突中作出维护公共利益的行为选择，且相对而言，前者影响更大一些。因此，必须从以下几方面营造普遍引导、规范和激励领导干部在私人利益诱惑面前，自觉崇尚制度约束、坚守法律信仰的文化生态软环境。

首先，营造全民抵制领导干部利益冲突的社会生态环境。这种由社会对领导干部利益冲突行为的认知、态度和情感组成的舆论评价氛围，能够无形之中对领导干部形成一种无形社会压力，感染、陶冶和引导其形成一种被社会普遍认同的社会价值理念与行为标准。因此，要利用一切包括新型互联网与传统电视广播、报纸刊物等思想文化阵地积极开展廉政文化、利益冲突风险防控的宣传教育工作，提升全社会特别是各级党政领导干部整体对利益冲突的认识水平。同时，依托微博、微信等新媒体渠道报道、揭露和抨击各种利益冲突丑恶现象，积极培育全社会厌恶、抵制、唾弃和"零容忍"利益冲突的社会心理，促进形成崇尚廉洁、抵制贪腐的社会生态文化环境。[1]

其次，进一步优化熏陶领导干部行为态度和倾向的新型政治生态环境。在全面深化改革、全面依法治国以及全面从严治党的新时代，开展利益冲突防治不但要深化体制机制改革和加强法规制度出台，更要肃清政治体系内消极落后的政治文化传统，建构有利于积极促进领导干部在利益冲突防治中保持清正廉洁态度和行为倾向的新型政治生态环境。因此，必须在政治体系内宣传和普及有关防范和惩罚利益冲突的法律知识，强化正确用权的民主法制意识和观念，努力克制和消除政治活动中权大于法、情大于法的特权思想和人治传统。在政治体系内形成支持和促进利益冲突正式制度防治所需要，并与之相适应的法治文化和民主政治文化氛围，使之能时刻潜移默化地影响和制约领导干部利益冲突的行为倾向与选择。

最后，培育领导干部法律至上的制度信仰契约精神。这主要指领导干部自觉敬畏、内心自愿认可并服从防治利益冲突相关法律法规等正式制度的一种精神力量。这种积极守法的公共契约精神，成为正式制度获得普遍心理认同的合法正当性、权威有效性的重要基础。因此，必须通过举办法制讲座、行政执法培训、党纪规章教育等多种形式，使领导干部准确理解和执行利益冲突防治制度的约束要求。培育他们维护宪法尊严、崇尚法律、按照党纪党章和组织原则工作的理念，最后形成以遵纪守法为荣、违法为耻的制度信仰和

---

[1] 张杰：《科学治理腐败论》，中国检察出版社2012年版，第212页。

契约精神。①

3. 重塑自我强化廉洁自律意识的道德品质

领导干部拥有良好的道德品质，可以增强自身廉洁自律的道德责任感，激励更加自觉地坚持和弘扬廉洁奉公的道德精神，是有效遏制其滥用公权谋取私利动机、增加违纪违法道德风险的重要约束防线。并且，从上文实证分析结果来看，利益冲突中领导干部是否作出维护公共利益的行为选择更多依赖于伦理道德中领导干部的个人道德品质，且个人道德品质越高越有利于领导干部利益冲突中作出维护公共利益的行为选择。因此，必须从以下两方面重塑领导干部自我约束的道德自律机制，培养良好的人格品质和道德修养。

一方面，要加强指引利益冲突行为判断与选择的职业道德建设。领导干部职业道德是无形制约其在公共生活领域权利行使的强大调控器，以隐形的"软调控"方式抑制谋取私利等不道德心理的发生及蔓延，从而影响其利益冲突行为选择。因此，必须在全社会树立廉洁从政道德模范，充分发挥榜样对引领情感共鸣的示范作用，提升领导干部切实履行好岗位职责所要求的职业道德与责任。还要借鉴国外经验，培养一批可以指引他们走出利益冲突矛盾困境的专业伦理咨询专家，编制可以作为领导干部利益冲突行为选择参考的《行政伦理指导手册》，发展成为指导利益冲突中领导干部行为选择的行动指南。通过明确防治利益冲突相关的社会伦理规范和加强伦理道德培训，把诸如公共利益优先、恪尽职守、发挥个人表率作用等职业道德理念，真正融入领导干部的公共权力行使过程中，内化为一种自觉遵守职业道德要求的良好道德品质。

另一方面，要提升领导干部自觉遵从防治利益冲突法规制度的道德修养。领导干部自我道德修养是个体道德理想和观念意识，经过长期的自我理性思维能力，逐步上升到自觉遵从行为规范与规则

---

① 李和中、邓明辉：《政府廉政生态的建构与策略选择》，《中国行政管理》2014年第4期。

的自律行为表现。① 因此，必须要通过培训与灌输等方式，对领导干部进行道德认知和道德意识教育。用立党为公、执政为民的行政职业道德标准和廉洁、高效、守法的公民个人道德标准，引导领导干部加强自我反省、陶冶个人清正廉洁的情操。从而净化和锤炼其在复杂严峻的利益冲突环境中，持有明辨公私利益的道德意志。做到积极主动地恪守职业道德和纪律要求，信守对人民作出的庄严承诺，履行好自身担当的公民责任与义务，形成自觉抵制贪腐私欲、大公无私、清正廉洁的纯洁动机和高尚人格。

4. 倡导强烈抵制利益冲突行为的社会风尚

社会风尚直接关系到整个社会的心理情绪、观念态度、风俗习惯等，也就影响到身处其境的领导干部在利益冲突中的行为倾向与选择。不良的社会风气会助长领导干部以权谋私的不良行为习惯。并且，从上文实证分析结果来看，非正式制度约束各要素中习惯习俗的家庭本位习俗和社会风气风俗对利益冲突中领导干部是否作出维护公共利益的行为选择影响最大，并且社会风气风俗越好、以家庭本位利益为根本的旧习陋习越稀少，越有利于领导干部利益冲突中作出维护公共利益的行为选择。因此，必须从以下两方面促进改变落后陋习，在全社会形成清廉的良好社会风尚。

一方面，要加强领导干部作风建设，营造风清气正的社会风气。事实上，党风正则民风淳。因而，要继续把落实好中央"八项工作规定"精神，作为改进领导干部作风的重要抓手，厉行勤俭节约、反对铺张浪费，在领导干部日常工作、节庆生活中经常可能发生利益冲突风险苗头的地方设置一道防火墙。还要进一步持之以恒、正风肃纪，抓好形式主义、官僚主义、享乐主义和奢靡之风这"四风"建设。并且在"四风"问题的执纪审查中必须以抓铁有痕、踏石留印的严厉态度，决不放过损害人民群众切身

---

① 林文肯、方向、吴桂韩：《从源头上治理腐败研究》，中国社会科学出版社2014年版，第496页。

利益的不正行为。以从严治党的党风，促进风清气正的社风民风，再反过来又带动领导干部高尚情操的优良作风，互动推进社会风气全面持续良性运转。

另一方面，要移除旧习陋习，培养良好家庭习俗新风尚。可以说，在我国家庭是领导干部价值学习、观念形成及习惯养成最重要的场所。因此，领导干部的利益冲突行为倾向与选择必然与家庭环境密切相关。新时代要大力汲取中华民族优秀传统文化中诸如以廉立身、以廉教子等良好家规家风，扬弃人情庸俗、请客送礼等家庭本位旧习陋习。并通过强化领导干部家庭的美德教育以及利益冲突相关法律法规知识的教育，签订家庭清正廉洁承诺书、建立廉政模范家庭等方式，增强领导干部及其家庭自觉抵制和预防利益冲突的思想观念和行为习惯。还要鼓励和推动领导干部周围亲朋好友、熟人同事等对利益冲突行为予以批判和谴责，认可和赞扬他们的廉洁自律行为，最终在全体家庭成员中建立起互相监督、诚信友爱、扬公抑私的新习惯和新风俗。

三 健全新时代利益冲突防治的制度约束实施机制

无论是非正式制度还是正式制度，决定其能否有效发挥对领导干部利益冲突行为选择的约束作用，还有赖于保障它们得以实施的系列配套机制。新时代领导干部利益冲突防治体系的具体内容，也需要教育、激励、评价以及示范等机制来保障和提升其约束效力，以更好地推进制度约束创新、变革、融合与强化。

1. 以组织领导机制强化制度权威高效执行

组织领导作为制度执行的外在强制力，是确保制度在执行过程中能否维持其初始设定的功能和作用最为重要的环境。因而制度是否能够得到有效执行，是否能够发挥其应有作用，首先取决于制度在实施过程中的组织领导过程。要完善防治利益冲突的领导决策体制和工作机制，积极推进成立专门独立的利益冲突防治机构，并充分行使监督权，这样将使防治利益冲突的惩治战略得以顺利执行。如独立接获举报信息、独立决定是否立案调查、开展具体调查工作等，从根本上克服其他权力的干扰。并且通过权威高效的组织领导机制，进一步推进防治利益冲突正式制度的法制化进程。例如，制定专门的《利益冲突法》明确其法律地位和权威性，或考虑到当前我国立法条件不够成熟的情况下统一规划、系统整合现有财产申报制度、回避制度及离职后行为限制等制度。还要进一步明确国家监察委员会的职能，将其作为我国防治公职人员利益冲突的专门性管理机构。充分利用群众、舆论监督等外部监督方式，提高法律实施监督水平。结合纪委巡视工作，对不认真贯彻执行或者虚假执行、表面执行的人员和组织严厉处罚，使得防治利益冲突制度产生强大的震慑力。

2. 以学习教育机制强化价值观念指引

加强价值观念的学习教育可以提高领导干部思想觉悟和整体素质，指引其在利益冲突中作出正确行为选择，有效降低利益冲突行为的发生。因此，一方面，要拓展价值观念的学习教育范围、渠道及方法。利益冲突行为除了涉及最主要的主体领导干部之外，还涉及他身边如家庭配偶子女、亲戚朋友、工作同事等所有的利益相关主体。因而，需要拓展中央地方党校、行政学院、高等院校、社区远程教育中心等廉政教育基地，综合运用反面警示教育与正面示范教育等方法，警醒领导干部自觉提高其维护公共利益的思想觉悟，从"点"到"面"层层引导领导干部和社会公众增强遵纪守法的自我约束能力。[1] 另一方面，要创新价值观念学习教育内容。围绕党的群众路线教育实践活动，使领导干部树立密切联系群众、以群众利益为根本的执政理念。积极响应群众进一步强化反腐倡廉建设的呼声和要求，推进有关利益冲突各项法制规章的出台，促进群众迫切希望达到的政治清明、政府清廉和干部清正目标实现。还要围绕

---

[1] 蒋周明：《腐败探源与反腐败研究》，中国检察出版社2013年版，第167—168页。

"三严三实"专题教育活动，引导领导干部做马克思主义的坚定信仰者，社会主义核心价值观的自觉践行者，相关防治利益冲突路线、方针和政策的忠实执行者，真正做到严以修身、严以用权、严以律己。另外，还要围绕"两学一做"学习教育活动，要求领导干部必须认真学习党章党规以及习近平总书记系列重要讲话精神，深刻掌握、领会并自觉遵守有关利益冲突防治领域的路线方针和纪律要求，不断提高和增强严守政治纪律的自觉性，做到依法行政、公正执法。以及围绕"不忘初心、牢记使命"主题教育活动，找差距，补短板，牢记全心全意为人民服务的宗旨，推进实现中华民族伟大复兴中国梦。最后，还必须完善和规范学习教育制度，对领导干部学习教育的实效性进行监督和评价，更好地促进其在培育和强化廉正廉洁价值观念方面的积极作用。

3. 以示范引领机制强化习惯习俗规范

习惯习俗既然是社会长期延续并被普遍遵守的系列无形规范约束，就需要通过示范和引领，逐渐带动和感染全社会形成普遍遵从法律法规、维护公共利益的思维定式与良好风气，久而久之，传习积淀为良俗。因此，一方面，领导干部要通过以身作则、率先垂范，引领积淀清正清廉的社会风气。① 领导干部尤其是位居高层的领袖作为组织中有权威和人格魅力号召的个体，其个人思想、价值观念取向往往会被政府中其他成员甚至全社会学习效仿和推崇。因此，领导干部在工作中需要养成不搞特权，不凌驾于制度之上的行为习惯。在日常生活中，需要保持积极健康、勤俭朴素的生活方式与习性，自觉主动净化心灵，时刻保持慎独自省，以及清廉的工作作风和节约的生活方式。久而久之，通过影响、教育和引领作用，在政府组织内和社会中形成廉洁奉公、洁身自好的良好行政习惯和社会风俗，有效地减少和控制领导干部从众利益冲突行为的发生。另一方面，

---

① 杜治洲：《廉政领导力建设：未来我国反腐败的重要抓手》，《理论视野》2013年第10期。

以社会法治宣传和学习推崇，引领形成普遍遵循法制的心理定式。通过家庭、学校和社会等重点学习场域的法治教化宣传，使得在社会公众间逐步积累形成一种与社会价值观要求相一致，自觉遵从法律制度、规则至上的理性思维与行为倾向。这种推崇法律至上的意识一旦形成，将会逐渐成为社会普遍认同又乐意遵从的社会心理定式和行为习惯。自动调控和规范约束着领导干部的谋取私利行为选择，进而促进利益冲突防治中相关法规制度的宣传、贯彻和落实，成为一股促进制度执行的重要推力。

4. 以多元激励机制强化自律守法责任

通过多元激励利益引导，可以建立和形成一种与利益冲突防治中正式制度约束相结合、相适应的新型文化生态，推进相关制度政策的贯彻执行。因此，一方面，强化满足领导干部合法正当利益的物质激励。充分了解领导干部的个体需求和欲望，兼顾物质和精神上的利益增进。既建立科学合理的绩效考核机制，注重付出与回报的平衡，保证与市场机制相契合的薪酬福利增长机制，提升其工作满意度。同时，还必须注重他们的思想情感、荣誉观念等精神激励，提供公平公正的晋升机会，满足领导干部自我价值实现的心理需求，使之形成发自内心认同并维护公共利益的共同愿景。另一方面，以行为模范激励促进廉政文化氛围生成。行为模范激励就是指在领导干部日常工作、人际关系活动中，通过组织内部的教育宣传树立一种可供模仿的行为榜样，从而对组织内成员的廉政工作作风、良好文化素质、融洽人际关系等形成一种积极的导向和指引力，最终形成一种普遍共识和约定俗成的行为规范。[①] 另外，也需要整合广播电视等传统媒体和物联网、云技术等新型传播媒体，及时通报领导干部的利益冲突违纪违法事件，通过媒体舆论导向形成震慑利益冲突的高压态势，以及批评谴责的社会共同心理。同时，树立廉政模范

---

① 罗任权：《新时期廉政文化建设研究》，中国社会科学出版社 2010 年版，第 118—119 页。

典型，对他们的廉洁奉公优秀事迹进行表彰和宣传，形成引导领导干部在利益冲突中效仿学习，作出正确价值判断和行为选择的主流廉政生态文化。最后，还要通过弘扬和鼓励克己奉公、诚实守信、遵纪守法等价值精神，促进在全社会形成一种潜移默化、无处不在制约领导干部利益冲突行为选择的软约束文化环境，激励他们形成以公共利益优先的执政和服务理念，有效地控制和规避利益冲突行为的发生。

5. 以考核问责机制强化规范公共权力运行

建立起评价和奖惩领导干部的考核与问责机制，可以增强领导干部廉洁自律的道德责任精神，在社会上形成批判与谴责利益冲突行为的良好评价氛围。因此，一方面，完善防范利益冲突的惩处负向激励。以道德水平高低为原则，根据"成本—效益"原理，加大经济处罚力度，增加其违规违纪成本，对腐败、渎职、侵害公共利益的领导干部及时作出严肃处理。通过免职、责令辞职等形式，使其从主观上更加认知和明晰其应该履行的政治责任、刑事责任、道义责任等，确保公共权力的正常运行。另一方面，要建立一套客观合理评价领导干部伦理水平和行政道德实践的考核体系。需要充分发挥组织机构内部、广大新闻互联网媒体、社会公众等渠道的监督作用，通过民主测评、电子投票、公开公示和举报查实等方式，并结合组织内年度考核、任职或晋升考察等，重点评价领导干部有无全心全意为人民服务的政治道德；是否有诚实守信、严于律己的思想道德；能否做到尊重群众、公正廉洁的社会道德；等等。并将道德评价考核结果贯穿领导干部的任职、升降、退出等全过程。在选人用人机制上形成道德赏善罚恶的导向，对道德考核优秀的领导干部要给予政治晋升、奖金福利等奖励，对道德考核较差的要实行降级、撤职或开除等惩罚，确保国家领导干部在利益冲突中具备较高的道德修养与良好的道德品质。另一方面，强化促进领导干部责任意识的伦理问责制。也就是要强化领导干部在利益冲突防治中应承担的道德义务以及违纪违法的道德后果。通过建立健全领导干部宣誓就职、责任承诺制度与引咎辞职制度，更加明确公正无私、廉正廉洁、诚实守信、责任表率等社会伦理规范，明确他们自身的权力来源、责任目标与价值准则，以为后期法律、行政和伦理责任的追究提供法理与情理依据。对违背责任承诺或规范要求的干部就要给予法律、行政与道德的严厉惩罚，以此强化他们在工作过程中尽职尽责、毫无偏私的责任意识，确保在利益冲突中不作出违背公共利益的行为选择。

第三节　新时代领导干部利益冲突防治的优化路径

非正式制度与正式制度同属制度结构中两个不可分割的部分，两者相互支持、相互补充和相互促进。因此，新时代领导干部利益冲突防治这个复杂的系统工程，不仅需要依靠内部非正式制度各要素的改革与创新，以促进领导干部的内在自觉，还要通过健全和完善正式制度以提供刚性有力的外在支撑，最终通过两者协同互动，形成推进利益冲突防治的制度约束合力。

一　通过非正式制度向正式制度变迁强化利益冲突防治能力

必须考虑将现代政府中发挥积极作用的一些非正式制度要素引入到正式制度的目标体系中，从一种无形内在的柔性行为规范上升到成文外在的刚性制度规则，推进非正式制度向正式制度转变，增强其对领导干部利益冲突行为选择的约束力，从而强化利益冲突防治的能力。

一方面，围绕道德立法推进行政伦理制度化、法制化进程，增强其用来协调和指导领导干部利益冲突行为的约束效力。也就是说，在坚持适度原则基础上，要把一些基本的社会伦理规范要求和行政道德准则提升为法律制度，以法律制度的强制力来保证伦理规范与道德要求被予以普遍遵守。① 这也是当今世界各国防治利益冲突的主要做法，如美国出台《政府道德法案》、日本颁布《国家公务员伦理法》等都从法律上严格规定了政府官员的道德责任、监督措施及惩罚规定。虽然我国也在2005年颁布的《廉政实施纲要》中明确提出要探索制定从政道德的法律法规，但目前大多仍零散分布在《中华人民共和国公务员法》《国家公务员行为规范》等法规制度中，缺乏统一的伦理法规。因此，应该借鉴国外围绕现有财产申报制度的有益经验，尽早出台统一的《行政伦理法》，以保障非正式制度伦理道德要素用来协调和处理领导干部利益冲突行为的约束效力，并为领导干部维护公共利益的道德行为提供明确指南。

另一方面，应适当考虑礼尚往来等情理入法，更好推进法规制度被广泛认可并得以落实。当前，我国推进社会主义法治现代化的进程中，应该注重法律的程序化和规范化，培养和提高领导干部的法律意识和素养，但是我们也不能忽视某些与国家法律存在矛盾的中国传统文化因素。利益冲突防治是一个正式制度与非正式制度互动合作治理的过程。因而，在依照国家法律、党纪党规等正式规则要求和法律理性的同时，也需要充分考虑国家和社会间的民俗民风。在坚持法律作为首选的司法评判基础上，走法律本土化的法治转型道路，在事实认定、司法推理等方面适当有限度地引入一些公序良俗的情理因素。这样才能使裁判结果得到社会更多的理解、认可和接受。例如，在制定有关限制领导干部收受礼品、馈赠礼物等利益冲突行为的法规制度时，必须充分考虑礼尚往来这个情理因素，既不能一概而论全然否定，但也必须明晰可接受的合理适当范围，方能在法规制度实施过程中得到更多的认可与执行。

另外，还要在充分把握制度遵循的习惯—习俗—惯例演进路

---

① 王世谊、周义程：《权力腐败与权力制约问题研究》，中国社会科学出版社2011年版，第303页。

径，推进良好社会风尚的制度化进程。习惯是长期强化积淀、一时不易改变的心理定式和行为倾向，它是一种具有规范意义的社会风尚，是一种向社会成员推广和渗透的无形"律法"，因汇集了有关可以、能够或应该怎样的大量知识信息和共同经验，渐渐就构成了控制和规范人类行为的稳定习俗。当习俗驻存一段时间后，又会变为一种对人类社会活动有更强规约性的"显俗"惯例，让社会成员感到有则可循和有据可依，渐渐在内心形成自律机制，从而影响个人作出理性的判断和抉择。因此，我们必须充分倡导和鼓励领导干部充分发挥廉政领袖示范、公众崇尚廉洁的心理期盼以及社会对制度反腐取得最终成功的预期心理等等这些良好社会风气与行为风尚，强制发挥他们在引领领导干部利益冲突行为选择方面的积极带动作用。

二 依托正式制度保障非正式制度作用于利益冲突防治效应

虽然非正式制度是正式制度产生的前提和基础，正式制度如果没有非正式制度内在认同支持就难以取得预期实施效果。但由于非正式制度约束作用于利益冲突防治是靠领导干部的自发自觉性，而这又将受到个体思想觉悟、理性程度及所处文化习俗环境等限制，这意味着其作用于利益冲突防治的约束效应，还必须同时依托刚性外在正式制度的支撑与保障。[①]

一方面，要推进社会主义民主政治体制改革，逐渐在利益冲突防治中积淀民主政治文化、清廉组织氛围等非正式制度因子。最主要的是要进一步加大建设社会主义民主政治的政治体制改革力度，大力推动党内民主化建设、强化人大及常委会权威、政协监督与司法独立，理顺党组织与人大、政协、政府、司法机关之间的权力配置与关系。尤其是在利益冲突防治中，要进一步围绕行政审批制度

---

① 林伯海、田雪梅：《制度反腐与廉政文化建设的互动研究》，西南交通大学出版社2010年版，第191—192页。

改革将不该管、不能管与管不好的事项下放和转移给市场企业与社会组织。通过权力清单和负面清单公布，合理界定政府部门权力大小与领导干部岗位职责范围，最终推动形成廉洁高效、公正透明、权力—责任—利益对等的廉政文化氛围与行政管理体制，减少领导干部通过利用公权谋取私利的机会。还要进一步健全和完善纪委垂直领导的体制，进一步强化中央巡视制度，加强上级纪委对下级纪委的领导，围绕纪检监察体制改革切实推进利益冲突防治领导体制和工作机制的建设，增加领导干部谋取个人私利的风险。最终，通过促进中央及地方各部门之间组织机构的相互衔接与运行机制的相互配合，形成适应当前社会主义市场经济、民主政治、先进文化、和谐社会与生态文明发展要求的民主政治体制与民主政治文化，整体推动利益冲突防治效能提升。

另一方面，健全利益冲突防治相关正式法规制度约束，促进在利益冲突防治中形成廉洁观念和守法意识等非正式制度因子。前面我们梳理和归纳了我国利益冲突制度防治进程，也知道了虽已基本形成覆盖利益冲突行为的正式制度框架，但仍然存在正式制度效力不足等缺陷。因此，必须进一步健全和推动正式制度建设，尤其是要继续健全和有效落实财产申报制度，进一步将申报主体扩充至更多基层领导干部。充分借助物联网、云计算等大数据信息技术，搭建"互联网＋财产申报"的政务平台，促进向社会公众公开透明，加强对申报内容和信息的抽查核实，坚决杜绝虚报假报现象。还要根据本国实情，借鉴和创新资产处理制度，通过纪检监察等相关部门加强领导干部任职前财产审查，对实际和可能潜在发生利益冲突的资产，必须采取公平交易或者隐秘信托的方式及时处理，清除潜在发生以权谋私行为的风险与隐患。要进一步强化离职后或退休后到私营企业就职兼职的时间限定，明确禁止泄露任职期间所掌握的重要信息。还要创新利益回避制度，应禁止领导干部在任职的过程中参与其配偶子女、亲戚朋友等利益关系人的工作，切断潜在利益冲突影响客观公正决策判断的情况。[①] 除此之外，还要持续完善相关如礼品限制制度、储蓄存款实名制度、责任终身追究制度等配套制度。并注重和党内法规制度、纪律要求的相互衔接，真正减少领导干部利益冲突行为发生的客观机会与条件，久而久之，逐渐强化领导干部自觉践行法规制度要求的廉洁观念与守法意识。

另外，还要监督和促进利益冲突防治中正式法规制度的实施情况与执行效力，逐渐积淀领导干部自觉遵纪守法的行为习惯等非正式制度因子。防治利益冲突的制度出台没有严格执行力，就会出现空有其表的制度虚置形式主义，实无约束效力。因此，应该秉持抓铁有印与踏石留痕理念切实抓好各项法律制度和党纪党规落实。要在现有《中国共产党廉洁自律准则》《中国共产党纪律处分条例》等基础上，各领域各部门根据实际情况进一步及时制定指导利益冲突行为选择的具体实施细则与意见。要建立专门的制度实施信息反馈与考核评估机制，结合党内巡视制度，加强巡视工作领导小组对领导干部的监督。及时发现和纠正政策执行过程中的偏差问题与违背破坏制度实施的行为，及时处理和追究贯彻中央精神不及时、制度贯彻落实不力的领导干部责任，为形成领导干部自觉遵纪守法的责任意识和行为习惯奠定可靠保障。

三 增进非正式制度与正式制度互动提升利益冲突防治绩效

非正式制度和正式制度相互支持和相互强化，共同组成了新时代领导干部利益冲突制度防治体系。因此，在利益冲突防治中，必须注重两者的协同推进，互动融合，真正促进形成约束领导干部利益冲突行为选择的制度合力，最终提升领导干部利益冲突防治实效。

一方面，推动非正式制度与正式制度相互渗透和转化，相容推进利益冲突防治进程。根据上文分析，我们知道非正式制度与正式制度都是制约和协调利益冲突行为选择的重要规范，两者可以相互

[①] 任建明：《反腐败制度与创新》，中国方正出版社2012年版，第272—274页。

渗透、相互转化。应进一步推进利益冲突防治中非正式制度价值观念、文化传统、伦理道德以及习惯习俗要素的规范化、制度化和法制化变迁进程，由一种柔性的软约束变为刚性的正式制度硬要求。并进一步健全与完善利益冲突防治中利益公开、限制、回避等正式法规制度以及党的纪律要求，推进形成新的守法意识、廉洁氛围、良好行为习惯等非正式制度。这样会使得正式制度的创新或移植，能得到非正式制度观念认同、文化引导、道德觉悟和行为习惯的支持，形成与之相适应、相容的非正式制度。非正式制度也会因得到外部正式制度支撑配合，而使得约束更加有力。这两者在内容上相互融合、功能上相互支持与强化的一致性将会产生一股强劲的约束合力，使领导干部实施自我约束，激励自觉维护公共利益和自觉遵循党纪法规要求，降低领导干部利益冲突制度治理监督与实施成本。

另一方面，促进非正式制度与正式制度均衡发展与协调变迁，协同推进利益冲突防治进程。领导干部利益冲突制度防治进程实际上就是正式制度与非正式制度从不均衡到均衡，又从均衡到不均衡的变迁过程，只有两者达到均衡才是制度贯彻执行更有效的状态和时机。而中央和地方政府领导干部在制定、出台、执行利益冲突防治制度或决策时，想要把握和维持好两者均衡发展度，则需要将两者看作是统一的制度结构，协调推进两个制度体系发展变迁。任何新的单一非正式制度或正式制度变迁都会使其陷入与原有制度结构不适应的制度无效率锁定状态。因此，不仅要推进利益冲突防治制度结构内部非正式与正式制度协调变迁，还要推进两者各自约束体系内各因素的整体协调变迁。当然需要强调的是，由于两者的变迁速度差异，这种协调变迁更多强调的是配套协同，而并非时间进程或变革程度上的一致性。总之，通过非正式制度和正式制度两者整体协调变迁，可以有效规避利益冲突防治中的制度不协调冲突和制度实施内耗，共同推进领导干部利益冲突防治的进程。

主要参考文献

一　马克思主义经典著作、党的文献类

《马克思恩格斯全集》第1卷，人民出版社1956年版。
《马克思恩格斯全集》第2卷，人民出版社1957年版。
《马克思恩格斯全集》第22卷，人民出版社1965年版。
《马克思恩格斯选集》第1—4卷，人民出版社1995年版。
《马克思主义经典著作选读》，人民出版社2012年版。
《列宁全集》第33—34卷，人民出版社1985年版。
《列宁全集》第38卷，人民出版社2017年版。
《列宁全集》第42—43卷，人民出版社2017年版。
《列宁全集》第52卷，人民出版社1988年版。
《列宁选集》第4卷，人民出版社2012年版。
《列宁专题文集·论社会主义》，人民出版社2009年版。
《毛泽东选集》第2—4卷，人民出版社1991年版。
《毛泽东邓小平江泽民论党的建设》，中共中央党校出版社1999年版。
《邓小平文选》第1—3卷，人民出版社1993—1994年版。
《江泽民文选》第1—3卷，人民出版社2006年版。
《胡锦涛文选》第1—3卷，人民出版社2016年版。
江泽民：《论党的建设》，中央文献出版社2001年版。
胡锦涛：《高举中国特色社会主义伟大旗帜　为夺取全面建设小康社会新胜利而奋斗——在中国共产党第十七次全国代表大会上的报告》，人民出版社2007年版。

胡锦涛：《坚定不移沿着中国特色社会主义道路前进　为全面建成小康社会而奋斗——在中国共产党第十八次全国代表大会上的报告》，人民出版社2012年版。

《习近平谈治国理政》，外文出版社2014年版。

《习近平谈治国理政》第2卷，外文出版社2017年版。

《习近平总书记系列重要讲话读本（2016年版）》，学习出版社、人民出版社2016年版。

《习近平关于党风廉政建设和反腐败斗争论述摘编》，中央文献出版社、中国方正出版社2015年版。

《习近平在第十八届中央纪律检查委员会第六次全体会议上的讲话》，人民出版社2016年版。

习近平：《决胜全面建成小康社会　夺取新时代中国特色社会主义伟大胜利——在中国共产党第十九次全国代表大会上的报告》，人民出版社2017年版。

《习近平新时代中国特色社会主义思想三十讲》，学习出版社2018年版。

《习近平新时代中国特色社会主义思想学习纲要》，学习出版社、人民出版社2019年版。

《十六大以来重要文献选编》（上），中央文献出版社2005年版。

《十六大以来重要文献选编》（中），中央文献出版社2006年版。

《十六大以来重要文献选编》（下），中央文献出版社2008年版。

《十七大以来重要文献选编》（上），中央文献出版社2009年版。

《十七大以来重要文献选编》（中），中央文献出版社2011年版。

《十七大以来重要文献选编》（下），中央文献出版社2013年版。

《十八大以来重要文献选编》（上），中央文献出版社2014年版。

《十八大以来重要文献选编》（中），中央文献出版社2016年版。

《十八大以来重要文献选编》（下），中央文献出版社2018年版。

《十九大以来重要文献选编》（上），中央文献出版社2019年版。

中央纪委纪检监察研究所：《中国共产党反腐倡廉文献选编》，中央文献出版社 2002 年版。

《建立健全教育、制度、监督并重的惩治和预防腐败体系实施纲要辅导读本》，中国方正出版社 2005 年版。

中央纪委研究室：《十六大以来反腐倡廉建设（工作报告卷）》，中国方正出版社 2007 年版。

《中共中央关于全面推进依法治国若干重大问题的决定》，人民出版社 2014 年版。

二 中文文献

（一）中文著作

本书编委会：《反腐败：防止利益冲突的理论与实践专题研讨会暨第四届西湖·廉政论坛》，中国方正出版社 2012 年版。

邓杰、胡延松：《反腐败的逻辑与制度》，北京大学出版社 2015 年版。

董世明、吴九占、李俊彪：《马克思主义廉政学说》，社会科学文献出版社 2016 年版。

段晓锋：《非正式制度对中国经济制度变迁方式的影响》，经济科学出版社 1998 年版。

费孝通：《乡土中国》，北京大学出版社 1998 年版。

高建林：《社会主义核心价值体系与廉政文化建设》，苏州大学出版社 2011 年版。

高兆明：《制度伦理研究》，商务印书馆 2011 年版。

过勇：《经济转轨、制度与腐败》，社会科学文献出版社 2007 年版。

郝文清：《当代中国衍生性权力腐败研究》，安徽大学出版社 2011 年版。

郝云：《利益理论比较研究》，复旦大学出版社 2007 年版。

胡鞍钢：《中国：挑战腐败》，浙江人民出版社 2000 年版。

江畅：《论价值观与价值文化》，科学出版社 2014 年版。

蒋周明：《腐败探源与反腐败研究》，中国检察出版社 2013 年版。

金太年：《行政腐败解读与治理》，广东人民出版社 2002 年版。

靳凤林：《制度伦理与官员道德——当代中国政治伦理结构性转型研究》，人民出版社 2011 年版。

柯武刚、史漫飞：《制度经济学：社会秩序与公共政策》，商务印书馆 2000 年版。

孔祥仁：《国际反腐败随笔》，中国方正出版社 2007 年版。

李辉：《当代中国反腐败制度研究》，上海人民出版社 2013 年版。

李秋芳：《廉政文化建设理论与实践研究》，中国社会科学出版社 2011 年版。

李文珊：《当代中国廉政建设中的道德调控研究》，中央文献出版社 2007 年版。

林伯海、田雪梅：《制度反腐与廉政文化建设的互动研究》，西南交通大学出版社 2010 年版。

林文肯、方向、吴桂韩：《从源头上治理腐败研究》，中国社会科学出版社 2014 年版。

林毅夫：《关于制度变迁的经济学理论：诱致性变迁与强制性变迁》，上海三联书店、上海人民出版社 1994 年版。

刘海年、李林、张广兴：《依法治国与廉政建设》，社会科学文献出版社 2008 年版。

刘汉霞：《我国权力寻租影响因素的实证研究》，法律出版社 2012 年版。

刘月岭：《马克思制度伦理思想研究》，中国政法大学出版社 2014 年版。

柳诒徵：《中国文化史》（上部），中国社会科学出版社 2008 年版。

卢现祥：《新制度经济学》，武汉大学出版社 2011 年版。

罗任权：《新时期廉政文化建设研究》，中国社会科学出版社 2010 年版。

马国庆：《应用统计学：数理统计方法、数据获取与 SPSS 应用》，科学出版社 2005 年版。

马国泉：《行政伦理：美国的理论与实践》，复旦大学出版社 2006 年版。

倪愫襄：《制度伦理研究》，人民出版社 2008 年版。

倪星、肖滨：《中国廉政制度创新研究》，中山大学出版社 2012 年版。

彭德琳：《新制度经济学》，湖北人民出版社 2002 年版。

彭吉龙：《腐败现象滋生蔓延问题的调查与治理对策》，中国方正出版社 2010 年版。

任建明：《反腐败制度与创新》，中国方正出版社 2012 年版。

任建明、杜治洲：《腐败与反腐败：理论、模型与方法》，清华大学出版社 2010 年版。

苏满满：《腐败心理预防轮》，中国方正出版社 2004 年版。

孙道祥、任建明：《中国特色社会主义反腐倡廉理论研究》，中国方正出版社 2012 年版。

孙志勇：《遏制腐败战略：党的十八大以来中国特色反腐败理论十讲》，中国社会科学出版社 2017 年版。

唐绍欣：《非正式制度经济学》，山东大学出版社 2010 年版。

唐铁汉：《公共行政道德概论》，华文出版社 2005 年版。

田湘波、杨燕妮、刘忠祥：《廉政制度适应性效率研究》，湖南大学出版社 2015 年版。

王美文：《当代中国政府公务员责任体系及其实现机制研究》，人民出版社 2008 年版。

王世谊、周义程：《权力腐败与权力制约问题研究》，中国社会科学出版社 2011 年版。

王天笑：《廉政视域下我国公职人员利益冲突问题研究》，郑州大学出版社 2015 年版。

王伟光：《利益论》，人民出版社 2010 年版。

王文贵：《互动与耦合：非正式制度与经济发展》，中国社会科学出版社 2007 年版。

王文升：《廉政文化论》，中国方正出版社 2010 年版。

王新生：《习惯性规范研究》，中国政法大学出版社 2010 年版。

韦森：《社会秩序的经济分析导论》，上海三联书店 2001 年版。

吴明隆：《SPSS 统计应用实务——问卷分析与应用统计》，科学出版社 2003 年版。

伍装：《非正式制度论》，上海财经大学出版社 2011 年版。

项继权、李敏杰、罗峰：《中外廉政制度比较》，商务印书馆 2015 年版。

肖杰：《中国传统廉政思想研究》，吉林大学出版社 2010 年版。

肖前：《马克思主义哲学原理》，中国人民大学出版社 1994 年版。

徐玉生、徐莳：《中国反腐败与执政党建设研究》，中国社会科学出版社 2017 年版。

杨军、肖青桃：《腐败的历史成因、现状及防治策略研究》，湖南人民出版社 2016 年版。

杨绍华：《把权力关进制度的笼子里：中国特色反腐倡廉制度创新研究》，中国方正出版社 2013 年版。

余华青：《中国古代廉政制度史》，上海人民出版社 2007 年版。

俞可平：《治理与善治》，社会科学文献出版社 2000 年版。

詹福满：《科学发展观与反腐倡廉建设》，人民出版社 2007 年版。

张国臣：《廉洁文化在社会治理创新中的效能研究》，郑州大学出版社 2014 年版。

张华：《腐败犯罪控制机制研究》，中国长安出版社 2013 年版。

张杰：《科学治理腐败论》，中国检察出版社 2012 年版。

张康之：《寻求公共行政的伦理视角》，中国人民大学出版社 2002 年版。

张利生：《廉政文化建设要论》，中国方正出版社 2009 年版。

张维迎：《博弈论与信息经济学》，上海人民出版社 2004 年版。

张西山：《中国特色社会主义的制度文化分析》，社会科学文献出版社 2013 年版。

赵建国：《公共经济学》，清华大学出版社2014年版。

中央纪委法规室、监察部法规司：《国外防治腐败与公职人员财产申报法律选编》，中国方正出版社2012年版。

周卫东：《廉政理论研究》，中央编译出版社2005年版。

庄德水：《防止利益冲突与廉政建设研究》，西苑出版社2010年版。

（二）中文论文

包心鉴：《强化制度意识与廉政文化建设》，《中国党政干部论坛》2006年第2期。

崔万田、周晔馨：《正式制度与非正式制度的关系探析》，《教学与研究》2006年第8期。

程文浩：《中国治理和防止公职人员利益冲突的实践》，《广州大学学报》（社会科学版）2006年第10期。

楚文凯：《关于借鉴国外防止利益冲突做法的思考》，《中国监察》2006年第14期。

柴世钦：《行政价值观的结构与臻善》，《求索》2009年第12期。

程铁军、江涌：《建立健全利益冲突制度》，《瞭望》2010年第3期。

曹迎：《从思想道德维度论新中国反腐倡廉教育历程与经验》，《桂海论丛》2012年第3期。

陈锋：《防止利益冲突制度建设的文化诉求》，《廉政文化研究》2012年第3期。

蔡小慎：《公共资源交易领域利益冲突及防治》，《学术界》2012年第3期。

蔡小慎、张存达：《非正式约束视角下公职人员利益冲突的治理》，《安徽师范大学学报》（人文社会科学版）2013年第2期。

蔡小慎、刘存亮：《我国公职人员利益冲突管理及其制度投入的经济学分析》，《理论导刊》2013年第2期。

蔡小慎、张存达：《我国防止利益冲突制度演变及其效应分析》，《理论探索》2015年第5期。

陈坦、骆广东：《提升廉政制度执行力的对策思考》，《江淮论坛》

2013 年第 4 期。

曹亚芳:《习近平治国理政的创新思维研究》,《社会主义研究》2016 年第 3 期。

陈平:《当前我国制度反腐的宏观策略、路径依赖与现实对策分析——新制度主义的视角》,《河南大学学报》(社会科学版) 2016 年第 3 期。

陈东辉:《制度自信视阈下推进我国反腐倡廉建设的思考》,《中州学刊》2016 年第 3 期。

程浩:《习近平反腐倡廉思想史论》,《中共中央党校学报》2016 年第 3 期。

陈文权、郑超华:《习近平新时代反腐败斗争思想论析》,《探索》2018 年第 3 期。

董晓宇:《公共权力腐败行为的形成机理与遏制思路》,《中国行政管理》2002 年第 4 期。

丁煌:《基于信息不对称的政策执行分析》,《北京行政学院学报》2008 年第 6 期。

杜治洲:《我国防止利益冲突制度的顶层设计》,《河南社会科学》2012 年第 1 期。

杜治洲:《廉政领导力建设:未来我国反腐败的重要抓手》,《理论视野》2013 年第 10 期。

丁锐、张秀智:《公共资源交易中的腐败及防治——以对土地腐败问题的剖析与思考为例》,《河南社会科学》2013 年第 2 期。

樊建武、于建星:《加拿大预防利益冲突给我们的借鉴与启示》,《理论导刊》2009 年第 2 期。

冯达:《对公共资源交易改革的理解与法律思考》,《中国机构改革与管理》2013 年第 11 期。

顾钰民:《马克思主义制度经济学研究》,《上海市经济学会学术年刊》2008 年第 1 期。

郭兴全:《标本协治:协同论视角下中国反腐败新战略》,《甘肃社会科学》2015 年第 1 期。

高尚全：《坚持市场化改革方向不动摇》，《财会研究》2008 年第 24 期。

高巍翔：《防止利益冲突视野下的利益观教育》，《廉政文化研究》2012 年第 5 期。

公婷、任建明：《利益冲突管理的理论与实践》，《中国行政管理》2012 年第 10 期。

高新民：《国家治理体系现代化与反腐倡廉建设》，《中共党史研究》2014 年第 2 期。

郭兴全：《标本协治：协同论视角下中国反腐败新战略》，《甘肃社会科学》2015 年第 1 期。

胡琴：《论政府利益及其冲突治理》，《行政与法》2002 年第 10 期。

胡杨：《防止利益冲突的伦理建构——兼论中国特色防止利益冲突的伦理工程建设》，《河南社会科学》2012 年第 1 期。

洪春：《公职人员利益冲突规避制度研究》，硕士学位论文，西南政法大学，2007 年。

胡明生、徐小辉：《对提升反腐倡廉法规制度执行力的思考》，《求实》2012 年第 1 期。

郝俊杰、张震：《马克思主义廉政理念及实现路径研究》，《毛泽东思想研究》2014 年第 7 期。

韩锐：《习近平法治反腐思想探析》，《理论探索》2017 年第 6 期。

何旗：《"一家两制"现象中的隐性权力腐败及其治理》，《甘肃行政学院学报》2019 年第 3 期。

吉嘉伍：《新制度政治学中的正式和非正式制度》，《社会科学研究》2007 年第 5 期。

蒯正明：《新制度主义政治学关于制度有效性的三维解读》，《理论与改革》2012 年第 1 期。

季建林：《制度性反腐：走出越反越腐怪圈的根本之策》，《理论探讨》2013 年第 4 期。

孔祥仁：《防止利益冲突从高官做起——美国、英国案例解析》，《河南社会科学》2012年第2期。

李传军：《利益相关者共同治理的理论基础与实践》，《管理科学》2003年第4期。

卢少求：《试析行政组织中的伦理责任及其规避》，《毛泽东邓小平理论研究》2004年第11期。

李默海：《政府权力异化的原因与防范》，《石河子大学学报》（哲学社会科学版）2010年第5期。

李松：《利益冲突成为"腐败之源"专家建议立法》，《瞭望新闻周刊》2010年第11期。

林晓霞：《腐败预防：基于公共资源市场化的视角》，《东南大学学报》（哲学社会科学版）2010年第12期。

李景平、鲁洋：《国外公务员廉政制度及对我国的启示》，《学术论坛》2010年第12期。

李诚臣：《公共资源交易管理中的问题及解决对策》，《中国监察》2010年第22期。

刘雪丰、何静：《公务员履责过程中的道德风险及其消减》，《伦理学研究》2011年第1期。

龙太江、汪克章：《公务员利益冲突防治立法探析》，《广州大学学报》（社会科学版）2012年第1期。

雷玉琼、曾萌：《制度性腐败成因及其破解——基于制度设计、制度变迁与制度约束》，《中国行政管理》2012年第2期。

李喆：《基于文化视角防止利益冲突的路径选择》，《大连干部学刊》2012年第6期。

李平贵：《马克思恩格斯反腐倡廉思想及其当代价值》，《社科纵横》2012年第11期。

李俊群：《防止利益冲突的力学分析》，《领导科学》2013年第1期。

卢小君、蔡小慎等：《寻租视角下公共资源交易领域中的利益冲突防治》，《领导科学》2013年第10期。

雷玉川：《公共资源交易市场存在的问题及对策》，《招标采购管理》2014 年第 3 期。

李和中、邓明辉：《政府廉政生态的建构与策略选择》，《中国行政管理》2014 年第 4 期。

吕俊杰：《反腐倡廉制度执行力模型的构建和运用研究》，《广西社会科学》2014 年第 5 期。

卢小君：《政府采购中公职人员利益冲突防范研究》，《党政干部学刊》2014 年第 9 期。

李佳娟、陆树程：《论习近平反腐思想——从患病治病走向预防保健》，《社会科学家》2018 年第 3 期。

刘占虎：《当代中国反腐倡廉的协同性研究》，博士学位论文，兰州大学，2015 年。

李慧：《利益相关者视角下我国政府绿色采购研究》，硕士学位论文，北京林业大学，2011 年。

马智胜、马勇：《试论正式制度和非正式制度的关系》，《江西社会科学》2004 年第 7 期。

莫洪宪、黄鹏：《我国反腐败刑事政策转型背景下防止利益冲突制度研究》，《安徽大学学报》（哲学社会科学版）2019 年第 6 期。

庞娟：《城市社区公共品供给机制研究》，《城市发展研究》2010 年第 8 期。

邱安民、廖晓明：《论我国公共资源交易及其权力运行规范体系建构》，《求索》2013 年第 5 期。

秦国民、高亚林：《恰适性：推进国家治理现代化的制度建设原则》，《中国行政管理》2015 年第 9 期。

任勇：《委托代理理论·模型·对策及评析》，《经济问题》2007 年第 7 期。

任建明：《把权力关进制度笼子的逻辑与对策》，《理论探索》2015 年第 6 期。

郜爱红：《防治公务员利益冲突的伦理路径》，《中国特色社会主义研究》2012 年第 2 期。

孙卫娜：《非正式制度在思想政治教育中的作用及建设途径》，《池州学院学报》2013 年第 10 期。

田湘波、杨燕妮：《中国廉政制度的适应性分析》，《湖南大学学报》（社会科学版）2008 年第 2 期。

田旭明：《善制与善德的耦合——论制度反腐与廉洁文化建设的协同》，《理论与改革》2015 年第 2 期。

吴小蕾：《非正式制度制约腐败的经济学分析》，《宁夏社会科学》2002 年第 4 期。

汪彤：《权力寻租的正式制度与非正式制度分析》，《山西财经大学学报》2005 年第 6 期。

吴玉娟：《防止利益冲突机制的立法思考》，《山西省政法管理干部学院学报》2011 年第 2 期。

王琳瑜、杜治洲：《我国防止公职人员利益冲突制度的变迁及完善》，《广州大学学报》（社会科学版）2011 年第 3 期。

王治国、李雪慧：《防止利益冲突与惩治和预防腐败体系的完善》，《河南社会科学》2012 年第 2 期。

文丰安：《廉政文化建设在制度反腐中的作用思考》，《社会科学家》2013 年第 11 期。

王天笑：《公职人员腐败的利益冲突诱因及其演变过程探析》，《郑州轻工业学院学报》（社会科学版）2014 年第 8 期。

王希鹏：《腐败治理体系和治理能力现代化研究》，《求实》2014 年第 8 期。

王平一：《论十八大以来习近平同志的反腐倡廉思想》，《求实》2014 年第 10 期。

温福英、黄建新：《关于防止利益冲突制度建设的思考》，《中共福建省委党校学报》2016 年第 10 期。

熊必军：《试论非正式制度》，《湖南省社会主义学院学报》2005 年第 1 期。

肖茂盛：《论公务员的责任冲突及行政伦理决策》，《中国行政管理》2006年第5期。

谢庆奎：《非正式约束下的政策参与研究》，《云南行政学院学报》2010年第3期。

肖俊奇：《公职人员利益冲突及其管理策略》，《中国行政管理》2011年第2期。

项继权、李敏杰：《论廉洁政治的制度基础》，《理论与改革》2014年第3期。

徐祥军、廖晓明、刘圣中：《我国反腐的既有模式与制度创新》，《江西社会科学》2014年第5期。

谢志岿、曹景钧：《低制度化治理与非正式制度——对国家治理体系与能力现代化一个难题的考察》，《国外社会科学》2014年第9期。

杨宝军：《电子政务建设中的利益相关者角色定位》，《行政论坛》2003年第3期。

杨相琴：《马克思主义的利益观探究》，《理论月刊》2010年第9期。

杨绍华：《对我国当前"三公"领域利益冲突易发多发问题的思考》，《红旗文稿》2011年第3期。

杨绍华：《健全防止利益冲突制度的理论分析与实践路径》，《湖南社会科学》2011年第6期。

闫德民：《论利益冲突及其预防制度体系构建》，《学习论坛》2011年第5期。

杨根乔：《反腐倡廉制度执行问题调查与思考》，《毛泽东邓小平理论研究》2012年第3期。

易雄：《公共资源交易统一集中管理的现状和问题》，《中国招标》2013年第12期。

阎树群、张艳娥：《中国特色社会主义制度研究的重要视角——基于非正式制度的分析》，《当代世界与社会主义》2014年第6期。

严书翰：《习近平治国理政思想是当代中国马克思主义的新发展》，

《当代世界与社会主义》2015 年第 12 期。

张雄：《习俗与市场》，《中国社会科学》1996 年第 5 期。

钟岩、桂杰：《腐败是导致我国资源配置低效率的重要原因——兼论权力寻租的经济效应》，《经济师》2001 年第 1 期。

翟翼：《公共资源交易的问题与对策研究》，《山东经济战略研究》2005 年第 8 期。

周伟贤：《寻租与腐败的经济学分析》，《特区经济》2006 年第 12 期。

周琪：《从解决"利益冲突"着手反腐败》，《中国新闻周刊》2006 年第 20 期。

邹东升、冯清华：《公共行政的伦理冲突场景与消解途径》，《理论探讨》2007 年第 4 期。

庄德水：《利益冲突视角下的腐败与反腐败》，《广东行政学院学报》2009 年第 6 期。

庄德水：《利益冲突研究：理论路径、政策视界与廉政分析》，《学习与实践》2010 年第 1 期。

庄德水：《公共政策失败的利益冲突因素分析》，《学术交流》2010 年第 1 期。

庄德水：《OECD 国家防止利益冲突的伦理工程及其实践》，《廉政文化研究》2010 年第 1 期。

庄德水、杨沂凤：《OECD 国家防止利益冲突的伦理工程及其启示》，《南昌大学学报》（人文社会科学版）2010 年第 3 期。

庄德水：《利益冲突：一个廉政问题的分析框架》，《上海行政学院学报》2010 年第 5 期。

庄德水：《公共权力腐败的利益冲突根源》，《中共中央党校学报》2011 年第 4 期。

庄国波、陈万明：《领导干部政绩评价主体的系统构建——利益相关者理论视角》，《中国行政管理》2011 年第 1 期。

张辉、孟绮昌：《"利益冲突"与我国廉政建设实践探析》，《西北工业大学学报》（社会科学版）2010 年第 2 期。

张西道、刘克兵：《防止公职人员利益冲突的路径选择——以人性为视角》，《陕西行政学院学报》2011 年第 4 期。

朱前星、陈果：《国外防止利益冲突的制度设计及其启示》，《中共中央党校学报》2012 年第 1 期。

张建华：《让阳光交易有效遏制工程腐败》，《半月谈》2012 年第 12 期。

张远新：《习近平总书记反腐倡廉思想探析》，《探索》2014 年第 2 期。

张深远、张惠康：《美国财产申报制度的文化依托》，《理论探索》2014 年第 1 期。

张尚兵：《习近平党建思想内涵缕析》，《河海大学学报》（哲学社会科学版）2015 年第 3 期。

赵秉志、彭新林：《习近平反腐倡廉思想研究》，《北京师范大学学报》（社会科学版）2015 年第 5 期。

赵娟：《构建非正式制度与正式制度的良性互动——基于老挝的行政生态分析》，《理论月刊》2016 年第 7 期。

周盛：《廉政制度的有效性及其提升策略——基于交易成本政治学的分析》，《社会科学战线》2016 年第 7 期。

周宏、郝文斌：《论习近平反腐倡廉思想的哲学思维及理论价值》，《学术交流》2017 年第 1 期。

张春和：《习近平廉政思想的内生逻辑及实践意蕴》，《理论与改革》2017 年第 5 期。

周威远：《我国政府采购监督机制的问题与对策研究》，硕士学位论文，湖南大学，2011 年。

周京燕：《行政伦理视角下行政人员的利益冲突及其对策研究》，硕士学位论文，吉林财经大学，2012 年。

张绍煌：《业务人员利益冲突决策之研究》，硕士学位论文，台湾海洋大学，2015 年。

（三）中译著作

［美］奥斯特罗姆：《制度分析与发展的反思——问题与抉择》，王诚等译，商务印书馆1999年版。

［美］奥利弗·E.威廉姆森：《治理机制》，石烁译，中国社会科学出版社2001年版。

［美］爱德华·弗里曼、杰弗里·哈里森等：《利益相关者理论现状与展望》，盛亚、李靖华译，知识产权出版社2013年版。

［美］博登海默：《法理学—法哲学及其方法》，邓正来、姬敬武译，华夏出版社1987年版。

［美］道格拉斯·C.诺思：《经济史中的结构与变迁》，陈郁、罗华平等译，上海人民出版社1994年版。

［美］道格拉斯·C.诺思：《制度、制度变迁与经济绩效》，刘守英译，上海三联书店1994年版。

［美］道格拉斯·C.诺思：《制度、制度变迁与经济绩效》，杭行译，格致出版社2008年版。

［美］凡勃伦：《有闲阶级论》，蔡受百译，商务印书馆1964年版。

［瑞典］冈纳·缪尔达尔：《世界贫困的挑战——世界反贫困大纲》，顾朝阳等译，北京经济学院出版社1991年版。

［美］盖伊·彼得斯：《政治科学中的制度理论——新制度主义》，王向民、段红伟译，上海世纪出版集团2011年版。

［新西兰］杰里米·波普：《反腐策略——来自透明国际的报告》，王淼洋等译，上海译文出版社2000年版。

［德］柯武刚、史漫飞：《制度经济学——社会秩序与公共政策》，韩朝华译，商务印书馆2000年版。

［美］康芒斯：《制度经济学》（上），于树生译，商务印书馆2009年版。

［加］里克·斯塔彭赫斯特、［美］萨尔·J.庞德：《反腐败——国家廉政建设的模式》，杨之刚译，经济科学出版社2009年版。

全球治理委员会：《我们的全球伙伴关系》，牛津大学出版社1995

年版。

［日］青木昌彦：《转轨经济中的公司治理结构》，钱颖一译，华夏出版社 2002 年版。

［美］R. 爱德华·弗里曼：《战略管理：利益相关者管理的分析方法》，王彦华、梁豪译，上海译文出版社 2006 年版。

［美］塞缪尔·亨廷顿：《变化社会中的政治秩序》，王冠华等译，上海人民出版社 2008 年版。

［美］塞缪尔·亨廷顿、劳伦斯·哈里森：《文化的重要作用》，程克雄译，新华出版社 2002 年版。

［俄］萨塔罗夫：《反腐败政策》，社会科学文献出版社 2011 年版。

［美］特里·L. 库珀：《行政伦理学：实现行政责任的途径》，张秀琴译，中国人民大学出版社 2001 年版。

［美］沃尔特·W. 鲍威尔、保罗·J. 迪马吉奥：《组织分析的新制度主义》，姚伟译，上海人民出版社 2008 年版。

［美］詹姆斯·G. 马奇、［挪］约翰·P. 奥尔森翰·奥尔森：《重新发现制度：政治的组织基础》，张伟译，生活·读书·新知三联书店 1984 年版。

《美国政府道德法、1989 年道德改革法、行政部门雇员道德行为准则》，蒋娜、张永久等译，中国方正出版社 2013 年版。

（三）报纸及其他文献

习近平：《更加科学有效地防治腐败，坚定不移把反腐倡廉建设引向深入——在中国共产党第十八届中央纪律检查委员会第二次全体会议上的讲话》，《人民日报》2013 年 1 月 23 日第 1 版。

《中共中央关于全面深化改革若干重大问题的决定》，《人民日报》2013 年 11 月 16 日第 1 版。

习近平：《强化反腐败体制机制创新和制度保障 深入推进党风廉政建设和反腐败斗争——在中国共产党第十八届中央纪律检查委员会第三次全体会议上的讲话》，《人民日报》2014 年 1 月 15 日第 1 版。

习近平:《在党的群众路线教育实践活动总结大会上的讲话》,《人民日报》2014年10月9日第2版。

习近平:《深化改革　巩固成果　积极拓展　不断把反腐败斗争引向深入——在中国共产党第十八届中央纪律检查委员会第五次全体会议上的讲话》,《人民日报》2015年1月14日第1版。

习近平:《取得全面从严治党更大战略性成果巩固发展反腐败斗争压倒性胜利——在中国共产党第十九届中央纪律检查委员会第三次全体会议上的讲话》,《人民日报》2019年1月12日第1版。

《中共中央关于坚持和完善中国特色社会主义制度　推进国家治理体系和治理能力现代化若干重大问题的决定》,《人民日报》2019年11月6日第1版。

习近平:《一以贯之全面从严治党强化对权力运行的制约和监督　为决胜全面建成小康社会决战脱贫攻坚提供坚强保障——在中国共产党第十九届中央纪律检查委员会第四次全体会议上的重要讲话》,《人民日报》2020年1月14日第1版。

王岐山:《聚焦中心任务创新体制机制　深入推进党风廉政建设和反腐败斗争——在中国共产党第十八届中央纪律检查委员会第三次全体会议上的工作报告》,《人民日报》2014年1月28日第2版。

王岐山:《依法治国依规治党　坚定不移推进党风廉政建设和反腐败斗争——在中国共产党第十八届中央纪律检查委员会第五次全体会议上的工作报告》,《人民日报》2015年1月30日第3版。

王岐山:《全面从严治党把纪律挺在前面忠诚履行党章赋予的神圣职责——在中国共产党第十八届中央纪律检查委员会第六次全体会议上的工作报告》,《人民日报》2016年1月25日第3版。

王岐山:《在中国共产党第十八届中央纪律检查委员会第四次全体会议上的讲话》(http://www.ccdi.gov.cn/xxgk/hyzl/201412/t20141203_47916.html)。

王岐山:《深入学习贯彻党的十八大精神,努力开创党风廉政建设和反腐败斗争新局面——在中国共产党第十八届中央纪律检查委员会第二次全体会议上的讲话》（http://www.ccdi.gov.cn/xxgk/hyzl/201307/t20130719_45385.html）。

三 外文文献
（一）外文著作

Ansoff, I., *Corporate Strategy*, New York: Mc Graw Hill, 1965.

A. Alchian, *Some Economics of Property Rights*, Indianapolis: Liberty Press, 1977.

A. Giddens, *The Class Structure of the Advanced Society*, London: Hutchinson &Co. (publishers) Ltd., 1978.

Aoki and Masahiko, eds., *The Evolution of Organizational Conventions and Gains from Diversity*, Department of Economics: Stanford University, 1997.

Andrew and Stark, eds., *Conflict of Interest in American Public Life*, Harvard University Press, 2000.

Davis and Michael, eds., *Conflict of Interest in the Professions*, New York: Oxford University Press, 2001.

Eggertsson and Thrain, eds., *Economic Behavior and Institutions*, Cambridge: Cambridge University Press, 1990.

Grief A. Genoa and the Maghribi Traders, eds., *Historical and Comparative Institutional Analysis*, Cambridge: Cambridge University Press, 1999.

Hrebenar and Ronald J., *Interest Groups Politics in America* 3rd ed, Armonk: M. E. Sharpe, 1997.

John and Rawls, eds., *A Theory of Justice*, Harvard University Press, 1999.

J. M. Buchanan and R. D. Tollison, eds., *Toward a Theory of the Rent-seeking Society*, Texas A & M University Press, 1980.

K. Litgard and Robert E, eds., *Controlling Corruption*, Berkeley: University of California Press, 1988.

M. Weber ed., *Economy and Society*, Berkeley: University of California Press, 1978.

North D. ed., *Institution, Institutional Change and Economic Performance*, Cambridge: Cambridge University Press, 1990.

Olson M. ed., *The Logic of Collective Action*, Cambridge: Harvard University Press, 1965.

OECD, *Managing Conflict of Interest in the Public Service: OECD Guidelines and Country Experiences*, Paris: OECD Publishing, 2003.

OECD, *OECD Guidelines for Managing Conflict of Interest in the Public Service*, Paris: OECD Publishing, 2005.

OECD, *Managing Conflict of Interest in the Public Sector: A Toolkit*, Paris: OECD Publishing, 2005.

OECD, *Conflict-of-Interest Policies and Practices in Nine EU Member States: A Comparative Review*, Paris: OECD Publishing, 2007.

OECD, *Conflict of Interest and Asset Disclosure*, Paris: OECD Factbook, 2014.

Robin and Theobald, *Corruption, Development and Underdevelopment*, The Macmillan Press Ltd, 1990.

Shelling T. ed., *The Strategy of Conflict*, Cambridge: Harvard University Press, 1960.

Schotter, A. ed., *The Economic Theory of Social Institutions*, Cambridge: Cambridge University Press, 1981.

Sheldon S., Steinberg and David T., *Government, Ethics and Managemers: A Guide to Solving Ethical Dilemmas in the Public Sector*, Praeger Publishers, 1990.

Soltan and Karol Uslaner, eds., *Institutions and Social Order*, The University of Michigan Press, 1998.

Stiglitz and J. E. , *Formal and Informal Institutions*, Washington: World Bank Inst, 2000.

Stark A. ed. , *Conflict of Interest in American Public Life*, Cambridge: Harvard University Press, 2000.

Terry L. and Cooper, *Handbook of Administration Ethics*, Marcel Dekker, 1994.

Trost and Christine, eds. , *Conflict of Interest and Public Life: Cross-National Perspectives*, New York: Cambridge University Press, 2008.

Volejnikova J. and Path, *Dependence of Corruption in the Czech Republic*, Slany: Melandrium, 2012.

Weber and Max, eds. , *Economy and Society*, New York: Bed minister Press, 1968.

Williams S. , *Conflict of Interest: The Ethical Dilemma in Politics*, Alder shot, Hants: Gower, 1985.

Williamson and Oliver E. , *The Economics of Governance*, University of California Berkeley, 2004.

Young and H. Perton, eds. , *Individual Strategy and Social Structure: An Evolution Theory of Institution*, Princeton University Press, 1998.

（二）外文论文

Anne O. Krueger, "The Political Economy of the Rent-seeking Society", *The American Economic Review*, No. 3, 1974.

A. Alchian, "Some Economics of Property Rights", *Indianapolis: Liberty Press*, No. 12, 1977.

Andrew Stark, "Public Sector Conflict of Interest at the Federal Level in Canada and the U. S. : Differences in Understanding and Approach", *Public Administration Review*, No. 5, 1992.

Azari J. R. and Smith J. K. , "Unwritten Rules: Informal Institutions in Established Democracies", *Perspectives on Politics*, Vol. 10, No. 1, 2012.

Alena V. Ledeneva, "Russia's Practical Norms and Informal Governance: The Origins of Economic Corruption", *Social Research*, No. 4, 2013.

Bigelow P. E., "From Normos to: Regulating the outside Interests of Public Officials", *Proceedings of the Academy of Political Science*, No. 3, 1989.

Bertok J., "Putting Conflict of Interest Polices into Practice: From Guidelines to Toolkit Controlling Corruption in Asian and the Pacific", *Manila: ADB*, 2005.

Boyce G. and David C., "Conflict of Interest in Policing and the Public Sector", *Public Management Review*, Vol. 11, No. 5, 2009.

Bryan K. Church and Xi Kuang, "Conflicts of Interest, Disclosure, and (Costly) Sanctions: Experimental Evidence", *The Journal of Legal Studies*, No. 2, 2009.

Coase and Ronald H., "The New Institutional Economics", *Journal of Institutional and Theoretical Economics*, No. 3, 1984.

Chris Provis, "Guanxi and Conflicts of Interest", *Journal of Business Ethics*, No. 79, 2008.

Chapman B. C., "Conflict of Interest and Corruption in the States", Ann Arbor: Southern Illinois University at Carbondale, 2014.

David C. Colander, "Stagflation and Competition", *Journal of Post Keynesian Economics*, No. 1, 1982.

Dunathan A. F. and Sanghvi N. A., "Federal Criminal Conflict of Interest", *American Criminal Law Review*, Vol. 38, No. 3, 2001.

Daylian M. Cain, George Loewenstein and Don A. Moore, "The Dirt on Coming Clean: Perverse Effects of Disclosing Conflicts of Interest", *Journal of Legal Studies*, No. 34, 2005.

David Karlsson, "The Hidden Constitutions: How Informal Political Institutions Affect the Representation Style of Local Councils", *Local Government Studies*, No. 5, 2013.

E. Gheser and S. Andrei, "The Rise of the Regulatory State", *Journal of Economic Literature*, No. 41, 2003.

Finer R. H., "Administrative Responsibility in Democratic Government", *Public Administration Review*, 1941.

Francesco Kjellberg, "Conflict of Interest, Corruption or (Simply) Scandals? The 'Oslo case' 1989 – 91", *Crime, Law & Social Change*, No. 22, 1995.

Greif and Aver, "Culture Brief and the Organization of Society: A History and Theoretical Reflection on Collectivist and Individual Society", *the Journal of Political Economy*, No. 5, 1994.

Guerrero M. A. and Rodriguez Oreggia E, "On the Individual Decisions to Commit Corruption: A Methodological Complement", *Journal of Economic Behavior & Organization*, No. 2, 2008.

Gondon Boyce and Cindy David, "Conflict of Interest in Policing and the Public Sector, Ethics, Integrity and Social Accountability", *Public Management Review*, No. 11, 2009.

Grzymala Busse A., "The Best Laid Plans: The Impact of Informal Rules on Formal Institutions in Transitional Regimes", *Studies in Comparative International Development*, Vol. 45, No. 3, 2010.

Gerard and Kani, "Conflict of Interests: Legislators, Ministers and Public Officials", http//www.transparency.org/documents/workd-papers/carney/3c-codes.html.

Heilbrunn J. R., "Oil and Water? Elite Politicians and Corruption in France", *Comparative Politics*, No. 3, 2005.

Howard Brody, "Clarifying Conflict of Interest", *The American Journal of Bioethics*, No. 11, 2011.

Ian Scott, "Institutional Design and Corruption Prevention in Hong Kong", *Journal of Contemporary China*, No. 22, 2013.

Jagdish N. Bhagwati, "Lobbying and Welfare", *Journal of Public Economics, No. 3, 1980.

Jan Winiecki, "Determinants of Catching up or Falling Behind: Interaction of Formal and Informal Institutions", *Post-Communist Economies*, No. 2, 2007.

Jimenez F., Villoria M. and Quesada M. G., "Badly Designed Institutions, Informal Rules and Perverse Incentives: Local Government Corruption in Spain", *Journal of Local Self-Government*, No. 4, 2012.

Jing Vivian Zhan, "Filling the Gap of Formal Institutions: The Effects of Guanxi Network on Corruption in Reform-era China", *Crime Law Soc Change*, No. 58, 2012.

James and Jurich, "International Approaches to Conflicts of Interest in Public Procurement: A Comparation Review", *EPPPL*, No. 4, 2012.

Katz D., Caplan A. L. and Merz J. F., "All Gifts Large and Small Toward an Understanding of the Ethics of Pharmaceutical Industry Gift-giving", *American Journal of Bioethics*, Vol. 3, No. 3, 2003.

Kathe L. Pelletier and Micelle C. Bligh, "Rebounding from Corruption: Perceptions of Ethics Program Effectiveness in a Public Sector Organization", *Journal of Business Ethics*, No. 9, 2006.

Keith Darden, "The Integrity of Corrupt States: Graft Asian Informal State Institution", *Politics & Society*, No. 1, 2008.

Kouba L., "Failure of Experimental Transition of Former German Democratic Republic from the Perspective of Contemporary Social Economic Approaches to the Growth Theory", *Economics Casopis*, No. 7, 2010.

Kilkon Ko and Cuifen Weng, "Critical Review of Conceptual Definitions of Chinese Corruption: a Formal Legal Perspective", *Journal of Contemporary China*, No. 20, 2011.

Kudelia S., "The Sources of Continuity and Change of Ukraine's Incomplete State", *Communist and Post Communist Studies*, No. 45, 2012.

Karayiannis A. and Hatzis A., "Morality, Social Norms and the Rule of

Law as Transaction Cost Saving Devices: The Case of Ancient Athens", *European Journal of Law and Economics*, Vol. 33, No. 5, 2012.

Karlsson D. , "The Hidden Constitutions: How Informal Political Institutions Affect the Representation Style of Local Councils", *Local Government Studies*, Vol. 39, No. 5, 2013.

Mushtaq H. and Khan A. , "Typology of Corrupt Transactions in Developing Countries", *IDS Bulletin*, No. 2, 1996.

Mitchell A. and Wood D. , "Toward a Theory of Stakeholder Dentification and Salience: Defining the Principle of Who and What Really Counts", *Academy of Management Review*, No. 4, 1997.

Mafunisa M. J. , "Conflict of Interest: Ethical Dilemma in Politics and Administration", *South African Journal of Labour Relations*, No. 4, 2004.

Miller S. , Roberts P and Spence E, "Corruption and Anti-corruption: an Applied Philosophical Approach", *Pearson Education Inc*, No. 4, 2005.

Michael Bratton, "Formal Versus Informal Institutions in Africa", *Journal of Democracy*, No. 18, 2007.

Mark C. Casson, Marina Della Giusta and Uma S. Kambhampati, "Formal and Informal Institutions and Development World Development", No. 2, 2010.

Michel Duboisi, Laurent Fresard and Pascal Dumontier, "Regulating Conflicts of Interest: The Effect of Sanctions and Enforcement", *Review of Finance*, No. 18, 2014.

North D. C. , "Institutions, Ideology, and Economic Performance", *Cato Journal*, Vol. 11, No. 3, 1992.

Neu Dean, "Preventing Corruption within Government Procurement: Constucting the Disciplined and Ethical Subject. Crit Perspect Account (2014)", http://dx.org/10.1016/j.cpa.2014.03.012.

Pamuk A. , "Informal Institutional Arrangements in Credit, Land Markets and Infrastructure Delivery in Trinidad", *International Journal of Urban and Regional Research*, No. 24, 2000.

Pope J. , "Confronting Corruption: the Elements of a National Integrity", *Transparency International*, No. 4, 2000.

Pritchard, M. S. , "Conflict of Interest: The Very Idea", *Research Integrity*, No. 5, 2002.

Paul Thagard, "The Moral Psychology of Conflicts of Interest: Insights from Affective Neuroscience", *Journal of Applied Philosophy*, No. 4, 2007.

Robert N. Roberts and Marion T. Doss, "Public Service and Private Hospitality: A Case Study in Federal Conflict-of-Interest Reform", *Public Administration Review*, Vol. 52, No. 3, 1992.

Rowley, T. J, "Moving Beyond Dyadic Ties: A Network Theory of Stakeholder Influences", *Academy of Management Review*, No. 4, 1997.

Sinclairi A. , "After Excellence Models of Organizational Culture for the Public Sector", *Australian Journal of Public Administration*, Vol. 50, No. 3, 1991.

Stark A. , "The New Conflict of Interest: Much Harder to Understand", *Washington Post*, 2002.

Seumas Miller, Peter Robertsand Edward Spence, "Corruption and Anti-Corruption: An Applied Philosophical Approach", *Pearson Education Inc*, 2005.

Stephen K. Ma, "The Dual Nature of Anti-corruption Agencies in China", *Crime, Law and Social Change*, No. 3, 2008.

Thomas L. Carson, "Conflicts of Interest", *Journal of Btssiness Ethics*, No. 13, 1994.

Ting Gong and Jianming Ren, "Hard Rules and Soft Constraints: Regulating Conflict of Interest in China", *Journal of Contemporary China*,

No. 22, 2013.

Tomescu, Madalina and Popescu and Mihaela Agatador, "Ethics and Conflicts of Interest in the Public Sector", *Contemporary Readings in Law and Social Justice*, No. 5, 2013.

Williamson C. R. and Mathers R. L., "Economic Freedom, Culture, and Growth", *Public Choice*, Vol. 148, No. 3 – 4, 2011.

Williamson C. R., "Informal Institutions Rule: Institutional Arrangements and Economic Performance", *Public Choice*, Vol. 139, No. 3 – 4, 2009.

Yin-Fang Zhang, "Towards Better Regulatory Governance", *Public Management Review*, No. 12, 2010.

Yukins, "Addressing Conflicts of Interest In Procurement: First Steps On The World Stage, Following The UN Convention Against Corruption", http://www.ippa.org/IPPC3? proceedings/Chapter%2061.pdf.

附 录 A

非正式制度约束影响领导干部利益冲突行为选择调查问卷

尊敬的女士/先生：

您好！首先请允许我向您致以最诚挚的敬意，感谢您参与本问卷的填答，辛苦您了！

本问卷旨在调查领导干部在面临自身私人利益与公职所代表的公共利益相冲突的情境时，影响领导干部是否作出公共利益行为选择倾向的非正式约束（非正式制度）因素，以为更好地构建领导干部利益冲突防治制度约束提供科学依据与合理建议。这是一份学术性问卷，采用不记名方式，所收集的数据仅用于学术研究并予以严格保密，敬请放心填写。各问题的回答是一种主观判断，没有"对与错"或"是与非"之分，请您尽量以实际情况与直觉感受填答即可。衷心感谢您的支持与协助！敬祝：工作顺利，健康如意！

大连理工大学马克思主义学院课题组
2016 年 3 月

第一部分　个人基本资料

1. 您的性别：男□　　女□

2. 您的受教育程度：专科及以下□　　本科□
　　　　　　　　　　研究生及以上□
3. 您的行政级别：科级□　　处级□　　厅级及以上□
4. 您的工作单位属于：党政部门□　　人大政协□　　民主党派□
　　　　　　　　　　群团组织□　　事业单位□　　国有企业□
　　　　　　　　　　其他□
5. 您的任职年限：1—4 年□　　5—10 年□
　　　　　　　　11—20 年□　　20 年以上□
6. 您的月收入状况：2500 元以下□　　2501—5000 元□
　　　　　　　　　5001—7500 元□　　7501 元以上□
7. 您的家庭状况：未婚□　　已婚无子女□　　已婚有子女□
8. 您的工作所在地：大中城市□　　县（区）城□　　乡镇□

第二部分　利益冲突情境调查

【填写说明】

针对下列情境或问题，请根据您的真实想法和实际情况，表达您对每个说法的主观认同与实际符合程度，并请在相应的"□"内打"√"。我们会对数据进行保密并仅用于学术研究。再次表示感谢！

1. 某市规划局干部 A 某妻子患了一种绝症，生命垂危，急需 40 万元化疗费用。A 某到处借钱，仍无法在短时间内筹集到医疗费用。可巧的是，一位急需获批用地规划许可证的李某知道后，愿意安排 A 某妻子到朋友医院 VIP 病房疗养和接受治疗，只希望 A 某能帮忙关注一下用地审批进度。在此绝望无助之际，A 某认为帮忙打听李某项目审批进度是轻而易举又不违法之事，绝望之际接受李某的雪中送炭。您赞成领导 A 某的这种行为吗？

非常赞成□　　赞成□　　中立□　　不赞成□　　非常不赞成□

2. 某县国土局领导 B 某即将退休，一名房地产商张某提出希望 B 某退休后，能有幸聘请他去公司上班。主要主持公司的项目申报职责，待遇是年薪 50 万元加高级住房一套。B 某觉得主持项目申报工作是自己的优势，还能发挥退休余热，就接受了工作邀请。您赞成领导 B 某的这种行为吗？

非常赞成□　　赞成□　　中立□　　不赞成□　　非常不赞成□

3. 某市原司法部主任 C 某参加国家司法考试命题工作，他的直系亲属林某得知这一消息后找到了 C 某父亲说服他为正在参加司法考试的儿子，以考前辅导名义透露一些试题信息，以便顺利通过考试。C 某出于父亲的不断施压，又觉得只是进行一下考前指导，便答应了父亲请求。您赞成领导 C 某的这种行为吗？

非常赞成□　　赞成□　　中立□　　不赞成□　　非常不赞成□

4. 某市经开区公开选调 1 名工作人员，区领导 D 某负责本次选调招录工作。市领导王某得知亲侄子想参加本次选调后，打电话告诉 D 某希望予以必要关注和照顾。D 某看过市领导王某亲侄子简历后，觉得录用他既符合正常推选条件，也送一个人情，两全其美，何乐而不为，最终王某亲侄子在 D 某的极力推荐下，以测评分数最高获得选调录用。您赞成领导 D 某的这种行为吗？

非常赞成□　　赞成□　　中立□　　不赞成□　　非常不赞成□

第三部分　非正式约束关键要素综合调查

【填写说明】

针对下列问题，请根据您的真实想法和实际情况，表达您对每个说法的主观认同与实际符合程度，并请在相应的"□"内打"√"。我们会对数据进行保密并仅用于学术研究。再次表示感谢！

价值观念情况调查

题项	非常不符合	不符合	中立	符合	非常符合
1. 领导干部能坚定"为共产主义奋斗终身"的理想和信念毫不动摇					
2. 领导干部非常热爱社会主义事业，能富有正义感地实现社会价值					
3. 领导干部衷心爱国，尽心为国家和社会奉献自己的热情和力量					
4. 领导干部执政为民，以实现社会成员共同利益为人生价值目标					
5. 领导干部坚定社会主义核心价值观，未受享乐和功利主义等思潮影响					
6. 领导干部工作出发点和归宿就是全心全意为人民谋利益					
7. 领导干部能掌握马克思主义基本理论，自觉辨别和正确选择公私利益					
8. 领导干部作为无产阶级先锋队能做到毫无私心，争当人民好公仆					
9. 领导干部能认真贯彻执行党的路线方针政策，牢固树立服务宗旨意识					
10. 领导干部选择了从事公职就该甘愿清贫，应无怨无悔					
11. 领导干部会不徇私情，不为满足个人生理、物质欲望寻求私利					
12. 领导干部不会为较高的社会地位、政绩要求而参与不正当竞争					
13. 领导干部不会有"有权不用过期作废"的思想					
14. 领导干部不会为了私人利益随意透露职责范围内重要信息					
15. 领导干部会公私分明，不随意将机关单位财务作为个人物品使用					

文化传统情况调查

题项	非常不符合	不符合	中立	符合	非常符合
1. 人们对不良行为的容忍程度越来越低					
2. 不良行为被发现后承受的舆论压力较大					
3. 领导干部不良行为被发现后承受的精神压力大有利于促进廉洁行为选择					
4. 公众实名举报和新闻揭露可以削弱领导干部从事不良行为的意图					
5. 领导干部一切不良行为均会遭到普遍谴责					
6. 清正廉明成为组织常态，体会到了强烈的廉政廉洁责任与使命感					
7. 领导干部感受到了组织间收礼或送礼、以权谋私等行为的环境压力					

续表

题项	非常不符合	不符合	中立	符合	非常符合
8. 单位同事会认为利用权力谋取私利的不良或违纪违法行为是不对的					
9. 影响领导干部用权观念的官本位思想没有以前那么严重了					
10. 领导干部唯上级命令是从与单位论资排辈现象不明显					
11. 领导干部主动学习并非常熟悉各类约束不良行为的法制规章要求					
12. 领导干部能做到要求配偶子女及身边工作人员也遵纪守法					
13. 领导干部能积极贯彻并落实如财产申报等制约不良行为的制度规章					
14. 领导干部能公平、公正和公开地通报与惩处各类不良违纪违法行为					
15. 领导干部能按照规章制度制定无偏无倚地正确决策					

伦理道德情况调查

题项	非常不符合	不符合	中立	符合	非常符合
1. 社会整体道德水平高，促进和带动领导干部道德水平					
2. 领导干部能普遍得到社会公众信赖，并成为社会道德典范					
3. 社会整体诚信程度好，领导干部普遍诚实守信					
4. 领导干部具备公平正直等社会公德意识，表里如一					
5. 领导干部具有很强的自觉践行遵纪守法的社会公德意识					
6. 领导干部有不为个人利益随意向个人或企业偏袒的行政良知					
7. 领导干部始终爱岗敬业、勤政为民，时刻保持职业热情和荣誉					
8. 领导干部在工作中有坚持公正原则、秉公办事的道德意识					
9. 领导干部有廉洁奉公、清正廉明的道德意志					
10. 领导干部有维护组织公共利益的职责认知，认为奉献大于索取					
11. 领导干部明礼诚信，信守诺言，忠诚待人					
12. 领导干部能履行公民义务，合理合法追求个人正当利益					
13. 领导干部有团结友善的公民责任意识，公平公正善待他人					
14. 领导干部遵守公民德行要求，有着高尚的道德人格情感					
15. 领导干部艰苦朴素、勤俭节约，不盲目攀比，能节制消费欲望					

习惯习俗情况调查

题项	非常不符合	不符合	中立	符合	非常符合
1. 中央八项工作规定以来，领导干部设宴请客收礼的风气有所好转					
2. 现在找人办事、花钱送礼，过年过节走访送礼现象得到了一定遏制					
3. 在组织中领导干部遵循法律法规，不跟随潜规则，一样可以发展很好					
4. 沿袭礼尚往来的传统可以理解，但不应成为以权谋私借口					
5. 人情消费成风，领导干部应带头遏制这种风气					
6. 熟人好友需要帮忙，领导干部会在合法合理范围内试着尽力帮助					
7. 人情关系庸俗化，领导易基于人情压力利用职权帮助朋友、同事					
8. 领导干部为亲朋好友提供帮助只是为了讲面子，也更加拉近关系					
9. 提供或者收受佣金是为了联络感情，满足社交需要					
10. 领导干部出于相互帮助和人际交往目的，所以会尽力帮忙					
11. 基于传统家庭或亲属本位习俗，往往对亲属谋取非法利益视而不见					
12. 家庭第一位，领导干部容易为爱人与子女利益偏离公利取向					
13. 家庭成员非常希望领导干部利用权力为家族福祉出谋划策					
14. 领导按组织程序偏向提拔或招聘家属亲戚是可以理解的事情					
15. 领导干部通常迫于家庭压力，而不得不选择维护家族利益					

我们的问卷到此结束，请不要漏答，再次感谢您的支持和帮助，祝您生活愉快、万事如意！

附录 B

我国领导干部利益冲突现状访谈提纲

访谈对象部门、职务：　　　　　　　访谈对象性别：
访谈对象年龄：　　　　　　　　　　访谈时间：　年　月　日
访谈地点：

一　访谈员自我介绍及指导语

您好！目前我们正在进行《新时代领导干部利益冲突防治研究》工作。随着经济的高速发展，社会环境的变化，领导干部私人利益影响或侵害其公共职责所代表的公共利益冲突矛盾现象不断显现，引发了各类政治腐败和公众对政府的信任危机。习近平总书记的系列重要讲话精神中明确强调要"把权力关进制度的笼子里，形成不敢腐的惩戒机制、不能腐的防范机制、不易腐的保障机制"，也就是认为反腐倡廉建设要注重标本兼治、综合治理，方能构建起高效廉洁的政府。下面的访谈是为了向您深入了解新时代我国领导干部利益冲突主要表现在哪些方面，会带来什么影响，其影响因素又有哪些，应该采取什么措施来防范和治理利益冲突，从而为构建更加合理的利益冲突防治制度框架提供现实素材和依据。

在此，本人向您郑重承诺，今天访谈所涉及的所有内容和您阐述的观点将只作为研究参考，绝不会向任何人透露您的相关个人信息，您声明不宜公开的资料和观点，我将严格为您保密，所以请您畅所欲言。

二 访谈提纲

1. 您认为公共权力行使过程中，领导干部的哪些行为可以称为利益冲突行为？有哪些具体的表现类型？您认为它会带来哪些危害和负面影响？

2. 您认为利益冲突行为和腐败有什么区别？实际工作开展中，哪些利益冲突行为是您最抵制和痛恨的，而哪些利益冲突行为是在您觉得可以理解和接受的范围？

3. 您认为引发利益冲突行为的具体原因有哪些？除了我们都知道的法律法规和党内法规制度等正式制度因素外，您认为还有哪些非正式制度因素影响领导干部利益冲突行为选择？（提示：从价值观、人际关系网络、廉洁文化、潜规则、个人道德、社会风气等方面去引导深入访谈）其中，哪些因素又是您觉得相对重要的？

4. 您是否了解国家有关领导干部利益冲突防治的相关法律法规、党纪党规、政策条例等制度和具体做法？贵单位针对相关利益冲突防治制度是如何贯彻执行的？

5. 您认为当前我们可以从哪些方面采取措施和途径，来应对和制约领导干部利益冲突行为，才能使他们在公私利益冲突中作出自觉主动地维护公共利益廉洁从政行为？

索 引

B

八项工作规定　201,225,269

巴黎公社经验教训　37

把权力关进制度的笼子里　47,49,53,83,121,171,242,270

标本兼治　2,26,44,118,121,133,134,144,214,216,270

标本兼治、惩防并举、注重预防　121

不敢腐、不能腐、不想腐　2,29,30,49,50,83,121,134,215

不敢腐的惩戒机制　47,49,83,121,270

不能腐的防范机制　48,49,83,121,270

不忘初心、牢记使命　49,57,136,215,220,228

不易腐的保障机制　48,49,83,121,270

C

Cronbach's Alpha　202,203

财产申报与反贿赂腐败法　115

参议院道德委员会　109

D

搭便车　73,94,160

打铁必须自身硬　56

党的群众路线教育实践活动　49,136,215,227,254

党员领导干部防治利益冲突暂行办法　131

党政领导干部任职回避暂行规定　171

党政领导干部选拔任用工作条例　60

邓小平　15,34,42–45,143,237,246,249

F

反腐败斗争压倒性态势　10,133,135

G

盖伊·彼得斯　95,140,141,252

公共服务中的利益冲突管理：OECD

的指导原则与评述　1
公务员法　60,116,128,171,232
公务员利益冲突与离职后行为准则　116
关键少数　121,128,135,172
关于惩办受贿的法令　39
关于党政机关县(处)级以上领导干部收入申报的规定　45,170
关于改进工作作风、密切联系群众的八项规定　172
关于规范中管干部辞去公职或者退(离)休后担任上市公司、基金管理公司独立董事、独立监事的通知　170
关于进一步制止党政机关和党政干部经商、办企业的规定　43,169,177
关于禁止领导干部的子女、配偶经商的决定　169
关于禁止在对外活动送礼、受礼的决定　169
关于领导干部报告个人有关事项的规定　85,127,172,177
关于清理党和国家机关干部在公司(企业)兼职有关问题的通知　169
关于省部级现职领导干部报告家庭财产的规定(试行)　170
关于退出经商办企业有关问题的答复　126
关于新形势下党内政治生活若干准则　135,136
关于严禁党政机关和党政干部经商、办企业的决定　169,177
官本位　20,54,77,158,178,215,268
官僚主义　37-41,58,106,180,225
国家工作人员利益冲突回避暂行办法　131,173
国家公共服务委员会　113
国家公务员伦理法　113,116,232
国家公务员伦理规程　113
国家公务员任职回避和公务回避暂行办法　171
国家公务员行为规范　232
国务院办公厅　127,169,170,172
国有企业领导人员廉洁从业若干规定　131

H

胡锦涛　34,46,47,237,238

J

坚定不移搞好党风　169
建立健全防止利益冲突制度　119,171
渐进性制度变迁　146
江泽民　34,44,45,237
经济合作与发展组织　1,8,14,25
净化选举,防止腐败法　115

L

利益冲突法　1,4,7,23,87,109,111,114,115,118,151,153,162,164,179,224,227

利益冲突与政府就业 110

利益冲突章程 1

联邦公务法 115

联邦公务员兼职法 116

廉实力 215

廉政生态文化 179,215,230

廉政实施纲要 232

廉政文化 12,20,25,46,47,113,145,159,164,175,220,222,223,229,233,234,239-243,245,248,250

两学一做 136,215,228

零容忍 25,50,51,54,68,105,116,135,145,151,211,223

领导干部报告个人有关事项规定 127

领导干部个人有关事项报告查核结果处理办法 128,129

领导干部选择退出现职工作原则 126

卢现祥 82,90,100,140,141,240

伦理工程体系 2

M

马克思主义经典作家 29,31,34,139

马克思主义政治经济学 6,138,141

毛泽东 15,34,40-42,45,56,143,149,221,237,245,246,249

美国法典 100-102,117,179

美国法典·刑事利益冲突卷 1

美国联邦政府 89,99-100,102-104,106-111

美国实用主义 106

N

诺思 82,87,90,93,94,97,99,104,108,140,141,156,252

O

OECD 1,8,14,20,25,61,112,113

Q

期权腐败 126,127

全面从严治党 2,48,51,52,55-57,120,128,133,135,171,175,176,213-215,223,254

S

三严三实 49,136,228

社会主义核心价值观 56,175,196,221,228,267

十八届三中全会 82,119

十九届四中全会 50,83,121,131

实际利益冲突 15,65,67,144

水门事件 99

思想建党与制度治党 15

思想政治教育 7,25,34,38,248

四种危险 172

肃清贪污罪行法令修正案 118

T

台州市党员领导干部防止利益冲突暂

行规定 173
透明国际 99,252

W

威廉姆森 94,140,141,252
温州市国家工作人员利益冲突回避暂行办法 173
温州市环保局职务回避制度 173

X

习近平谈治国理政 48,83,238
习近平总书记有关反腐倡廉重要论述 30
消极腐败危险 214
新制度主义 4,6,29,31,76,82,87,89-91,93,95,96,99,104,138,140,141,156,159,161,244,252,253
新制度主义经济学 82,141
新制度主义政治学 82,245
刑事利益冲突法 111
行政部门雇员道德行为准则 1,100,103,107,111,253
行政伦理法 232
行政伦理指导手册 224
行政伦理咨询专家局 113
行政事业单位工作人员利益冲突回避暂行规定 173
形式主义 58,180,225,235
熊必军 140,141,248
旋转门 66-68,102,170,188,194

学习型组织 106

Y

亚太经济合作组织反腐败研讨会 2
一家两制 15,18,125,126,245
诱致性制度变迁 146,147,178
预防和惩治腐败法 117
约翰·奥尔森 95,140,253

Z

詹姆斯·马奇 95,140,141,253
整党整风运动 41
政府道德法 1,100,102,111,253
政府道德法案 232
政府道德署 113,179
政府道德通讯 110
政治清明、政府清廉 151,227
执政考验 46,214
制度变迁成本 77
制度反腐 38,43,48,53,83,99,134,135,159,172,216,222,233,240,244,248
制度僵滞 76,178
制度锁定 108,146,165
制度真空 92
治国理政 2,6,83,144,213,244,249
中共十八届中央纪律检查委员会 2,49,83
中共十七届四中全会 2,171
中共中央关于经济体制改革的决定 168

中国共产党党内法规执行责任制规定
　（试行）　219
中国共产党党员领导干部廉洁从政若
　干准则　2,68,131,171,172,177
中国共产党纪律处分条例　48,53,
　125,135,136,172,176,179,235
中国共产党廉洁自律准则　48,53,
　68,172,235

中国共产党问责条例　136,173,176,
　179
中华人民共和国公务员法　60,232
重塑政府　106
专职道德官　110,179
庄德水　15,17,18,20,25,61,66,
　243,250

后　　记

此刻，在本书即将付梓之际，回望在海滨之城的大连四年多博士求学以及入职以来的研究工作之路，万千思绪顿时涌上心头。既有校园内最美梧桐树下那一串串美好的回忆，图书馆、教研室和办公室那些一瞬间顿悟的欣喜，还有本书撰写过程中那一幕幕苦闷的艰辛探索和迷茫的酸甜苦辣。如今，回首这段苦乐交织的学习历程，老师的谆谆教导、家人的理解关爱以及同事、朋友、学生的无私帮助和国家社科基金的鼎力资助是陪伴我最宝贵的财富，对他们充满了无尽感激和谢意！

感谢我最为尊敬的导师蔡小慎教授对我的悉心栽培。恩师不仅仅是我学问上的导师，她以"课题研究"为基础，还为我们搭起了从理论学习到实践锻炼的科研平台。从攻读博士学位一入学开始，恩师就结合我的专业背景与知识特长，为我制定指导方案和设定培养目标，使我在她严谨的治学之道中逐步提高。从每一篇小论文写作中逐字逐句指导修改，到博士论文和著作出版的选题、提纲拟定、谋篇布局等，恩师都认真推敲、仔细斟酌，给予了高屋建瓴的建设性指导建议，这份恩情我将永远铭记！恩师还是我学习、工作和人生的导师，生活中总是以亲人般的温暖、仁慈的胸怀以及达观的态度，循循善诱，引领和激励我在未来的人生道路上如何治学、做人与处事，这份恩情我将终生难忘！

感谢王寒松教授、魏晓文教授、洪晓楠教授、戴艳军教授、马万利教授、荆蕙兰教授、杨连生教授、胡光教授、杨慧民教授、刘志礼教授、陈晓晖教授、刘宏伟教授、方玉梅教授、王嘉教授等马克思主义理论学科博士点老师们的悉心指导和无私帮助。各位教授老师从论文开题、中期到预答辩过程中，真知灼见地为我提出了许多宝贵意见，使我的博士论文到最后的著作逐步得到系统完善，最终得以整体顺利完成。还要感谢大连理工大学人文学部卢小君教授，对我实证分析部分从问卷设计到数据分析给予的耐心亲切指导。感谢大连理工大学马克思主义学院博士点秘书王新影教授和张玥老师提供的学术活动安排和热心服务帮助。感谢江南大学潘加军副教授在书稿修订完善过程中给予的精心指导与宝贵意见。

感谢一直默默关注和鼓励我的家人，他们无私的爱与支持理解是撑起我潜心学习的重要支柱和精神动力。他们常常为我在学习生活中排忧解难，用质朴的情感托起我无忧无虑、勇敢追寻和实现自己梦想的步伐。也特别谢谢"钟福居"的家人们给我书稿最后创造的温暖港湾以及给予的爱与鼓励，今后，我将努力工作让他们过上更幸福美好的生活！

感谢与我共同成长的同门：李洪运、牟春雪、田宇晶、刘存亮等兄弟姐妹们，为我营造了一个快乐学习、潜心研究的良好研究氛围，在共同参与课题任务与交流探讨中，带给我很多思想启发。感谢与我共同进步的挚友：刘东、陈晓光、袁世超、蔡后奇、郭一宁、顾林、全冬梅、吴卓平等，他们一直以来在我学业困惑和生活疲乏时，给予关心鼓励和相互陪伴，收获这些真挚友谊是我今生莫大的幸福和珍贵的财富。希望友谊历久弥坚，共同分享成功的喜悦！感谢我勤勤恳恳的学生：赵雪、杨娜、温晓毅，三位学生分别对书中第四章第三节、第五章、第二章第三节，做了大量的文字补充和完善工作，他们为书稿的最后整理和校对付出了自己的最大努力，值得鼓励、表扬和肯定！

此书受国家社科基金后期资助（优秀博士论文）项目资助，由中国社会科学出版社出版，在此一并感谢国家社科基金资助办公室董俊华、刘冰老师，中国社会科学出版社编审田文老师，是您们的悉心指导和专业校对帮助本书更加完善。

  学海无涯！在未来的道路上，我将铭记各位老师、家人和同学的恩情，谨记老师的谆谆教诲，悉心聆听各位专家学者的建议，进一步深入研究领导干部利益冲突防治问题，为我们党和国家治国理政中的廉政建设贡献微薄之力。

  当然，由于本人的知识储备还有一些不足，一些地方的思考还有待深入，难免出现一些不足和欠缺，诚挚恳请诸位书友同仁批评指正、不吝赐教。

张存达

2020 年 5 月 30 日